Életem,
Hitem I

„Szeretem azokat, akik engem szeretnek,
megtalálnak engem, akik keresnek."
(Példabeszédek könyve 8:17)

Életem,
Hitem I

Dr. Jaerock Lee

ÉLETEM, HITEM (I) Szerző: Dr. Jaerock Lee
Kiadva az Urim Books által (Képviselő: Kyungtae Noh)
235-3, Guro-dong 3, Guro-gu, Szöul, Korea
www.urimbooks.com

Hacsak másként nem jelöltük, az összes bibliai idézet a Károli Szent Bibliából származik. Engedéllyel felhasználva.

Szerzői jog © 2012 Dr. Jaerock Lee
ISBN: 978-89-7557- 554-9, ISBN: 978-89-7557- 553-2(set)
Fordítói szerzői jog © 2009 Dr. Esther K. Chung. Engedéllyel felhasználva.

Korábban koreai nyelven kiadta a The Christian Press 2006-ban, Szöul, Korea

Első kiadás 2012 április

Szerkesztette Eunmi Lee
Az Urim Books Szerkesztői Hivatala tervezésében
Nyomtatva a Yewon Printing Company által
További információ: urimbook@hotmail.com

Mély spirituális aroma

Azt mondják, a rózsa legillatosabb aromáját a balkáni hegyek példányaiban találhatjuk meg, de nem akármelyikben. Hogy a legjobb minőségű parfümöt kapjuk, az esszenciát kell kivonnunk abból a virágból, amit hajnali kettőkor, a leghidegebb és legsötétebb időben szedtünk.

Az „*Életem, Hitem*", Dr. Lee Jaerock önéletrajzi regénye szintén a legillatosabb spirituális aromát nyújtja olvasói számára. Élete Isten szeretetének kivonata, mivel megtapasztalta a sötét hullámokat, a hideg igát, és a legmélyebb kétségbeesést.

Miért nem lehetett Dr. Lee életében, mint más fiatalokéban egy idő, amikor fényes, ragyogó életről álmodhatott? Egy időben azért küszködött, hogy egy jó főiskolát elvégezzen egy nap, külföldön tanuljon, és művelt, nagy emberré váljon. Azonban, az álmával ellentétben, az élete a kétségbeesés völgyébe kezdett süllyedni. Testét a betegség sebei borították. Ahelyett, hogy elismerést nyert volna, a hozzá legközelebb álló emberek is elhanyagolták, és lenézték. Mélyen és teljesen átérezte, mennyire értelmetlen az evilági szeretet.

Rájött, mit jelent a szegénység, és mennyire szívtépő erőtlennek lenni családfőként. Amikor olyan mélyen volt a kétségbeesés völgyében, hogy alig lélegzett, találkozott Istennel. Egészen addig, egyedül küszködött a fárasztó életével. De a mindenható Isten, aki tele van szeretettel, eljött hozzá, találkozott vele, és elkezdett beszélni hozzá. Isten megszabadította kétségbeesésétől, és megtöltötte őt a mennyei királyság reményével! „Hogy tudom visszafizetni Isten e csodálatos kegyelmét?" Ez lett a legfontosabb Dr. Lee életében. „Tedd", parancsolta az Isten, és ő tette. Nem tette azt, amit Isten megtiltott. Elindult, amikor Isten azt mondta: „Menj". Isten magasztos és nagyszerű szeretetének foglya lett, és evilági életének legfontosabb célja az lett, hogy Isten, az Atya szerint cselekedjék.

Pál apostol Isten iránti mély szeretetéről szóló vallomása Dr. Lee tisztelendő vallomása is: „Ki választana el minket a Krisztus szeretetétől? Nyomorúság vagy szorongattatás, vagy üldözés, vagy éhezés, vagy mezítelenség, vagy veszedelem, vagy fegyver? Hiszen meg van írva: *„Teérted gyilkolnak minket nap, mint nap, annyira becsülnek, mint vágójuhokat. De mindezekkel szemben diadalmaskodunk az által, aki szeret minket. Mert meg vagyok győződve, hogy sem halál, sem élet, sem angyalok, sem fejedelmek, sem jelenvalók, sem eljövendők, sem hatalmak, sem magasság, sem mélység, sem semmiféle más teremtmény nem* *választhat el minket az Isten szeretetétől, amely megjelent Jézus Krisztusban, a mi Urunkban."* (Róm 8,35-39).

Amint az a Példabeszédek könyve 8, 17-ben található, *„ Szeretem azokat, akik engem szeretnek, megtalálnak engem, akik keresnek"*, ha Isten akarata volt, Dr. Lee csakis „igennel" és „ámennel" válaszolt tiszta szívéből, és minden helyzetben. Isten felöltöztette őt a hatalmával, és a világ fölé helyezte. Az egyháza, Manmin (Mindenek Alkotója) Joong-ang (Közép) Egyház az összes népért imádkozik minden nemzetben, ahogy azt a „Manmin" jelentése mutatja. Egyenként megvalósítja az Isten-adta látomásokat, jóslatokat, és a Szentlélek szenvedélyes cselekedeteinek központi megjelenési helyévé vált.

Mivel Lee tisztelendő maga is oly sokféle betegségtől szenvedett, megérti azok fájdalmát, akik betegek. Mivel őt is lenézték és kigúnyolták, megérti azokat, akiknek összetört a szíve. Mivel megtapasztalta a súlyos szegénységet, megérti azoknak a szívét, akik a szegénység súlyos terhétől szenvednek. Ezért van az, hogy egyháza tagjainak ezrei gyűlnek össze azért, hogy szemtől szemben lássák.

Dr. Lee tisztelendő élete egyike azon eseteknek, amelyekben valaki élete ily nagymértékben megváltozott, miután megismerte Istent. Az ő élete azt példázza, hogy az Isten iránti teljes engedelmesség és odaadás milyen sok lelki és anyagi gyümölcsöt hozhat.

Életútja erőteljesen közvetíti számunkra, hogy ezen áldások titka, olyan szentté és tisztává válni, mint a kristály, csakúgy, ahogy Isten is szent. Néha, akár egy üvöltő oroszlán, máskor, mint egy anya puha és gyöngéd kezei.

Ahogy Dr. Lee élete mély illatot áraszt, úgy remélhetőleg e könyv olvasói is olyan illatot áraztanak, amely mélyebb, mint a balkáni hegyek rózsáinak illata.

2006. december 10.
Dr. Esther K. Chung, vezető diakonissza

A Szöuli Női Egyetem korábbi elnöke, Szöul, Korea
A Manmin Nemzetközi Szeminárium elnöke, Szöul, Korea
Tiszteletbeli Professzor, Universidad Nacional de San Antonio Abad del Cusco, Peru

Tüzes megpróbáltatás és hatalom

Az „*Életem, Hitem*" világos választ ad a kérdésre: „Hogyan éljünk keresztény életet?" Ennél fogva, mindazokhoz szól, akik elfogadták Jézus Krisztust és hisznek az Ő kereszten elfolyt vérében.

Nem ismertem jól Dr. Lee Jaerock –ot, korábban. Egy napon az egyik kollégám ideadta az „*Életem, hitem*" című könyvét, és amint olvastam, nem tudtam a könnyeimnek ellenállni. Számtalan álmatlan éjszakán elővettem ezt a könyvet, és teljesen rabul ejtett.

Nem tudtam a sírásnak ellenállni, amikor a szenvedéseiről olvastam, melyeket a betegségek, a szegénység és a családi problémák okoztak, és amelyek Jób szenvedéseihez hasonlítanak. Annak az egyedi és koreai bánatnak az érzése volt, amit oly jól ismerünk. Betegségei annyira súlyosak voltak, hogy még emberi vizeletet is ivott gyógyírként, és két különböző alkalommal öngyilkosságot kísérelt meg. Én is sok szenvedésen átmentem életem során, de lehetetlen és fájdalmas lett volna könnyek nélkül olvasnom az ő szenvedéseit.

A legtöbb koreai, aki átélte az ötvenes és hatvanas évek tavaszi szegénységét, tudja, mit jelent a mérhetetlen szenvedés. Azonban, még ma is léteznek olyan emberek, akik télen fáznak, vagy nem étkeznek naponta háromszor. Szintén sokan vannak, akik betegek és nem tudják a kórházi kezelést megfizetni. Olyanok is sokan vannak, akik átmeneti szállásokban szenvednek, miután árvizeket és más természeti katasztrófákat átvészeltek. Mi, koreaiak még nem szabadultunk fel teljesen a szegénység és szenvedés alól.

Dr. Jaerock Lee tisztelendő, miután legyőzte szenvedéseit és fájdalmait, egy teljesen különböző életet él. Ez a könyv meghatóan mutatja be életének lépéseit. Ez nem jelenti azt, hogy cifra, virágos szavakat és irodalmi aromákat használ. Sokkal inkább, az őszinte és egyszerű mondatok megérintik az olvasót.

Mondjam úgy, hogy „az igazság aromája?" Vallomása nyomán, mely tartalmazza az igazságot, hogy Isten megszabadította Jézus Krisztust és csak számára adott dicsőséget, az olvasók szintén Isten kegyelmét érzik.

Talán azért van, mert nem találkoztam egyetlen „igazi jó könyvvel", de ez a könyv nagyon megérintett. Élete, melyben összes bűnéért vezekelt, miután Jézussal találkozott, és Isten hívásának engedelmeskedett, hogy egyetemre menjen, és lelkipásztor legyen, és megpróbáljon „legalább egy faszén brikettet" megmenteni, a saját életem és szomszédaink életének szimbóluma lett. Olyan gyerekek életének szimbóluma, akik családfőként élnek, és azokénak is, akik saját testük korlátai ellen küzdenek. Miután elolvastam ezt a könyvet, keresztény életemnek folyását nagymértékben meg kellett változtatnom.

Meggyőződésem, hogy Dr. Lee Jaerock lelkipásztor élete szinte tankönyvi modellként szolgálhat keresztény életünkben. Azt látjuk, hogy megszentel bennünket, amikor az istentiszteleteit hallgatjuk a templomban, azonban amint visszamegyünk a világi életbe, kompromisszumokra hajlunk és folytatjuk bűneink elkövetését. Ez a mi hitbéli életünk ördögi köre.

Tehát, az *„Életem, Hitem"* megadja a világos választ a kérdésre: „Hogyan kellene keresztény életünket élnünk?" Dr. Jaerock Lee tisztelendő könyve által arra biztat bennünket, hogy imádkozzunk. „Imádkozz, hogy megszenteltess és Isten céljai számára hasznossá válj", „Imádkozz, hogy Isten hatalmát megkapd", „Imádkozz, hogy a Szentlélek különböző ajándékait megkapd", „Imádkozz egyházadért, lelkipásztorodért, és Isten más szolgáiért", „Imádkozz Isten királyságáért és igazságosságáért", és „Imádkozz a lelki szeretetért". Hitének vallomásai, melyek tapasztalataiból származnak, megérintik a mi életünket is.

A csodák, melyek közvetlenül az után történtek, hogy megnyitotta templomát, beleértve a számos gyógyító munkát, a haldoklók újraélesztését, a halottak feltámasztását, más lelkipásztorokat irigygyé tehettek. Az ortodox szentség szemináriumban tanult és itt szentelték pappá, de miért közösítette ki ugyanez a felekezet? A kiközösítés utáni igazságtalan folyamatot szintén részletesen elénk tárja a könyv. Az igazi egységet akkor látjuk, amikor a gyümölcsöt vizsgáljuk. Manapság, a Szentlélek lángja ég minden héten a Manmin Központi Templomban, és rengeteg gyógyíthatatlan betegségtől szenvedő ember találja meg itt a gyógyulását. Nagy keresztes hadjáratok történtek az Egyesült Államokban, Oroszországban, Afrikában, a Közel-Keleten, Európában és Latin-Amerikában, és ugyanennyi ember szerte a világból nézte a jeleket és csodákat, melyek történtek. Jelenleg, Korea a világ „küldetésközpontjává" válik!

Még az után is, hogy felépítette a Manmin Központi Templomot, mely a világ egyik legnagyobbika, csak hegyi imák és böjti imák által él. Amikor a lányai életveszélyes helyzetben voltak, és amikor a halál küszöbén volt, mivel hosszú időn át túlhajtotta magát és emiatt több napon át vérzett, a megpróbáltatásokat kizárólag hitével győzte le. Mégis, soha nem dicsekszik ezekkel kapcsolatban. A hite az, aminek a nyomába kell lépnünk.

Önmagában is csoda volt, amikor Jézus a vizet borrá változtatta egy lakodalmi ünnepségen, meggyógyította a vérzőket és leprásokat, és feltámasztotta a halott Lázárt. Akkor, miért léteznek olyan emberek, akik kritizálják a gyógyító munkákat és a Dr. Jarock Lee tisztelendő által megnyilvánuló isteni hatalmat? Vajon képesek lennénk-e Korea 100 éves keresztény történelméről beszélni anélkül, hogy a gyógyító munkákról beszélnénk?

Koreában van a világon a legtöbb templomi kereszt. Olyan ország, ahol embereket látunk együtt imádkozni, testük beleremeg az imába, és még táncolnak is, miközben Istent magasztalják. Az „Imahegyen", az imádságok alatt a rákos betegek meggyógyulnak, a haldoklók felélednek. Korea számos misszionáriust adott a világnak. Amint Dr. Jarock Lee tisztelendő könyvét olvastam, ismét érezhettem, hogy Korea mennyire áldott ország.

Manapság Dr. Jaerock Lee a „Mennyországról" beszél, kifogyhatatlanul. Ha bárki más erről a témáról beszél, nem tud újat mondani néhány hét után. Dr. Jaerock Lee egyre életszerűbben és részletesebben beszél, amint telnek a napok. Azt hiszem azért, mert megkapta a prófécia ajándékát, és számos más ajándékot is, s így ezek az istentiszteletek úgy jönnek folyamatosan egymás után, mint selyem a selyembábból.

Salamon király a Példabeszédek könyvében lévő metafórájához hasonlóan, Dr. Jaerock Lee tiszteletes üzenetei csendben hangzanak el és könnyen érthetőek, és az Úr szavait jövendölik, mint aranyalmák ezüst tálcákon (Példabeszédek könyve 25,11). Ő a csodák hatalmának megjelenítője, miután tüzes megpróbáltatásokon ment át.

2007. február.
Yoorim Han (TV író)

Tartalomjegyzék

Üdvözlet

Könyvismertető

Első fejezet
Talán egy néma kisbaba született

Második fejezet
Isten valóban él!

Harmadik fejezet
Elhivatottságom

Negyedik fejezet
Isten hívása

Tartalomjegyzék

Ötödik fejezet
A templom kezdete

Hatodik fejezet
A templom növekedése és próbatételei

Hetedik fejezet
Isten kiszélesíti a lelkészség határait

Első fejezet

Talán egy néma
kisbaba született

A szüleim jóságra és igazságosságra neveltek

„Sss, sss... egy néma gyerek születik. Miért nem sír?"
Mivel nem sírtam a születésem után, a szüleim aggódtak és
megpaskoltak. Még akkor sem sírtam, inkább mosolyogtam. A
családom tagjai nagyon szomorúak voltak, mert azt hitték, néma
vagyok.

Miután megtapasztaltam Isten kegyelmét, egyszer azon
tűnődtem, miért nem sírtam kisgyerekként. Valószínű azért,
mert a lelkem tudta, hogy áldott életem lesz Isten szolgájaként,
és az üdvösség felé fogom vezetni sokak lelkét. 1943. április 20-
án (a holdkalendárium szerint) az utolsó gyerek voltam (3 fiú és
3 lány közül) aki az apámnak, Lee Chabeomnak és az anyámnak,
Cho Gamjangnak született. Szülőhelyem egy kis falu Haeje
Myeon-ban, Muan Goon-ban, Jeollanam-do tartományban.
Az apám a kínai klasszikusok tudósa volt, és az eleganciát
és a zenét szerette. A koreai japán uralom ideje alatt számos
alkalommal meglátogatta Japánt saját üzleti céljaiból, de miután

Korea független lett, összecsomagolta az üzletét, és egy csendes lakóhely után nézett. Amikor három éves voltam, a családom Changsungba költözött, ami egy falu volt Boon-hyang Ri-nél, Nam Myeon-ban, Changsung Goon-ban. Elegáns falu volt. Az emberek azt mondták, hogy csak „Chun" családok tudnak ott letelepedni, de az enyém ennek ellenére beköltözött.

Az apám, ahogy a gyerekkoromból emlékszem, a külvilággal minden kontaktust elveszített és rengeteg könyvet olvasott, otthon. Amikor apámnak látogatói voltak, velük ivott és régi verseket szavalt, vagy a kínai klasszikusok idézésében versenyzett velük.

Az apám mindig arra akart nevelni, hogy nagy ember legyek

Tehát mindig azt mondta nekem: „Jaerock, egy ember hűséges kell, hogy legyen. Ebben a világban neked nagy emberré kell válnod egy napon." Valószínűleg az összes szülő azt szeretné, hogy gyermeke jól nőjön fel és sikeres legyen bármiben, amit csinál. De emlékszem, amint cseperedtem, az apám különösen nagy hangsúlyt fektetett arra, hogy jó érzékem legyen a különböző értékekhez, míg az anyám mindig szolgált, és feláldozta magát a családért.

Az apám elkezdte tanítani nekem az „Ezer kínai karaktert", amikor még csak ötéves voltam. Sok történetet mesélt híres hősökről. Amikor a „Három királyság" történeteit hallottam Guan Yu-ról, Zhang Fei -ról, Zhao Yun -ról, akik életüket kockáztatták egy csatában, hogy megvédjék urukat, Liu Bei-t, vagy amikor Zhu Ge Lian történetét hallottam, aki a szelet rábírta, hogy fújjon, annyira belelkesedtem, hogy a kezem teljesen leizzadt. Az apám sokszor mesélt olyan bölcs emberek tanításairól, mint Konfucius és Mencius, vagy a nagy emberek becsületességéről. Mongju Jung története, aki végig a Koryo dinasztiát szolgálta (bár sorsa az volt, hogy tönkretegyék), bár tudta hogy meg fogják ölni, és Soonshin Lee tengernagy története, aki megmentette az országot, amikor a megsemmisülés határán volt, ezek mind olyan történetek voltak, melyek megindították a szívemet, mindegy volt, hányszor hallottam őket. A nagy emberek történetei, akik mindig megtartották pozíciójukat és hűségüket, még életveszélyes helyzetekben is, ennek a fiatal fiúnak a szívébe voltak vésve. Amikor ezeket a történeteket hallgattam, észben tartottam, hogy szüleimet tisztelnem kell, rendesen kell járnom, és viszonoznom kell minden kegyelmet, amit életem során kapok, anélkül, hogy közben megváltoznék.

Arról álmodozom, hogy kongresszusi képviselő leszek

Elemi iskolába úgy léptem, hogy kongresszusi képviselő szerettem volna lenni, és az apám sokszor elvitt választási kampánybeszédekre. Emlékszem, 10-15 kilométert is gyalogoltunk, míg egy helyszínre elértünk. Elvitt megnézni a tartományi, általános és elnöki választási gyűléseket. Úgy akart nevelni, hogy később politikusként nagyszerű munkát végezzek az ország érdekében.

Abban az időben a Szabadság Párt volt hatalmon. Sok ember vett részt a beszédeken. A beszélők nagyszerűen bántak velem, és úgy tűnt, nagyszerű emberek is. Sokszor gondoltam: „Amikor felnövök, olyan leszek, mint ők..." A jelöltek beszédeit hallgatva, minden nap arról álmodtam, hogy kongresszusi tag leszek. Ez volt az álmom egészen addig, amíg felső tagozatos lettem, majd középiskolás. Egyedül is sokszor elmentem a beszédekre, és hallgattam a jelölteket.

Mielőtt az elemi iskolába beléptem, már megtanultam a szorzótáblát és a Hangult (a koreai szentírást) a nővéreimtől és bátyáimtól, s így az iskola nem volt túl érdekes számomra. Inkább azt szerettem, ha iskola után a barátaimmal játszottunk. Kedveltem a kissé erőszakos játékokat, mint a katonásdi, birkózás, rúgás. A korombeliekhez képest viszonylag erős voltam, és minden játékban nyerni akartam. Elég makacs voltam, sok büszkeséggel megtoldva. Mindig addig kellett folytatnom a játékot, ameddig nyertem. Egészséges voltam. Pénzügyi gondjaink ellenére, az anyám gyógynövénykúrákat adott nekem, ami elég drága volt. Falun nagyon szokatlan volt abban az időben ilyen gyógyszert szedni. Anyám szeretete legkisebb fia iránt nagyon nagy volt. Amikor kézen fogva kimentünk az utcára, az idős emberek a faluban ilyeneket mondtak: „Ez a fiú nagyon okos... Lesz belőle valaki a jövőben... Látszik az arcán, hogy nagy ember lesz belőle... Nagyon vigyázz rá!" Amikor anyám ezeket a megjegyzéseket hallotta, láttam, hogy nagyon boldog volt. Gyerekkoromban néha láttam, amint anyám meglátogat egy buddhista templomot, ajándékként rizst visz, és a család megáldásáért imádkozik.

Anyám komolyan imádkozott

Éjszakánként anyám letusolt, felvette a fehér Hanbok

(hagyományos koreai) ruháját, kiment, egy tál tiszta vizet tett egy korsóba, azt feltette egy székre, és a csillagokra nézve imádkozott. Megpróbáltam fennmaradni addig, amíg visszajött a házba. Néha megtörtént, hogy tovább maradt, mint általában, s én ilyenkor a papírablakon lévő parányi lyukon át nézegettem őt, egészen addig, amíg elaludtam.

Egyszer megkérdeztem: „Anyám, miért hajolsz meg és imádkozol annyit, oly sokszor?", mire ő ezt válaszolta: „Mert amikor a Nagygöncölhöz imádkoztam, a bátyád biztonságban hazajött a koreai háborúból, és azért vagytok ti gyerekek ilyen egészségesek, mert én ilyen keményen imádkozom." Később, amikor beteg lettem és hosszú éveken át betegeskedtem, a csillagokhoz imádkozott az egészségemért, de az imái már nem működtek. Azonban amikor meghallotta, hogy Isten hatalmából teljesen és egyik napról a másikra meggyógyultam, elkezdett saját döntése alapján a templomba járni. „Hosszú ideje imádkozom a csillagokhoz és Buddhához, de Buddha és a Nagygöncöl nem tudta meggyógyítani a fiamat. Mivel a fiam egy templomban gyógyult meg, templomba fogok járni." Miután ezt kimondta, eldobta összes bálványát és hűséges hívővé vált, egyedül Istent szolgálva.

A szüleim a tanulást hangsúlyozzák

A legkisebb lévén, általában engedelmeskedő voltam, s így a szüleim különösen szerettek. Nagyon szigorúan hittek a nevelés és a tanulás, valamint a fegyelem erejében az élet minden szakaszában. Testvéreimet és engem nemcsak az emberi kapcsolatok alapjaira, de arra is megtanítottak, hogyan járjunk, beszéljünk, öltözzünk, együnk az asztalnál, hogyan tartsuk a kanalat, aludjunk és keljünk fel, valamint megtanítottak az általános viselkedési és udvariassági szabályokra is. Azt is hangsúlyozták, hogy amikor beszélünk, ne emeljük fel a hangunkat, s ne szóljunk közbe addig, amíg a másik személy be nem fejezte a mondandóját. Továbbá azt, hogy ne nézzünk egyenesen a nálunk idősebb emberek szemébe, ha velük beszélünk; hogy ne szakítsuk félbe szomszédainkat, amikor meglátogatjuk őket, és bármennyire is szegények lennénk, soha ne engedjük el a koldust üres kézzel a házunktól, stb. Arra is megtanítottak, hogy cselekedeteinket a jóság és a türelem vezesse. Azt hiszem, mivel a szüleim ily módon neveltek, még Istennel való találkozásom előtt képes voltam arra, hogy a lelkiismeretem vezessen, és az emberek már ekkor így beszéltek rólam: „az ember, akinek nincs szüksége a törvényre". Miután elfogadtam az Urat, azt hiszem, szüleim nevelésének köszönhetően könnyű volt „Ámen"-t mondani és megfelelőképpen cselekedni, minden parancsra, ami Isten igéjéből jött.

Mint a kínai klasszikusok tudósa, az apám fiziognómiát tanult, mely az emberek fizikai tulajdonságaiból és a tenyérolvasásból próbálja az egyén természetét kitalálni. Helyesen megjósolta a fontos eseményeket a nemzet életében, és számos fontos történést a faluban előrelátott. Gyakran mondta nekem: „Jaerock, nagy ember lesz belőled. Minden jónak tűnik, de az életvonalad kissé rövid és elszűkül középen, tehát az a sorsod, hogy hamar meghalsz. De van egy egészen vékony összekötő vonal az életvonalad mellett, így, ha megéred a harmincat, sok ember számára áldás lesz az életed."

Az apám, miután elolvasta a fiziognómiámat és megnézte a tenyeremet, nagyon boldog volt. Azt mondta, korán meghalhatok, de ha túlélem a harmincat, a világ számos részére ellátogatok majd és sok ember tiszteletét kivívom. Amikor harminc voltam, elmerültem számos betegségemben. Számos alkalommal a halál küszöbén találtam magam. Sokszor azt sem tudtam, megérem-e a következő napot. Ilyen állapotban lévén, még csak arról sem ábrándozhattam, hogy egy nap nagy ember leszek. Az apám sajnált, mert azt gondolta, korán meghalhatok, s így nagyon igyekezett, hogy jól megtanítson és ellásson a legjobb dolgokkal. Az anyám is nagyon szorgalmas és hívő életet élt, értem és az egész családért.

Baleset az elemi iskolában

Gyerekként nagyon egészséges voltam. Mivel anyám utolsó gyereke voltam, nagyon szeretett engem és mézzel etetett, amibe mindenféle természetes, növényi táplálékot és kivonatot rakott. S így általában erősebb voltam, mint a többi gyerek a korcsoportomban. Annak ellenére, hogy fiatal voltam, gyakran összeszedtem az összes érmet, ami a koreai birkózásban létezett és az emberek „erős embernek" hívtak. Sok gyerek követett engem és gondolt rám úgy, mint a vezetőjükre.

Mint gyerekek, akiket a koreai háború befolyásolt, a barátaim és én sok olyan játékot játszottunk, amelyek meglehetősen erőszakosak voltak. Szerettünk háborúsdit játszani, karddal harcolni, rúgni, birkózni, és egy „Sahbi" nevű játékot játszani, mely azzal jár, hogy az ellenfelünket addig fojtogatjuk, amíg megadja magát. Amint egy ilyen fojtogató fogásban rekedtünk, felemeltük a kezünket, jelezve, hogy megadjuk magunkat. Egyszer elájultam, mert nem akartam megadni magam. Bármilyen verseny volt, én mindig addig versengtem, amíg nyertem, mert büszke és nagyon makacs voltam. Egy napon negyedik osztályban egy barátommal játszottam, aki felső tagozatos volt, és megsértettem egyik bordámat. Abban az időben nem tudtuk megengedni magunknak, hogy kórházba menjünk, így a szüleim gyógynövényekkel kúráltak és várták, hogy a sérülés meggyógyuljon. Azonban, a sérülés minden nyáron fájt továbbra is. Az oldalamban erős, döfésszerű fájdalmat éreztem, nehezen lélegeztem, és nem tudtam szaladni. Mivel nem létezett speciális kúra, az apám két mérges kígyót beletett Soju pálinkába és minden reggel és este ezt az italt itatta velem. Így történt, hogy ilyen fiatalon megtanultam inni.

Egy másik esemény is történt negyedikben. Volt egy tanár, akinek „őrült tanár" volt a gúnyneve. A barátaimmal az iskolaudvaron a „Sahbi" birkózó játékot játszottuk, és ez a tanár azt gondolta, hogy verekedünk egymással. Behívott minket a tanári irodába. Megszidott és elkezdett pofozni. Azután mindannyian körbe kellett pofozzuk egymást húszszor. Nemcsak a tanár pofozott meg, de a barátom is. Ebből kifolyólag az arcom felduzzadt, és egyik dobhártyám kiszakadt. A fülemből ömlött a genny, és később hallási zavaraim lettek. A tanárt később kirúgták az iskolából, én azonban továbbra is szenvedtem az akkori incidens eredményeképpen.

A kamaszkorom

Befele forduló és szégyenlős voltam. 1959-ben befejeztem a felső tagozatot Kwangju városában és Szöulba mentem középiskolába. Az idősebb nővéremnél laktam Shindang Dongban, Seongdong Gu-ban, Szöul Koreában. Egyszer utolsó évesként több mint 40 napig hiányoztam, olyan beteg voltam. És amíg az ágyamban feküdtem, valaki, akit azelőtt soha nem láttam, eljött a házba, hogy megtérítsen és elfogadtassa velem Jézust. Azt gondoltam: „Milyen bolondos ember ez! Hol van ez az Isten, akiről beszél? Semmiképpen nem fogok Jézusban hinni, de ha hinnék is, hogy lennék képes így járni-kelni és megosztani az evangéliumot? Túl félénk lennék én ehhez."

Sajnáltam azokat az embereket, akik így jártak-keltek, hogy az embereknek Jézusról beszéljenek. Ateista, és természetem szerint szégyenlős, befele forduló lévén, azt gondoltam: „íme, van most még egy ok, amiért nem kell Istenben hinnem: nem szeretném, hogy így kelljen körbe járkálnom, hogy így térítgessek." Az apám,

A középiskolában

Általános iskola felső
tagozatában

aki a kínai klasszikusok tudora volt, azt mondta nekem: „Olyan természettel születtél, hogy még egy uncia sót sem lennél képes kölcsön kérni". Bár az emberek szegények voltak abban az időben a falvakban, a sónak nem voltak hiányában. Amit ezzel mondani akart, az volt, hogy a természetem nem engedte, hogy másokra támaszkodjak, vagy gondot okozzak nekik.

Az elemi iskolában, amikor megkaptam az iskolai tandíjértesítést, nem tudtam rávenni magam, hogy a szüleimnek megmutassam. Mindig lekéstem a fizetési határidőt, s így a tanárom mindig keményen megszidott és azt mondta, hívjam be a szüleimet – csak ekkor mutattam meg az értesítőt az anyámnak. Az anyám rögtön ideadta a pénzt. Tudtam, hogy ideadná, de számomra akkor is nagyon nehéz volt tőle pénzt kérni. Ennyire befele forduló és félénk voltam. Személyiségem, félénkségem később a lelkészi munkámat is nagyban befolyásolta.

Öngyilkossági kísérlet, a memóriám elveszítése után

Nem tudtam nagyon jól tanulni középiskolában, mert sokat hiányoztam a rossz egészségem miatt. Már korábban elhatároztam, hogy felvételizek, és remélhetőleg bejutok a Szöuli Nemzeti Egyetem mérnöki iskolájába. Minden nap serkentő gyógyszereket vettem be, hogy ébren tudjak maradni, és tovább tanuljak. De amint telt az idő, megszoktam a gyógyszereket, és egyre többet kellett bevennem. Később függőségi tüneteim lettek, és állandóan szednem kellett őket. Nélkülük letargiába estem, és nem tudtam koncentrálni. Naponta négy órát aludtam és minden nap a Nemzeti Könyvtárban tanultam, ami akkoriban ott volt, ahol ma a Lotte üzletház van. Miután így tanultam egy évig, megjött az önbizalmam, hogy bejuthatok a felvételi vizsgán a Szöuli Nemzeti Egyetem mérnöki iskolájába.

1962. novemberben, amint a vizsga közeledett, rájöttem, hogy elvesztettem a memóriámat. Egy újságot olvastam a szünetben, és hirtelen nem tudtam visszaemlékezni az akkori koreai elnök nevére, aki Dr. Synman Rhee volt. Sőt mi több, egyetlen angol szóra vagy matematika képletre sem emlékeztem, amiket olyan keményen próbáltam megjegyezni. Semmire sem voltam képes emlékezni. Ez nem átmeneti dolog volt. Mindenre, amit oly keményen tanultam korábban, próbáltam visszaemlékezni, de még az alapokra sem emlékeztem. Egy darabig úgy éreztem, egy feneketlen gödörben zuhanok lefelé. Nem maradt reményem a jövőre, és mélységes depresszió küszöbén voltam. Ilyen befele forduló és félénk természettel, egy teljes évet töltöttem arra, hogy csak a felvételi vizsgára készüljek, és most kiderült, hogy memóriavesztésem volt.

Hogy nézzek a szüleim szemébe, mindazok után, amit értem megtettek, és mindazon nehézség után, amit miattam felvállaltak? Túlságosan szégyelltem magam ahhoz, hogy tovább így éljek. Elhatároztam, hogy öngyilkos leszek. Elkezdtem amerikai altatókat gyűjteni, sok patikából, abból a fajtából, amiről az emberek azt mondták, hogy a legerősebb és leghatékonyabb. Abban az időben a nővérem háza mellett egy szobát béreltem, hogy tanulhassak, és a nővérem házában étkeztem.

Azt mondtam neki: „Nővérem, átmegyek a barátom házába ma este, hogy tanuljunk. Nem fogok itthon vacsorázni, így kérlek, ne várj rám".

Mivel a nővérem nem tudott a tervemről, rábólintott arra, amit mondtam. Miután elpakoltam a dolgaimat és megírtam az utolsó levelemet a szüleimnek, nővéreimnek és bátyáimnak, belülről bezártam az ajtót. Leterítettem a takarót a földre, beszedtem egy csomó gyógyszert, és lefeküdtem. Egy darabig teljesen magamnál voltam, de aztán hirtelen elveszítettem az eszméletemet. Van azonban egy mondás, miszerint „Az evilági halál csupán egy másik élet kezdete".

A bátyám és a sógorom egy ágyneműboltot vezetett a Dongdaemoon-i piacon. Általában este 10-kor zártak, még elvégeztek néhány dolgot, és éjfél körül értek haza. Furcsamód azonban, azon a napon a bátyám és a sógorom korábban haza akart jönni.

A bátyám ezt mondta az idősebbik sógoromnak: „Testvér, azt hiszem, ma be kellene zárnunk a boltot, és korábban haza kellene mennünk".

„Tényleg? Én is korán akartam ma hazamenni", válaszolta.

Azon a napon, a bátyám korán bezárta a boltot. Amikor megérkezett a nővérem házához, általában soha nem jött be a szobámba, nehogy zavarjon a tanulásban. Azonban, azon a napon valamiért látni akart.

„Hol van Jaerock?" kérdezte. „Azt mondta, átmegy a barátjához tanulni", válaszolta a nővérem. A bátyám mégis benyitott a szobámba, s amikor látta, hogy az ajtó be van zárva, érezte, hogy valami nincs rendjén. Betörte az ajtót és engem olyan hidegre váltan találtak, mint egy holttestet. A bátyám ezt mondta a sógoromnak: „Lehet, hogy túléli, ha bevisszük a kórházba és kimossák a gyomrát." Gyorsan elvittek a kórházba, de az orvos azt mondta, nem biztos, hogy túlélem, mert túl sok gyógyszert vettem be. De hosszú idő után végül mégis visszatért az öntudatom. Azonban, az öngyilkossági kísérletem miatt még a megmaradt memóriámat is elveszítettem, s még egy év múlva sem tért vissza teljesen. Ennek ellenére, miután nagyon keményen tanultam, sikeresen felvételiztem, és 1964 májusában bejutottam a Hanyang-i Egyetem Mérnöki Iskolájába.

Házasságom és hitem

Amíg egyetemen voltam, besoroztak, és 1964. október 29-én bevonultam a katonaságba. A katonai szolgálatom vége felé, az egyik rokonom bemutatott nekem egy levelezőtársat, azt, aki később a feleségem lett.

Az örökségemet teljesen elveszítem

1967. májusban befejeztem katonai szolgálatomat és kiszabadultam a katonaságtól. Azonban várt rám valami, valami egészen váratlan dolog. Mielőtt elmentem katonának, a második félévi tandíjamat előre megkaptam a szüleimtől és ezt a pénzt kölcsön is adtam az egyik rokonomnak, azzal az ígérettel, hogy mire végzek a katonasággal, kamatostól visszaadja. De a rokonom családjának problémái voltak, és nemhogy a kamatokat, még a pénzemet sem tudta visszafizetni. A bátyám és a sógorom értesült a dologról és ideadták ők a tandíjra valót. Katonaság után találkoztam a levelező társammal, aki most a feleségem, és őszintén szerelembe estem vele. Megígértük egymásnak, hogy összeházasodunk.

Nagy, tiszta szemei olyanok voltak, mint egy tó. Megtudta, hogy megkaptam a tandíjra valót, és egy időre kölcsönkérte. Azonban nem tudta visszaadni. Ezért nem tudtam beiratkozni a második félévre és hosszú hónapokig várnom kellett. Végül úgy döntöttem, hogy visszatérek a szülővárosomba. Azt mondtam a szüleimnek: „Anyám, apám, hamarosan megnősülök, kérlek, adjátok ide az örökségemet előre. Valamennyit belőle az esküvőmre költök, és mivel a menyasszonyom fodrász, szépségszalont nyitunk, hogy meg tudjunk élni. A pénz többi részét berakom a bankba, és a kamatokat megtakarítom. Tanulni ösztöndíjból fogok. Miután végzek, azt tervezem, hogy elmegyek az Egyesült Államokba és megszerzem a doktori diplomámat". A jövőbeni terveimet úgy magyaráztam, mintha egy kész tervezetet mutogatnék, és végül is meggyőztem a szüleimet. Nem tehettek mást, mint meghallgatni engem, és bár vonakodva, mégis ideadták az örökségemet. Visszamentem Szöulba, egy rózsaszínű jövőről álmodva, melyet a hatalmas örökségem jelentett. A dolgok azonban rosszra fordultak. A menyasszonyommal kellett volna találkoznom a szöuli állomáson, azonban ő nem jött el. Egy hétig nem tudtam róla semmit.

A nővérem felhívott és azt mondta: „Hallom, öcsém, hogy megkaptad az örökséged! Nos, mennyi kamatot kapsz a banktól? Az egyik barátomnak kereskedelmi cége van, és ha nála fekteted be a pénzed, egy csomót kapsz majd vissza. Biztonságot is nyújtok neked, így nem kell aggódnod". Naiv lévén, hallgattam a nővéremre. És mivel nem tudtam, mi van a menyasszonyommal, kibéreltem egy házat és a pénz többi részét odaadtam a nővéremnek.

Néhány nap múlva megjelent a menyasszonyom. A családja nem akarta, hogy hozzám jöjjön feleségül, s ez alatt az idő alatt próbálta meggyőzni őket. Végül ő is öngyilkosságot kísérelt meg, altatókkal. Kórházba vitték, és alighogy túlélte. Éppen kijött a kórházból.

A nővérem kéthavi kamatot adott nekem a pénzem után, aztán többet nem hallottam róla. Felhívtam, és azt mondtam neki: „Nővérem, ki kell fizetnem a tandíjat az új félévre, kérlek, add vissza a pénzem". Nem válaszolt. Az Újév után elmentem a nővéremhez és kértem tőle a pénzem, hogy folytathassam a tanulmányaimat. Láttam, hogy zavarban van. Azt mondta: „Testvérem, azt hittem, a barátom, akinek a pénzt kölcsön adtam. Egy kereskedelmi céget vezet, de kiderült, hogy egy csempész. Elfogták, és most börtönben van. Nem tudom a pénzt visszakapni". Teljesen elcsüggedtem. Azt gondoltam: „Milyen szörnyű! És még el sem végeztem az egyetemet! Milyen csapás ez, Istenem?" Mivel a testvérem nem tudta visszaadni a pénzt, a teljes örökségemet elvesztettem, csak úgy, egy perc alatt. Eldöntöttem, hogy állást szerzek, pénzt keresek, és esti tagozatra járok. Újságíróként alkalmaztak egy újságnál és 1968. januárban én és a drága menyasszonyom összeházasodtunk.

Magabiztos voltam, az ivást tekintve

Miután összeházasodtunk, 1968. márciusban volt egy házavató partink egy vasárnap. Felkészülve a fogadásra, vettünk 40 üveg whiskyt Dongdaemoon-ból, és a barátom sokféle italt

Újságíróként

is hozott. Reggel a kollégáimmal, délután a barátaimmal Szöulban, este pedig a szülővárosomból származó barátaimmal találkoztam. Késő éjszakáig élveztük a partit. Magabiztos voltam, hogy nagyon jól tolerálom az alkoholt, így egyetlen italt sem utasítottam vissza, amit a barátaim kínáltak, még korán reggel sem. Legalább hét üveg whiskyt megittam egymagamban. Mivel ilyen sok erős alkoholt ittam, komoly gyomorproblémám volt. Miután az összes vendéget kikísértem késő éjszaka, megkönnyebbülve feküdtem le, tudva, hogy egy sikeres fogadáson voltunk túl.

Hirtelen, a mennyezet elkezdett forogni. A csillár és minden más is forgott. Aztán hányni kezdtem. Olyan sokat hánytam, hogy azt éreztem, a beleim a torkomban kötnek ki. A feleségem hozott gyógyszert a közeli gyógyszertárból, de azt is kihánytam, mielőtt lenyeltem volna. Még vizet sem tudtam inni. Hatalmas fájdalmat éreztem. Attól a naptól fogva, nem tudtam rendesen enni. Gyomorproblémám miatt nem tudtam az ételt rendesen megemészteni. Mindent megpróbáltam, beleértve a gyógynövényeket. De semmi nem működött. A feleségem és én azt gondoltuk, hogy idővel minden rendben lesz, de amint telt az idő, minden csak rosszabb lett, és a testemet nem tudtam többé kontrollálni.

Megpróbálok meggyógyulni

Az állásomat fel kellett adnom. Mindenféle gyógyszert szedtem, és számtalan kórházba elmentem, hogy megtudjam a diagnózist. Azonban azon kívül, hogy gyomorfekélyt állapítottak meg, semmi mást nem találtak. Én továbbra is folyamatosan veszítettem a testsúlyomat, és számos más komplikáció is fellépett. 3 vagy 4 év múlva alig volt a testemnek olyan része, ami egészséges lett volna. Olyan voltam, mint egy „két lábon járó betegségbolt". Minden olyan gyógyszert kipróbáltam, amiről azt mondták, hogy jó lehet. Nyáron a lábgombától viszkettem, télen a fagyás kínzott. Teljes testemen ekcémás voltam, és a gyulladásaim minden reggel fekélyesek voltak, a szivárgás pedig megkeményedett. A krónikus orrgyulladásom miatt, a fejem állandóan nehéz volt. Az orrom állandóan eldugult, és a memóriám egyre rosszabb volt.

Nyirokcsomó problémám is volt. Eleinte csak akkora volt, mint egy kis labda a nyakamon, de egyre nagyobb és nagyobb lett, míg végül szőlő nagyságúra nőtt. A nyirokgyulladás miatt nem tudtam rendesen elfordítani a fejem. A keleti orvoslással foglalkozó orvos azt mondta, hogy nem tud kezelni, mert túl sok hagyományos gyógyszert szedtem. Nemcsak nyirokgyulladásom volt, hanem idegileg kimerültem, álmatlanságtól, ekcémától, vérszegénységtől, középfülgyulladástól szenvedtem. Belső szerveim, beleértve a gyomromat, vékonybelet, vastagbelet, mind rosszul működtek.

Még a nevemet is megváltoztattam

A feleségem mindenféle gyógyszert beszerzett és népi gyógymódokat is kipróbált, hogy meggyógyítson. Azonban, amikor az erőfeszítései még néhány év múlva is hiábavalónak bizonyultak, a babonák világához fordult. Néhány ember azt mondta neki: „Meg fog gyógyulni. Meg kellene hívnod egy ördögűzőt, és az megszabadítaná őt a bajtól." Volt, aki azt mondta: „Menni fog, ha meghívsz egy buddhista szerzetest, az majd kivezeti az ördögöt belőle." A feleségem elment a leghíresebb szerzetesekhez, és még az ördögűzést is kipróbálta, a barátok utasítása szerint. Végül, még a nevünket is megváltoztattuk.

Azt mondták nekünk, ha megváltoztatjuk a nevünket, a sorsunk is megváltozik. Azt gondoltuk, talán így lesz. Akkoriban a központi kormányzati komplexum mellett számos, nevekkel foglalkozó iroda volt. Egy kora reggel elmentünk a „Bongsoo Kim" nevekkel foglalkozó irodába. Reggeltől délig kellett várnunk, hogy találkozhassunk vele. „Rossz a nevük. Miért nem változtatják meg?" Onnantól kezdve, azokat a neveket használtuk, amiket ő adott nekünk, kevés haszonnal.

Egy beteg apa gyötrelme

Mivel nagyon befele forduló voltam, próbáltam elrejteni egyre rosszabbodó fizikai állapotomat, még a feleségem elől is. És amint a családom lejjebb és lejjebb jutott az adósságspirálon, nem ülhettem és figyelhettem az eseményeket. Így helyről helyre mentem, hogy állást találjak. De a füleim betegsége miatt nem hallottam, és így nem vettek fel sehová. A hallásom olyan gyenge volt, hogy telefonálni sem tudtam, ami nagyon megnehezítette számomra, hogy dolgozzak. Függetlenebb szakma után kellett néznem. Így történt, hogy kisasztalok árusításába kezdtem. Kimentem az utcára, de a félénk természetem miatt nem kiabálhattam, hogy „Asztalok! Eladó asztalok!" Miután sikertelenül dolgoztam így napokon át, lassacskán megjött az önbizalmam, és végre sikerült párat eladnom.

Egy napon 1972-ben, elindultam asztalokat árulni. Hirtelen azt éreztem, hogy a lábfejeim lebénulnak, és rettenetesen fájdalmas volt a járás. Egy közeli helyen hagytam az asztalokat és busszal hazaindultam. Attól a naptól kezdve ágyhoz voltam kötve. Kiderült, hogy reumatikus ízületi gyulladásom volt. Amikor járni próbáltam, erős fájdalmat éreztem, és nemsokára botra kellett támaszkodnom. Azonban, a fizikai fájdalomnál erősebb volt a lelki. Mérhetetlenül szomorúvá tett, hogy nem hallottam. Az egyik fülemben a dobhártyám már kiszakadt, egy korábbi elemi iskolai baleset következtében, amit már említettem. Az erős gyógyszerek miatt, amiket öt vagy hat éve szedtem, a másik fülem is nagyon megromlott. Akármennyire is próbáltam leolvasni az emberek szájáról, hogy miről beszélnek, ha körülöttem zaj volt, nem értettem, amit mondtak. Még a családtagjaimnak sem mondhattam el, hogy lassan megsüketülök. Attól féltem, hogy fogyatékosnak fognak nevezni. Amikor mások beszéltek velem, rossz válaszokat adtam, mivel nem tudtam, miről beszélnek. Megtörtént, hogy egyáltalán nem válaszoltam, az arcom elpirult a szégyentől és a kisebbrendűségi érzéstől.

A feleségemnek nagyon nehéz volt, mert egyszerre kellett engem gondoznia és az adósságainkat fizetnie. Mivel a legolcsóbb helyen béreltünk lakást, gyakran kellett költöznünk. Ah-hyeong Dong-ról Kimpo-ba költöztünk, majd, Sangdo Dong, Chongno, és Ddooksum következett. Néha, amikor nagyon kétségbeesettek voltunk, a feleségem szüleinek a házába mentünk, vagy a nővéréhez. Végül, a sok költözés után, letelepedtünk egy hegyi faluban Keumho Dong-ban. A házunk téglaház volt, és kocka alakú. Amikor a bejárati ajtón kimentünk, a távolban láttuk a Han River folyót.

Az anyósom azóta meghalt, de sokat sírt értem. Elvitt a kórházba és a népi gyógyítóhoz, hogy akupunktúrát és gyógynövényeket próbáljanak ki rajtam. Mivel nem tudtam járni, a barátaim levittek a hátukon a hegyen, s így az anyósommal be tudtam szállni a taxiba, hogy a kórházba vigyen. Az úton visszafelé az anyósom rizspálinkát vett nekem, valószínűleg azért, mert sajnált. „Fiam, tudom, hogy fájdalmad van, igyál, hogy legyen jókedved..."

A feleségem kétségbeesése

A feleségem mindenhonnan próbált pénzt szerezni a gyógyszereimre. Közben az adósságunk gyűlt halomba, mint a hó. Amikor sürgősen kellett a pénz, a szüleihez, a nővéréhez, vagy a bátyjához ment, hogy kölcsönkérjen. Utána kifizette az összegyűlt kamatokat, és ami maradt, azzal kifizette a gyógyszereimet. Nem kellett sok idő és a feleségem családjának nagyon rossz lett a véleménye rólam. Az ő szempontjukból, mivel nem tudtam úgy ellátni a családomat, amint azt egy jó férj teszi, a legfiatalabb és legjobban szeretett lányuknak rengeteg nehézséget okoztam. Mivel az esküvőnk után nyomban beteg lettem, még a házasságunk első éveit sem tudtuk úgy élvezni, mint friss házasok szokták. A feleségem kénytelen volt mindkettőnk szerepének eleget tenni, mint kenyérkereső és a család ellátója. Mindkét lányunkat neki kellett nevelnie, miközben azért küzdött, hogy valahogy megéljünk. Kimerült volt, és a valamikor oly kedves, lágy természete durvává vált, mintha a kötelességek, amiket ráerőltetett az élet, megkeményítették volna. Akkoriban már öt vagy hat éve vigyázott rám, és egyedüli reménye az volt, hogy egyszer visszatér az egészségem. Mivel látta, hogy az állapotom egyre rosszabbodott, csak a kétségbeesés maradt a számára. Mivel kissé indulatos volt, amikor nagyon zavarta valami, összecsomagolt és elment a szüleihez...

„Nincs szükségem szeretetre. Pénz, amire most szükségünk van. Menj és keress egy kis pénzt!" Vissza kellett fizetnie a pénzt a magánkölcsönzőknek, akik magas napi kamatot számítottak fel. Minden alkalommal, amikor sürgették a visszafizetést, úgy érezte, hogy nem tudja elviselni és hazament, mondván, hogy nem tudja már így folytatni a házasságunkat. Néhány nap múlva azonban mindig visszatért.

Egy napon a nővére segítségével megnyitott egy kis falatozót a Keumho Dong piacon. Jól főzött, így sok kuncsaftja volt. Korán reggel elindult és késő éjjelig dolgozott. Éjfélkor, amikor hazaért, mindig fáradt és kimerült volt. Azért hajtotta magát, hogy annyit visszafizessen a tartozásainkból, amennyit tudott. Azonban, amikor hazajött és engem betegen feküdve látott, az összes reményét elvesztette, és a legkisebb dolog is zavarta. A két lányunkat már megbélyegezte a társadalom. Amióta a feleségem megnyitotta az üzletet, én próbáltam vigyázni a nagyobbik lányunkra, Miyoung-ra, míg a kisebbik lányunk, Mikyung, az anyámmal élt, a bátyám házában.

„Hogy létezik, hogy ennyire hasonlít az apjára?"

Azért mondta, mert annyira hasonlított a beteg apjára? Mikyung-nak esélye sem volt, a helyzetünk miatt, hogy sok szeretetet kapjon tőlünk. Amikor néha a bátyám házához mentem és láttam őt egy darab rongyszőnyeggel a szájában játszani, a szívem meghasadt érte. Az állapotom miatt azonban nem vihettem őt haza, hogy vigyázzak rá. Tele voltam gyötrelemmel. Abban az időben neurózistól szenvedtem, s így a legcsekélyebb dolog is érzékenyen érintett. Ha a feleségem olyat mondott, ami a büszkeségemet sértette, vitatkozni kezdtünk, a feleségem bejelentette, hogy válni akar, összecsomagolta a dolgait és ismét elment a szülei házába.

„Hogyan tudtok így élni? Azt hiszem, mindkettőtöknek jobb lenne, ha elválnátok."

A feleségem családtagjai eljöttek hozzám és elmondták, mennyire nem tetszem nekik, olyan hangosan szidtak, hogy az összes szomszéd hallotta. Az arcom piros volt a dühtől és szégyentől. A feleségem, miután elhagyott, visszajött és azt mondta: „Nem azért jöttem, hogy téged lássalak. A lányomat jöttem megnézni. Ha valaha meggyógyulsz, elválok tőled. Most szeretnék, de az emberek azt mondanák, hogy elhagytam egy beteg férjet. Tehát, nem most!"

A testi szerelem megváltozik

1972-ben magamra néztem, és láttam, hogy testem tele volt gyógyíthatatlan betegségekkel. Mivel olyan sok erős gyógyszert szedtem, az injekciók vagy gyógyszerek már nem hatottak rám. A szüleim, a bátyáim és nővéreim, valamint a rokonaim ujjal mutattak rám, és távol tartották magukat tőlem. A feleségem elkerült. Még az anyám is feladta, hogy bennem reménykedjen. Az anyám, aki hetven éves volt akkor, eljött meglátogatni. Amint látott ágyban feküdni, keserűen sírni kezdett. Azt gondolta, nincs már remény a számomra.

„Ó! Ó! Jobb lenne, ha mihamarabb meghalnál. Így hoznál becsületet rám!"

Milyen szörnyű volt a helyzetem, ha az anyám, aki a legjobban szeretett, azt szerette volna, hogy minél hamarabb meghaljak, hogy tisztességet hozzak rá! Azt gondoltam, az anyám soha nem árulna el engem, akkor sem, ha az egész világ ellenem fordulna. Abban a pillanatban rájöttem, hogy az emberi szeretet múlandó. Ha a körülmények nem megfelelőek, ez a szeretet megváltozhat.

Ha a saját anyám nem értette meg a szenvedésemet, mit tudhatott egy testvér? Egy nap a bátyám meglátogatott ittasan, mondván, hogy meg akar vigasztalni. Azonban, szavai ahelyett, hogy megvigasztaltak volna, még rontottak a helyzetemen.

A második öngyilkossági kísérletem sem sikerül

Úgy éreztem magam, mint egy kis madár, aki kétségbeesetten csapkod a szárnyával, hogy életben maradjon, de mindhiába. Eleinte, amikor a feleségem összepakolt és hazament a szüleihez, elmentem és visszahoztam. De amikor sokadszorra tette, már nem mentem utána, mert tartottam a megvetéstől és lenézéstől, amit a családja tagjaitól kaptam volna. Valahányszor a fiatal lányaim jövőjére gondoltam, egy erős túlélési vágy, mint forrásvíz, felbuggyant bennem, de amikor a valóság ijesztő fala előtt álltam, erőtlennek éreztem magam. Miután azt gondoltam, hogy nincs módom megmenekülni a halál árnyékából, még egyszer gyűjteni kezdtem az altatókat, azzal a vággyal, hogy minél hamarabb véget vessek nyomorult életemnek. Elég baj volt az, hogy végigszenvedtem az életemet a betegségek miatt, de az még rosszabb volt, hogy a saját feleségem sem volt kedves hozzám, inkább bántott. Minden élni akarásom és vágyam elveszett. Azt gondoltam, jobb, ha meghalok, minthogy menjek és hazahozzam a feleségemet. Így bevettem a húsz altatót, amit összegyűjtöttem.

Amikor ez történt, a feleségem a szülei házában volt. Nem tudott aludni, és nagyon idegesnek érezte magát. Azt mondta, nem tudott másra gondolni, mint arra, hogy valami nagyon rossz történik otthon a házunkban. Mivel még idegesebb lett, taxiba ült és hazarohant, ahol haldokolva talált engem. Gyorsan a kórházba vitt, ahol kezeltek és újjáélesztettek. „Még az életemet sem fejezhetem be úgy, ahogy akarom. Jobb lenne, ha többet nem próbálkoznék az öngyilkossággal." Miután visszatért az eszméletem a kórházban és visszaemlékeztem a két sikertelen öngyilkossági kísérletemre, úgy éreztem, valamilyen felsőbb hatalom beavatkozik az életembe. Így történt, hogy elhatároztam: többé soha nem próbálkozok az öngyilkossággal.

A macskák feltételezhetően jól hatnak a reumatikus ízületi gyulladásra

Néha, amikor a testem egy kicsit jobban volt, egy bottal járkáltam egy kicsit. De más alkalmakkor, amikor az állapotom rosszabb volt, ágyhoz voltam kötve és egyetlen izmomat sem tudtam mozdítani. Valakinek ki kellett üríteni az ágytálamat. A feleségem hallotta, hogy a macskák jók a reumatikus ízületi gyulladás ellen, ezért összevásárolta az összes macskát nemcsak a Sungdong Ku környékről, hanem más piacokról is, mint a Dongdaemoon és Joongbu piacok. Megfőzte őket nekem, hogy megegyem. De néha, amikor nem a megfelelő módon főzte meg, ANNYIRA rossz szaguk volt, hogy meg akartam halni, mintsem hogy megegyem.

Az anyám és a feleségem mindent és bármit odahozott, amiről az emberek azt mondták, hogy jó lehet. Százlábúkat főztek, szúrós gyöngyajkat, és a firniszfa kérgét. Kutyák és medvék epehólyagját. Még a kígyóból készült likőrt is kipróbáltam. Az összes betegség elleni harcom folytatódott. Azt mondták, hogy a német lepra elleni gyógyszerek olyan mérget tartalmaznak, mely eltünteti a leprát. S mivel olyan bőrbetegségem volt, ami az egész testemet borította, a gyógyulás reményében bevettem ezeket is, de az eredmény siralmas volt.

Vizeletet ittam 15 napig

Mindenfajta gyógyszert, gyógymódot, népi gyógymódot, gyógynövényt kipróbáltam, még a babonákat és az ördögűzést is, de úgy tűnt, hogy az egészségem egyre csak zuhan lefelé egy feneketlen űr mélyére.

„Jaerock, egy nagyon híres orvos jött a városba. Mi lenne, ha ő is megnézne, és mondana egy diagnózist?"

„Igen, miért ne? Nincs vesztenivalóm." Megfogadtam a Keumho Dong-i barátaim tanácsait, és elmentem az orvoshoz. Az orvos megnézte a pulzusomat és megvizsgált. Azt mondta: „Egy kész csoda, hogy ön még életben van. Olyan, mintha lenne pulzusa, de szinte nincs is. Hihetetlen, hogy még él. Egyetlen mód van arra, hogy meggyógyuljon a betegségéből. Sok kemény sportot űzött, amikor fiatal volt, nem? Sokszor megverték eközben? Egész testén olyan sebek vannak, melyeket elhalt vérsejtek alkotnak, és véraláfutások. Ez az oka annak, hogy ilyen rossz az egészsége."

„Igazán? És mi az ellenszer?"

„Egy falusi vonatállomáson közvécék vannak. Az ürülék a vécé legalján legalább tíz éve ott van, és ebből kellene meríteni. Egy sörkorsónyit kellene naponta háromszor inni ebből, két hétig. Ha ezt megteszi, az összes véraláfutás eltűnik a testéről, és újra egészséges lesz."

Az orvos részletes leírást adott arról, hogyan kell a vizeletet begyűjteni. Csupán annyit kellett tennem, hogy fenyőleveleket kellett egy kancsó szájához kötnöm, hogy szűrőként működjenek, majd egy követ kellett a kancsóhoz kötnöm, és azt le kellett dobnom a vécébe. A tiszta ürülék befolyt a kancsóba. Ha meggyógyulok ettől, gondoltam, szép összeget fizetek az orvosnak, és ezt meg is ígértem neki. A feleségem és én annyira megörültünk, mert azt hittük, ez lesz végre a megoldás, és gyorsan elmentünk a falusi vonatállomásra, táncolva az örömtől. Az anyám hallotta, hogy hogyan kell az ürüléket összegyűjteni, s így az egész éjjelt azzal töltötte, hogy vizeletet gyűjtött egy szép tálba, és nagy gonddal elhozta hozzám.

Így történt, hogy tizenöt napig ittam az ürüléket, egyetlen napot sem hagyva ki. A szörnyű bűze miatt igen nehezen nyeltem le, de a vágy, hogy meggyógyuljak, olyan erős volt, hogy egy szalmaszállal mind beszívtam, majd megmostam a fogaimat, és lenyeltem egy darab cukorkát, amit az anyám adott nekem. De a szörnyű bűz így is érződött. A tizenöt nap végén megtudtam, hogy ez sem működött.

„Anyám, ha meg kell halnom, legalább a szöuli házamban legyen."

Második fejezet

Isten valóban él!

Amikor az utolsó szirom leesik, az életem is elmúlik

Hogyan térített meg a középső nővérem?

Amikor az utolsó reményünk, az ürülék ivása is meghiúsult, a feleségem és én még nagyobb kétségbeesésben tértünk vissza Szöulba. Most az utolsó vágyam az volt, hogy gyorsan meghaljak. Lefeküdtem az ágyra, várva, hogy teljen az idő. A napi programom a lakásunkban az volt, hogy regényeket olvastam, vagy koreai rizspálinkát ittam. Ebben a kis, egyszobás lakásban volt egy konténer a rizspálinkának, és gyógyszeres dobozok és kölcsönkért könyvek voltak szétszórva a földön mindenfelé.

A családomban a középső nővérem volt az egyedüli hívő. Elveszítette a látását az egyik szemére egy gyerekkori magas lázzal járó betegség következtében. Hozzáment egy fiatalemberhez a szomszéd faluból, és közösen nevelték

3 fiukat és 2 lányukat. Hűséges hitéletet élt. Egy napon, valaki megosztotta az evangéliumot vele, és innentől fogva templomjáró lett. Az anyám és a bátyáim azt hitték, hogy fanatikus hívő lett, és nem tetszett nekik, hogy templomba jár. „Olyan keményen dolgozol a földmunkával, hogy aztán mindent odaadj az egyháznak. Nem dolgozol vasárnap, hogy templomba mehess. Soha nem fogsz így a szegénységtől megszabadulni. Mikor gondolod, hogy végre gazdag leszel?" Még akkor is, amikor az anyám így „rászállt", ő csak mosolygott és azt mondta: „Anyám, olyan boldogság Jézusban hinni. Miért nem jársz te is templomba?"

Vasárnaponként korán reggel elvégezte a dolgát, hogy utána templomba mehessen. Letörölte a pulpitust és szolgált a templomban. Ha néha valamilyen értékes tárgyra akadt, vagy leszedte az első gyümölcsöt, titokban a lelkész házában hagyta és elszaladt. Tetszett neki, hogy Isten szolgáját ilyen módon szolgálhatja.

Szorgalmasan eljárt az „újjászületésekre" (istentiszteletre) és komolyan kereste Isten kegyelmét. Még az arany karikagyűrűjét is, ami akkoriban nagyon értékesnek számított, odaadta felajánlásként a templomnak.

„Istenem, adj olyan értékes hitet nekem, mint az arany. Adj olyan hitet, mint az arany, mely nem változik meg még az idő múlásával sem."

Gyerekkorom óta a középső lánytestvérem volt a kedvenc testvérem. Amikor Szöulban tanultam, gyakorlatilag az ő házában laktam, valahányszor vakációm volt. Amikor alkalma volt, mindig megpróbálta az evangéliumot megosztani velem. Miután beteg lettem, nagyon sajnált engem. Folyamatosan arra bátorított, hogy menjek templomba, mondván:

„Testvérem, ha elmész a templomba, Isten meggyógyít.
Ismét egészséges leszel."

„Testvérem, kérlek ne légy nevetséges. Olyan korban élünk,
amikor az emberek űrhajókat küldenek a Holdra. Ugyan, hol
lehet az Isten? Ha Ő él, mutasd meg nekem."

Számtalanszor biztatott, hogy higgyek, de mivel makacs
voltam, kitartottam: ha Ő létezik, a nővérem mutassa meg
nekem először.

Amikor az utolsó szirom leesik, az életem is elmúlik

Úgy éreztem magam, mint a főhősnő egy híres regényben,
aki állandó kétségbeesésben, reménytelenül élt. Azt hitte, hogy
egy napon, amikor egy bizonyos futónövényről az utolsó levél
is leesik a viharos szél miatt, az ő élete is véget ér. Én is állandó
kétségbeesésben éltem, a holnap reménysége nélkül.

1974. áprilisben rózsaszínű azáleák borították be a
dombokat és a mezőket. Mindenhol érződött az illatuk. De az
én életem egyre csak hervadt és minden egyes levegővételem
úgy tűnt, hogy közelebb visz a halálhoz.

„Minden teremtmény olyan élettől duzzadóan mozog az
évnek ebben a részében. De az én életem, amely úgy lóg, mint
az az utolsó levél, vajon mikor ér véget?"

Senki nem találkozott velem örömmel. Nem tudtam rizst
vagy húst enni, de tudtam inni alkoholt. Az alkohol volt
az egyedüli barátom. Teljesen alkoholfüggő lettem, és alig
éltem túl a következő napot ekkor. A szüleim, a testvéreim

egyre ritkábban látogattak meg. Hamar eljött az is, hogy már senkitől sem vártam, hogy meglátogasson, de egy napon valaki kopogott az ajtón. A középső nővérem volt, az a testvérem, akit a legjobban szerettem.

„Nővérem, mi hozott téged most Szöulba? Gyere be!"

„Valami dolgom van Szöulban."

Mivel a legkeményebb dologidő volt a mezőn, nagyon boldog voltam, ugyanakkor nagyon meglepett, hogy láttam.

Arra kér, hogy irányítsam

Mivel az iskolában darwinizmust tanítottak nekem, ateista voltam. Merészen kijelentettem, hogy olyan dolog, hogy kísértet, nem létezik. De igazából, lényem legmélyén, nem tudtam letagadni, hogy Isten valóban létezik. Sok mindent összevetve, nem tudtam kitörölni a gondolatot, hogy létezik élet a halál után. A lelkem legmélyén már elismertem Isten, a Teremtő létét. Azt gondoltam: „Ha tényleg van Isten, akkor a pokol is létezik, egy olyan pokol, amilyent egyszer egy filmben láttam. Akkor, milyen lesz a halál utáni életem?"

Mivel a szívem mélyén nem tagadtam, hogy Isten valóban létezik, a halál utáni élet létezését is el kellett hogy ismerjem. Szívem egyik csücskében lakott a pokoltól való félelmem is. Ezért aztán, még azelőtt, hogy Istenben hittem volna, jó és igaz életet próbáltam élni.

Szóval, mivel a nővérem nem azt kérte, hogy menjek a templomba vele, hogy meggyógyítsanak, csak azt, hogy kísérjem el őt egy keresztény találkozóra, a kérésére megadtam magam. 1974. április 17-én korán felkelt és elkészült, mondván, hogy korán kell mennünk, hogy elöl tudjunk leülni. Hosszú ideje ez volt az első alkalom, hogy kimentem a házból. Számomra nagyon nehéz volt, hogy a hegyes Keumho Dong városból lemenjek, így hosszú időbe tellett. Buszra ültünk Seodaemoon felé és megérkeztünk Shin-ae Hyun fődiakonissza templomába.

Mindenki őrült itt?

Annak ellenére, hogy mindkét dobhártyám beszakadt, hallottam hangokat, de nagyon halványan. A második emelet már tele volt emberekkel, így a harmadik emeletre mentünk fel. A lépcsőfokokat enyhe emelkedővel képezték ki, hogy a mozgássérülteknek könnyebb legyen a járás. Mivel bottal kellett járnom, nehezen tudtam lépést tartani a nővéremmel.

Valószínűleg a csoportos ima idején érkeztünk meg. A körülöttem lévő emberek felemelték a kezüket és hangosan kiabáltak. Azelőtt semmi ehhez foghatót nem láttam, s nem tudtam, mit tegyek, így csak néztem körbe. Aztán észrevettem, hogy a nővérem letérdelt és szintén imádkozott, miközben a feltartott kezei remegtek.

Mindenki őrültnek tűnt, beleértve a nővéremet. Úgy éreztem, hogy felhevültem, és az arcom kipirult. Csak el szerettem volna menni. Azonban egyre több és több ember érkezett és leült mögém, így elmenni nem lehetett. Rögtön ki akarok jutni innen.

De hogyan? Nem hagyhattam csak úgy itt a nővéremet egyedül. Mivel azelőtt soha nem láttam senkit így imádkozni, nemhogy egy egész csoportot, nyugtalanul éreztem magam, amint a körülöttem lévőket láttam. Felemelt kézzel, kiabálva imádkoztak. Mivel azonban nem mehettem csak úgy el, hát maradtam. Azt gondoltam, talán én is letérdepelhetnék. Letérdeltem és becsuktam a szemem. Hirtelen, a hátam izzadni kezdett, és az izzadságom legördült a hátamon. Tavaszi nap volt, de nem volt meleg. Nagyon sovány voltam, csak hús és bőr, teljesen lehetetlen, gondoltam, hogy így izzadjak. Nagyon furcsa, gondoltam, „Nagyon szégyellhetem magam, és nagyon nyugtalan lehetek, hogy így izzadok. Valószínű ezzel magyarázható."

Csak később jöttem rá, hogy amint letérdeltem azon a napon, Isten az összes betegségemet elégette a Szentlélek segítségével. Egy nagyon messzi szószéken, Hyun Shin-ae fődiakonissza, aki fehérben volt, szenvedélyesen prédikált. A hangszórók hangja nagyon hangos volt, de én nem hallottam túl jól. Csak néhány szót kaptam el itt-ott. „Milyen jó lenne hallani, hogy mit mond az a hölgy!", gondoltam.

Egy változás állt be a szívemben miután annyira leizzadtam (igazság szerint a Szentlélek érintett meg). Akartam hallani a fődiakonissza üzenetét. A nővérem azt mondta: „Miért nem fogadod el az imát, mint a többi ember, aki idejött ma?"

A prédikáció után a nővérem arca ragyogott, amint arra biztatott, hogy fogadjam be az imát. Az ő utasítására felmentem, egy csomó másik ember között arra a helyre, ahol Hyun Shin-ae fődiakonissza ült.

Valamennyit továbbra is hallottam a hangszórók hangjából. Azok tettek tanúvallomást, akiket az ima meggyógyított. Tört darabok érkeztek el hozzám ezekből a beszédekből, valaki azt is mondta, hogy megkapta a „Szentlélek tüzét" és meggyógyult, amikor Shin-ae fődiakonissza rátette a kezét.

„Az ima kellett meggyógyítsa őket. De én még mindig nem tudom elhinni."

Shin-ae fődiakonissza megütötte kezével először a fejét, majd a hátát minden embernek, majd továbblökte őket. Ennyi volt. Enyhén megütötte a fejemet és a hátamat, aztán odábbtolt, mint a többi embert. Azt gondoltam: „Úgy bánik az emberekkel, mint a csomagokkal! Azt hiszem, becsapja őket." Valószínű azért volt, mert rendkívül sok ember volt, de nem imádkozott külön mindenkiért, csak megütötte kissé és tovább is tolta őket. Sértve éreztem magam.

Abban a pillanatban, eszembe jutott egy incidens, még az elemi iskolás koromból. Volt egy nő a Jung-eup térségből, aki arról volt híres, hogy tudott gyógyítani. Mivel a találkozóját nagyon reklámozták a helyi újságban, sok ember összegyűlt Jung-eup-ban. Az unokaöcsém is elment, mivel váladékozott a füle. Két hét múlva kiderült, hogy a nő egy csaló. Letartóztatták. A napilapok közül néhány főcímként hozta a történetet. Azon tűnődtem, vajon ez a nő is ugyanúgy becsapja az embereket, mint a Jung-eap-beli? Miközben mélyen elmerültem a gondolataimban, azt vettem észre, hogy már lejutottam a lépcsőn.

„Ez furcsa! Minden nehézség vagy fájdalom nélkül lejutottam."

Mindenki őrült itt?

A nővérem olyan boldog volt, hisz úgy érezte, hogy beteljesült a kívánsága. Felültünk a buszra. Hirtelen olyan hangos hangokat hallottam, mint a mennydörgés. Azt gondoltam: „Milyen furcsa! Hogy lehet, hogy ilyen hangos hangokat hallok a fülemben?"

A mennydörgő hangok akkor szűntek meg, amikor leszálltam a buszról a Keumho piacnál. Elköszöntem a nővéremtől és bementem a falatozóba, amit a feleségem vezetett a piacon. Sokféle étel volt a polcon, húsok is. A bárban hallottam a vendégek hangját, amint evés és ivás közben beszélgettek. Olyan boldog voltam, hogy az öklömmel az asztalra csaptam.

„Hallok! Hallok!"

A meglepődött feleségem megkérdezte: „Mit, hallasz? Mit hallasz, és hogy hallasz most?"

„Világosan hallom, ahogy azok a vendégek beszélgetnek. Édesem, most éhes vagyok. Szeretnék valamit enni. Adsz nekem egy kis rizst és húst?"

„Hogyan? Gyomorrontásod lesz, és kiütéseid lesznek!"

„Jól vagyok. Úgy érzem, már meg is emésztettem. Ne aggódj, csak adj ételt."

Amint a feleségem meghozta az ételt, rögtön meg is ettem. Általában kevés rizst tudtam enni, így ez most nagyszerű változás volt. Úgy éreztem, nagyon jól meg tudom emészteni az ételt. Valójában semmiféle bajom nem volt!

Egy csoda, tagadhatatlanul!

A következő napon, amint reggel felébredtem, a fürdőbe mentem, mint mindig. A reggeli szokásaim egyike az volt, hogy egy gyufaszálat betekertem vattával és kitöröltem a fülemből a váladékot. Azért tettem, hogy a feleségem ne vegye észre, és ne aggódjon. Akkor is próbáltam kitörölni, de nem volt váladék! Tiszta volt a fülem. Még különösebb volt, hogy korábban, amikor felkeltem, általában elszédültem a vérszegénység miatt. Annyira vérszegény voltam, hogy felkelés után egy pillanatra meg kellett támaszkodnom, majd a fürdőbe mennem. Azonban azon a napon észrevettem, hogy amint felkeltem, bementem a fürdőbe és nem szédültem el. És ez nem minden. A súlyos ízületgyulladás miatt a kézfejemen genny volt, a könyökömnél, térdeimnél, bokámnál, és más ízületeknél is. De azon a napon, a fehér genny fekete hegekké változott.

„Nem értem ezt. Milyen furcsa!"

Hirtelen, a szívem lüktetni kezdett. Még mindig telve izgalommal, visszamentem a szobába. Levettem a ruháimat és óvatosan szemügyre vettem a testemet. Alvás közben mindig egy oldalon tudtam csak aludni, mivel az egyik oldalon nyirokcsomó duzzanatom volt a nyakamon. De a szőlőnagyságú csomó a nyirokcsomómban nem volt ott. Sőt mi több, visszaemlékeztem valamire, ami még a betegségem előtt történt. Tél volt, és ilyenkor mindig volt forró vizünk a konyhában, egy edényben. Mint minden reggel, lehajoltam, hogy forró vizet öntsek magamnak. Az edény körülbelül félig volt vízzel, az ajtó nyitva volt, a faszén brikett rengeteg oxigént kapott. A víz forrt.

Amikor vízmerővel kimertem a vizet, a forró gőz eltakarta az arcom. Ki akartam térni a gőz elől, s így a forró víz hirtelen a testemre ömlött. A mellkasom és a kezeim összeégtek. Ez az égés csúnya sebeket hagyott, és általában nem vettem le az ingemet, hogy ne látsszanak. Azonban, még ezek a sebek is eltűntek! Olyan hihetetlen csoda történt. A testemnek többé semmi baja nem volt.

Abban a pillanatban eszembe jutott, mi történt az előző napon. Fel és le tudtam menni a lépcsőn, bármi nehézség nélkül. Úton hazafelé hallottam egy mennydörgő hangot. Hallottam, amint a feleségem étkezdéjében a kuncsaftok beszélgetnek. Attól a reggeltől fogva nem voltam vérszegény. Nem volt több váladék, és be tudtam hajlítani a térdeimet.

„Valóban meggyógyított Isten?"

Olyan valósággal kezdett szembenéznem, amit magam is nehezen hittem, és annyira meglepett voltam. Nem szedtem gyógyszereket és nem volt semmilyen műtétem! De az összes betegségem meggyógyult! Több mint tíz olyan betegség, amiket semmilyen gyógymóddal nem sikerült meggyógyítanom, egyszerre eltűnt!

„Isten valóban él"

Azelőtt buta voltam, de hogy kételkedhettem volna tovább? Letérdeltem, és a kezeimet az ég felé tartottam.

„Ó, Istenem! Valóban élsz! Hogy tudtál meggyógyítani így egyből? Kérlek, bocsáss meg ennek a bolondos embernek.

Az összes prédikátort mellőztem, amikor arra biztattak, hogy higgyek Istenben. De Te tényleg élsz, és teljesen meggyógyítottál!"

Próbáltam kételkedni, arra gondolva, talán véletlen egybeesés volt, de nem tudtam. Úgy éreztem, repülni tudnék. Mégis, nem tudtam ennek az egésznek a valóságát elhinni. A feleségem, aki kint hallotta, hogy imádkozom, bejött és nagyon meglepődött.

"Édesem, gyere és nézd meg a testem. Isten meggyógyított."

Teljesen meglepődve, a feleségem megnézte a testemet és neki is el kellett hinnie, hogy Isten meggyógyított. Annyira boldog volt, megölelt, és hangosan sírni kezdett. Sokáig sírtunk. Az összes szomorúság és fájdalom elolvadt és megteltünk örömmel és hálával.

Aki engem meggyógyított

Amint letérdeltem a templomban, Isten az összes betegségemet meggyógyította a Szentlélek tüzével, teljesen. Isten még azelőtt meggyógyított, hogy Hyun Shin-ae fődiakonissza értem imádkozott volna, és ezt a Szentlélek tüze által tette. Ateista voltam, és semennyi hitem nem volt Istenben. Még csak nem is kértem Istent, hogy meggyógyítson, hát mért tette akkor? Azt hiszem, Isten válaszolt a nővérem imáira, aki régóta böjtölt és imádkozott a megmentésemért. Ő tudta, ha egyszer megismerem az élő Istent, nem lennék többé világi és nem árulnám Őt el, hanem csak az Ő szavai szerint élnék, azáltal, hogy végig csak Őt szeretném.

Válás és a feleségem visszatérése

Boldogság három hónapig

Mint „A boldogság kékmadara" történetben, úgy éreztem,egy kék boldogságmadár érkezett a családomba. A legjelentősebb változás, ami bekövetkezett az volt, hogy minden vasárnap elmentünk egy közeli templomba és vasárnap istentiszteletre jártunk. Azért tettük, mert Isten kegyelméből meggyógyultam és valahogy vissza szerettük volna fizetni ezt.

Azonban, a nagy tartozásunk és más gondok nem változtak. Ennek ellenére boldogok voltunk és örültünk. Én azért voltam hálás, mert megszabadultam a betegségek fájdalmától. Azért voltam boldog, mert végre remélhettem és álmodhattam arról, hogy kemény munkával megélhetek, a saját képességem szerint.

A feleségemmel megbeszéltük a jövőnket. Mivel az összes betegség elmúlt, néhány hónap múlva képes leszek újra dolgozni. Azután, visszafizetnénk az adósságainkat és kibővítenénk az üzletünket. Együtt keményen dolgoznánk, sok pénzt keresnénk, és egy nagy vendéglőt vezetnénk. Ebben az időben volt egy ember a városban, aki értett az úszómezek készítéséhez. Elmentem hozzá és segédként dolgoztam, remélve, hogy a fizikai állóképességemet visszanyerem. Eleinte egy kis munka is nagyon kifárasztott, de hamar új energiát nyertem. Pénzt kerestem, és a jövőmet terveztem. Az apám születésnapja is közeledett. A gyógyulásom után körülbelül 90 napra történt.

A fia miattam lett beteg?

1974. július 10-én, apám születésnapjára a családom összes tagja összegyűlt a szülővárosomban lévő házban. Én néhány nappal korábban értem haza, a feleségem a születésnap előtti éjszaka érkezett, mivel dolga volt az üzletben.

Bár nem volt egy diadalmas visszatérés, nagyon boldog voltam. A betegségem alatt, ha a szülővárosomba mentem, szinte teljesen szobarabságban voltam, így próbáltam meg elkerülni, hogy az emberek kíváncsiskodjanak. Csak bevettem a gyógyszereimet, aztán visszamentem Szöulba. Attól tartottam, a szomszédok úgy néznének rám, mint egy fogyatékosra. Most azonban, milyen boldog voltam, hogy teljesen egészséges lettem!

Tanúbizonyságot tettem Istenről, mondván: „A sok gyógyíthatatlan betegség miatt csak a halálomat vártam. De elmentem a nővéremmel a Hyun Shin-ae Oltárhoz megkaptam a gyógyulást."

Azt bizonyítottam, hogy Isten a gyógyító, aki találkozott velem és meggyógyított. Isten szavairól a Bibliában keveset tudtam, de bizonyítottam, hogy Isten valóban él, és megosztottam az örömömet a szüleimmel és a testvéreimmel.

Az apám születésnapján, ebéd után a feleségem csomagolni kezdett, hogy visszamenjen Szöulba. A bátyáimmal ittunk még, mielőtt el kellett mennem. Ezalatt, kintről nagy lárma hallatszott egyszerre. Hallottam, amint egy ajtó csapódik. Kinéztem és láttam, hogy a feleségem elszalad a csomagjával, azt kiabálva, hogy elválik. A nővérem és a sógornőm szaladtak utána, hogy visszatartsák. Így történt az eset:

„Lányom, a fiam akkor lett beteg, miután összeházasodtatok, és nagyon sokat szenvedett. Most azonban jobb napok jönnek, ha sokat dolgoztok." Az anyám annyira boldog volt, hogy a legfiatalabb fia, akiről azt hitte, bármikor meghalhat, visszakapta az egészségét. Ezért, a menyének tanácsot adott, ahogy leírtam. A feleségem azonban úgy értelmezte, hogy miatta lettem beteg és szenvedtem annyit, és az arca elsápadt.

„Azt mondja, hogy a fia miattam lett beteg? Rendben! Itthagyom ezt a családot. Elválok. Igen, elválok!"

„Testvérem, félreértetted. Tudod, hogy az anyám nem úgy értette, ahogy te értelmezed!"

A feleségem azonnal visszament Szöulba. Mivel a feleségem így otthagyott minket, a parti hangulata olyan lett, mint egy temetésé. Az anyám dühös volt. Azt mondta: „Azért nem tudtál olyan sokáig meggyógyulni, mert egy ilyen nőt vettél feleségül! Jaerock, felejtsd el az egészet! Kész van a finom vacsora. Mindenkinek jó étvágyat!"

„Felejtsem el?" mondtam. „Hogy mondhattál ilyent neki? És hogy felejthetném el?"

A testvéreim próbáltak megvigasztalni, de csak még rosszabb lett a hangulatom attól, amit mondtak. Annyira feldühödtem, hogy kimentem a konyhába. Megragadtam és megittam egy teljes üveg Soju-t egy ültömben. Az apámat sokkolta, hogy mekkora zajt csapok. Még hetven évesen is jó látása és jó egészsége volt. Még mindig el tudta olvasni a kínai újságokat és könyveket. De az aznapi sokk miatt elveszítette a látását. Semmit nem látott, egészen a haláláig. Azt gondolta, hogy a rendellenes viselkedésem nagyon tiszteletlen volt rá nézve. Ez az eset nagy fájdalmat okozott és fog okozni nekem, amíg csak élek.

A feleségem szemszögéből nézve a dolgokat, ő úgy gondolta, hogy hét évig rengeteg szenvedésen és nehézségen kellett átmennie, hogy a beteg férjét ápolja és a család megélhetését biztosítsa. Azt gondolta, hogy az anyám őt vádolja a betegségemért. Valószínűleg hatalmas csalódást érzett emiatt. A bánat, amit a hét évre emlékezve érzett, amikor annyi mindent el kellett tűrnie és annak a szomorúsága, hogy senkivel sem tudott szabadon beszélni erről, valószínűleg annyira összegyűlt benne, hogy nehezére esett visszatartania a dühét.

Négyhónapnyi fájdalom után

A következő nap, az idősebbik lányommal, Miyoung-gal visszamentem Szöulba. Kerestem a feleségem, de nem volt otthon, és a boltban sem volt. A rákövetkező napon hazajött, de egy teljesen másik ember volt.

Azt mondta: „Most elválok tőled. A válási procedúra a szülővárosomban lesz. Gyere el velem és írd alá a papírokat."

Próbáltam lebeszélni őt, de nem sikerült. A feleségem kérésére hazamentem a szülővárosunkba és aláírtam a papírokat. Mivel kisváros volt, a hír hamar elterjedt. Nagyon sajnáltam a szüleimet, és szégyelltem a szomszédaimmal találkozni. Hamar visszamenekültem Szöulba. Soha nem gondoltam komolyan, hogy a feleségem elválik egyszer tőlem. Még mindig vártam, hogy visszajön, és hosszú idő elteltével meg is érkezett, de a családtagjaival.

Azt hallottam: „Most, hogy ti ketten elváltatok, visszavesszük a lakodalmi ajándékokat. A piaci falatozó pénzletétét is elvisszük."

Mivel a betegségem alatt tizenhétszer költöztünk, nem voltak normális háztartási tárgyaink. Ennek ellenére, a feleségem és a családtagjai mindent felpakoltak, amit még annakidején otthonról hozott. Mérhetetlenül megvetettem őket, mindannyiukat. Amíg ők pakoltak, én elmentem a Keumho Dong-i piacra, hogy elhozzam a pénzletétet.

A piac tele volt emberekkel. Ez alatt az idő alatt otthon, az ötéves Miyoung megértette, hogy mi történik. Az anyja szoknyájába kapaszkodott.

„Anyám, ne menj el! Maradj itt velem! Ne hagyj el! Meghalok, ha elmész!" Miyoung sírt, és követte az anyját. A cipője lejött a lábáról. De a feleségem hidegen lerázta magáról.

„Apám, ő nem az anyám többé. Mostantól nem szólítom az anyámnak." Mivel hatalmas seb esett a szívén, a szavak jéghideg tűként hatottak a kislányom szájából.

Akkoriban az építőiparban dolgoztam betanított munkásként, a barátaim tanácsára. Soha nem mulasztottam el egyetlen vasárnapi istentiszteletet sem, még akkor sem, amikor a feleségem elhagyott. Mivel vasárnap templomba kellett mennem, szombat estétől nem dohányoztam és nem ittam, nehogy a leheletem rossz szagú legyen másnap. Csak miután a reggeli és esti igehirdetésnek is vége volt, tértem haza, ahol végre dohányozhattam és ihattam.

Még azt sem tudtam, hogy kell imádkozni, mégis letérdeltem és hangosan imádkoztam: „Istenem, ugye tudod? Egészséges lettem, van fizetésem és meg tudok élni, de a dolgok rosszra fordultak. Kérlek, küldd vissza a feleségemet hozzám. Boldoggá tudnám tenni, és soha többé nem szenvedne mellettem. Kérlek, gyorsan hozd őt haza hozzám, hogy boldog családunk legyen."

Korán reggel megreggeliztem, Miyoung-ot a bátyám házánál hagytam, és elmentem dolgozni. Késő éjjel hoztam haza a kislányt, a munkából hazajövet. Minden nap ugyanaz. Később el kellett őt küldenem az anyámhoz, a szülővárosomba. Nem sokkal ezután az anyám felhívott. Miyoung-nak a testén fekélyes sebek voltak, a fejétől a lábujjáig, és olyan súlyos állapotban volt, hogy a gyógyszerek sem segítettek.

A sebei sokat véreztek, és a haja tetves volt. Elvitték a kórházba, de úgy tűnt, hogy nem marad életben.

Még eszméletlen állapotában is az anyját kereste. Azt kérték tőlem, vigyem az anyját oda, hogy még egyszer láthassa, mielőtt meghal. Eszembe se jutott, hogy hivatalosan elváltunk, így elmentem a feleségem bátyjának házába Keumho Dong-ba. Szerencsére az anyósom otthon volt, elmondtam neki, hogy mi történt és kértem, engedje meg, hogy a feleségemet láthassam. A válaszuk rideg volt: „Ha a lányotok meghal, jobb lenne neked, ha ismét megnősülnél. Hagyd őt békén." Miyoung, a lányom nem láthatta az anyját, de szerencsére meggyógyult.

Egy házassági találkozó

Elmerültem az ivásban és a dohányzásban, hogy az életem komor realitása elől elmeneküljek. A feleségemben nagyot csalódtam, mert az anyám egyetlen szava miatt képes volt elhagyni. De a családtagjait annál is jobban utáltam, hiszen ők sürgették, hogy váljon el. Hogy elfelejtsem azokat, akiket utáltam, innom kellett. Valamikor az összes pénzemet „befektettem" a nővérem segítségével, el is vesztettem az ő hibájából, így elmentem hozzá és arra kértem, adjon egy kis pénzt, hogy elkezdjek kereskedni. Azonban a napjaimat a bárokban töltöttem, addig, amíg ez a pénz is elfogyott. Sem erőm, sem akaratom nem volt, hogy tovább éljek.

A családom tagjai azon gondolkodtak, hogyan mentsenek meg. A nővérem azt mondta: „Anyám, jobb lenne, ha még egyszer rávennénk, hogy házasodjon meg. Ha ez tovább így folytatódik, ismét halott ember lesz belőle, csakúgy, mint korábban." Végül, az anyám felhívott. Azt mondta, ismer egy hölgyet, aki jó lenne számomra és jöjjek haza, hogy ismerjem meg.

Azt gondoltam: „A feleségem haza fog jönni. Soha nem fogok más nővel élni!" Azt is gondoltam, a feleségem iránti szeretetem soha nem fog megváltozni, és el sem tudtam képzelni, hogy más nővel éljek.

„Fiam, csak egyszer! Ez az utolsó reményem," az anyám hangja könyörgő volt, és nem tudtam visszautasítani. Így elmentem megismerni őt. Elhatároztam, hogy udvariasan üdvözlöm majd, és el is jövök. De az Isten előrelátása mélységes volt!

Amikor elmentem a találkahelyre, megpillantottam egy tökéletesen ideális típusú nőt. Azt a típust, akiről mindig is álmodtam. Szerettem a fehér színű ruhákat, és ő egy kétrészes fehér ruhában volt. A haja hosszú volt és a hátára omlott. Amint ott ült, olyan volt, mint egy festmény. Nem hittem a szemeimnek. Mivel az anyja nagyon babonás volt, elhitte egy jósasszonynak, hogy a lánya csak akkor lesz boldog, ha egy elvált férfihez megy feleségül. Ezért akarta az anyja, hogy találkozzon velem. Tetszettünk egymásnak, és mindkettőnk családja kész volt, hogy minél hamarabb összeházasodjunk.

Amíg ez a találkám megtörtént, vártam a feleségemre, hogy jöjjön vissza. Soha nem néztem rá más nőre. Azonban, a véleményem megváltozott arról, hogy csak a feleségemmel kellene élnem. Számomra sokként hatott, hogy ennyire meg tudtam változni. Az esküvő napját is kitűztük, és már ajándékokat is váltottunk. Aztán hirtelen visszajött a feleségem. Hallotta, hogy újra megnősülök, és ellenőrizni akarta, hogyan állok a dologhoz, és mit érzek. Amikor megtudta, hogy a szívem már eltávolodott tőle és már eldöntöttem, hogy feleségül veszek egy másik nőt, nagyon meglepődött.

Megbocsátok a feleségemn

Addig a pillanatig, a feleségem meg volt győződve, hogy más férfiakkal ellentétben, én soha nem lennék hűtlen hozzá. Úgy tűnt, sokkolta, hogy egy gyönyörű egyedülálló nőt veszek feleségül. Rájött, hogy a szívem eltávolodott tőle. A következő reggel korán megérkezett a bőröndjével. Aludtam a házban és hirtelen egy huppanást hallottam a földön. A feleségem hazajött a csomagjával. De nem volt már túl késő? Én már megígértem a másik hölgynek, hogy feleségül veszem, így megfogtam a csomagját, és kihajítottam az udvarra. Amíg így dobáltuk a csomagját ki és be a házból, mozgolódás támadt.

Azt mondtam neki: „Nagyon haragszom a családod tagjaira, és nagyon szégyellem magam a saját családom előtt. Sőt, már ki is tűztük az esküvő napját azzal a másik családdal, most mit fognak mondani?"

„Bocsánatot fogok kérni és kapni a családod minden tagjától. A jövőben mindenben egyetértek majd veled, mindegy, hogy mi legyen az."

„Még ha én meg is bocsátok neked, a szüleim, a nővéreim és a bátyáim soha nem fognak."

Makacs volt.

„A megbocsátást mind meg fogom kapni. És ebben a családban fogok meghalni."

Csodálatosan megváltozott, olyan volt, mint egy gyengéd bárány. Az iránta érzett összes szerelmem elpárolgott már, de a két lányomra gondoltam. Azt gondoltam, számukra jobb lenne, ha saját anyjuk nevelné őket. Így beleegyeztem, hogy megbocsátok neki, de néhány kikötésem azért volt. Bele kellett egyeznie, hogy feltételek nélkül egyetért majd velem, továbbá a családom összes tagjának a megbocsátását is ki kell vívnia. Azt is kikötöttem, hogy a családtagjai el kell hogy jöjjenek és bocsánatot kérjenek tőlem. Végül, elfogadtam a volt feleségemet és újra együtt voltunk. Ez a távozása után 120 napra történt.

Őszintén elmondtam a történetet a nő anyjának, akit el kellett volna vennem és azt kértem, hogy értsenek meg. Váratlanul ért, hogy teljesen megértette a helyzetemet. Csak hosszú idő elteltével jöttem rá arra, hogy a Gondviselés miatt történt így.

Miért kellett a feleségemnek elválnia?

Amíg a feleségem azért küszködött, hogy a megélhetésünket biztosítsa és közben rám, a beteg férjére vigyázott, nem volt reménye az életben. Mindeközben, a gyöngéd és tiszta szíve eltűnt és az egyénisége eldurvult.

„Mind a halál, mind az élet a nyelv hatalmában van, és miképpen ki-ki szeret azzal élni, úgy eszi annak gyümölcsét." (Példabeszédek könyve 18, 21).

„A férfi az ő szájának gyümölcséből él jóval, a hitetlenek lelke pedig bosszúságtétellel. Aki megőrzi az ő száját, megtartja önmagát, aki felnyitja száját, romlása az annak." (Példabeszédek könyve 13, 2-3).

Mivel tudta, hogy teljes szívemből szeretem, mindig visszatért hozzám, amikor elhagyott. Mindketten ismertük a másik igazi szívét. Ő nem hagyott el akkor, amikor reménytelen helyzetben voltam. De mindig elmondta, hogy amint meggyógyulok, elválik tőlem. Mivel a negatív szavai nagyon összegyűltek, a Sátán csapdájaként az apám születésnapján valósággá váltak. Ha negatív szavakat ejtünk ki, az ellenséges ördög azzal fog megvádolni bennünket, amit kimondtunk és az Igazság Istenének engedni kell, hogy megtörténjen, mert a szellem birodalmában ez így történik. A feleségem nem tudta kontrollálni amit érzett és gondolt, ezért elvált tőlem. Azonban, Isten úgy irányított mindkettőnket, hogy újra együtt legyünk, és ez mindenkinek jobb volt így.

Harmadik fejezet

Elhivatottságom

Egy komoly keresztény élet

Egy Újjászületésen rájöttem, hogy bűnös vagyok

Isten a feleségem természetét egy bárány természetének a mintájára változtatta. Miután ismét összeházasodtunk, hosszú idő után először éreztük, hogy béke és boldogság van bennünk. Miután hazajött, a legnagyobb igyekezettel próbált mindenkit szolgálni, és sajnálkozó lélekkel próbálta a családot elhivatottan egybetartani. Azonban az idősebbik lányunk, Miyoung egyáltalán nem hívta őt „anyámnak" és nagyon hidegen viselkedett vele. A feleségem hosszasan próbálkozott, hogy a szívét visszanyerje, és sokat sírt. 1974. november 25-én, az új házunk tulajdonosának kitartó sürgetése miatt részt vettünk egy újjászületésen, melyet Sungdong templomban, Oksu Dong-ban tartottak. Mindketten szorgalmasan részt vettünk az összes hajnali istentiszteleten, és az estieken is. A Park Byeong-ok lelkipásztor, a Koreai Evangélikus Szentség Egyházból volt a beszélő. Az üzenetének a címe ez volt: „Mindenedet add oda, és válj koldussá." Tanúbizonyságot tett arról, hogy valahányszor mindenét felajánlotta, Isten nagyszerű áldásokkal áldotta meg. Amikor mindenét feladva egy templomot épített, Isten, a Mindenség tudója, bőségesen megáldotta. A feleségem és én az első sorban ültünk, és sok kegyelemben részesültünk. A prédikációban végig azt hallottuk, hogy a Bibliát kell olvasnunk, Jézus Krisztus a megmentő, és hogy abba kell hagyni az ivást és a dohányzást. Azt is megtanultam, hogyan imádkozzak, és hogyan ajánljam fel az egyházi adományokat. Megtanultam az alapjait a kereszténységnek.

Büszke voltam magamra, mivel mindig jó életet akartam élni. Voltak olyanok, akik azt mondták, hogy nekem „nem volt szükségem a törvényre." Azonban, amikor már az első napon Isten szavain keresztül pillantottam magamra, rájöttem hogy bűnös vagyok, és könnyekkel küszködve elkezdtem bűnhődni. Nagyon félénk és befele forduló személy voltam, így számomra elképzelhetetlen volt, hogy mások előtt sírjak. De lehetséges volt, mivel Isten erősen dolgozott bennem, és megadta a kegyelmet.

Egy komoly keresztény élet kezdete

Az újjászületési alkalom utolsó napján megfogadtam, hogy adakozni fogok a templomépítéshez. Abban az időben egy házban laktunk, amit 100.000 won (körülbelül 100 USA $) letéti díj fejében béreltünk ki. Annyira hálás voltam Isten kegyelméért, hogy mindenemet Neki akartam adni, de semmim sem volt. A szívemben gyötrődtem emiatt, és végül megfogadtam, hogy 300.000 won-t fogok felajánlani. Megbeszéltem a feleségemmel, és az ő szívének is az volt a kívánsága, hogy adakozzunk, 300.000

won értékben. Úgy döntöttünk, hogy három hónapon belül felajánljuk a pénzt.

A megígért dátum egyre közelebb volt, de még mindig nem volt meg a pénzünk. Ezért egy magas kamatozású kölcsönt vettünk fel, amiből a templom építésére felajánlottunk 300.000 won-t. Mivel fontos volt számunkra, hogy megtartsuk ígéretünket Istennek, betartottuk a dátumot, még annak az árán is, hogy magas kamatot vállaltunk magunkra. Miután a feleségemmel részt vettünk az újjászületésen, a komoly keresztény életünk elkezdődött. Amint megtanultuk az Isten szavát, adományoztunk, és köszönet-ajándékokat ajánlottunk fel. Abbahagytam a dohányzást és az ivást, és elkezdtünk a hajnali ima-összejövetelekre járni. Mivel az építőiparban dolgoztam, azokon a napokon, amikor nem volt munkám, korán reggel felmentem a hegyre és imádkoztam. Nem volt elég szellemi tudásom ahhoz, hogy tudjam: Isten akarata az, hogy hangosan imádkozzunk és böjtöljünk. Csupán a szívemben lévő késztetést követtem.

Hívjatok, és válaszolok!

Egy kora reggel 1975-ben, felmentem a Chilbo hegyre Suwon-ban. Letettem egy takarót egy sziklára, és imádkoztam. Hirtelen, egy hangot hallottam az égből: *„Nézd meg Lukács evangéliumának 22, 44 sorát!"* Gyorsan kinyitottam a Bibliát és elolvastam.

„Halálos gyötrődésében még kitartóbban imádkozott, és verejtéke olyan volt, mint a földre hulló nagy

vércseppek."

Isten azzal az imával elégedett, amelyik során hevesen felkiáltunk Hozzá. Azért imádkoztam, hogy megértsem, miért ezt az idézetet küldte nekem Isten, és egy tiszta, ihletett pillanatban meg is értettem.

Izrael egy sivatagos területen fekszik, és a hőmérséklet éjjelente nagyon leesik. Úgyszintén, amikor Jézust keresztre feszítették, április volt, és az időjárás akkortájt szinte lehetetlenné teszi az éjszakai izzadást. Akkor hát, mennyire lehetett lelkes és odaadó Jézus imája, ha az izzadsága olyan volt, mint amikor vércseppek hullanak a földre? Olyan kínosan heves és erős volt, hogy az erőfeszítése miatt a vérerei megpattantak és a vércseppjei a bőrének a felületéről lehullottak a földre. Ha csendben imádkozott volna, ilyen dolog soha nem történt volna meg Vele.

Az imában való felkiáltás titka

Ez után, sok olyan részt találtam a Bibliában, mind az Ószövetségben, mind az Újszövetségben, mely arra buzdított, hogy hangosan imádkozzak. Arra is rájöttem, hogy elődeink a hitben úgy kaptak válaszokat, hogy hangosan imádkoztak. Isten akarata, hogy hangosan imádkozzunk. *"Kiálts hozzám, és válaszolok, hatalmas és megfoghatatlan dolgokat jelentek ki neked, amelyekről nem tudhatsz!"* (Jeremiás 33, 3). Jónás ellenszegült az Úrnak és egy nagy hal gyomrába került, de a Jónás próféta könyvének 2, 2 részében az áll, hogy hangosan imádkozott, és megmenekült. János 11, 43-44- ben az áll, hogy amikor Jézus hangosan szólt, a halott Lázár feltámadt. Lázár már négy napja halott volt, mégis feltámadt, kezén és lábán még a halotti leplekkel. Mivel Lázár halott volt, mindegy volt, milyen hangon szólnak hozzá. Azonban, Isten akarata szerint Jézus imában kiáltott fel, Őt dicsőítve. Mózes első könyve 3, 17 azt mondja: *„Mivel hallgattál feleséged szavára, és ettél arról a fáról, amelyről azt parancsoltam, hogy ne egyél, legyen a föld átkozott miattad, fáradsággal élj belőle egész életedben!"*

Mielőtt az ember evett a jó és rossz tudásának fájáról, bőségben élt a Paradicsomban, mivel Isten ellátta őt. Mivel az első emberpár ellenszegült Isten akaratának azáltal, hogy evett a fa gyümölcséből, bűnbe esett. Ezért, az Istennel való „kommunikálás" nehezebb lett, és már csak úgy tudtak gyümölcsöt enni, ha azt izzadságukkal és erőfeszítésükkel megteremtették. Csak erőfeszítéseinkkel és izzadságunkkal tudjuk elérni azt, amit szeretnénk. Mennyivel kellene többet imádkoznunk, izzadsággal és hatalmas erőfeszítéssel, hogy megkapjuk azt, ami az emberi képességek világában lehetetlen?

A „belső szobában" való imádkozás spirituális jelentése

Néhányan közületek lehet, hogy azon tűnődtök: „Jézus azt mondta, hogy menjünk a belső szobánkba, és titokban imádkozzunk, akkor miért kellene hangosan imádkoznunk? Nem hall meg a Mindenható Isten még akkor is, ha halkan imádkozunk?" Máté evangéliumának 6, 6 részében Jézus azt mondja: *„Te pedig amikor imádkozol, menj be a belső szobádba, és ajtódat bezárva imádkozzál Atyádhoz titokban; atyád pedig, aki látja, amit titokban teszel, megfizet neked."* De a Bibliában egyetlen helyen sem olvasunk arról, hogy Jézus a belső szobában imádkozott volna. Márk evangéliumában (1, 35), Jézus nem egy belső szobában imádkozott, hanem korán reggel egy előre eltervezett helyre ment imádkozni. Lukács 6, 12 rögzíti, hogy Ő hegyi helyszíneken imádkozott.

Dániel kinyitotta az ablakát és Jeruzsálem felé fordulva imádkozott (Dániel 6, 10), Péter a tetőn imádkozott (Az apostolok cselekedetei 10, 9), és Pál apostol „egy imahelyen" imádkozott. A belső szobában imádkozni azt szimbolizálja, hogy teljes szívünkből kell imádkoznunk, szívünk legbensőbb mélységeiből. Egy szoba spirituális értelemben az ember szívét jelenti. Ha e benső szobánkba bemegyünk, és az ajtót becsukjuk, minden világi párbeszédet és külső kapcsolatot kizárhatunk. Hasonlóképpen, amikor imádkozunk, először minden más gondolatot és evilági aggodalmat ki kell kapcsolnunk, és imádkoznunk kell teljes szívünkből és teljes koncentrációnkkal.

Isten ismeri az emberi gyengeséget

Eleinte mindenki nehéznek tartja, hogy hangosan imádkozzon. De amint folytatjuk, és minden nap imádkozunk, hamar megkapjuk a képességet Istentől, hogy könnyen imádkozzunk, és képesek is leszünk azt tenni. S mivel megkapjuk a Szentlélek teljességét, egyúttal azt az ajándékot is, hogy nyelveken beszéljünk . De ha csendben imádkozunk, nagyon valószínű, hogy a tétlen gondolataink elragadnák az összpontosító képességünket, és a világi aggodalmak és törődések lépnének be gondolatainkba. Hajlamosak vagyunk ilyenkor tétlen gondolatokkal harcolni, mint például a házastársunkkal, gyerekeinkkel, személyes és pénzügyi problémáinkkal kapcsolatos ügyeink. Hamar elfáradunk és elalszunk. Azonban, ha teljes szívünkből, hangosan imádkozunk, a tétlen gondolatok nem férkőznek be agyunkba, s így a fáradtság és álmosság nem keríthet hatalmába. Az imaéletünkben sikereket érhetünk el.

Mivel Isten ismeri az emberi élet gyengeségét, Ő azt parancsolja, hogy hangosan imádkozzunk, s így győzni fogunk.

Mivel rájöttem Isten akaratára, hangos imára fakadtam. Amikor egész éjjel imádkoztam a templomban, olyan hangos voltam, hogy a lelkipásztor leállított, nehogy a szomszédok panaszkodjanak. Amikor ő templomban volt, nem tudtam úgy és annyit imádkozni, amennyit szerettem volna. Ezért, valahányszor időm volt, elmentem az imahegyekre imádkozni. A szívem csücskében sajnáltam ezt, mert ha a lelkipásztor engedte volna, hogy hangosan fohászkodjak a templomban, az ellenséges ördög kiűzetett volna, és ez a tűz, ami az imámból eredt, számos felekezeti tagra átterjedt volna, és a templom nagyon hamar felépült volna. Mivel a természetem zárkózott volt, kimentem a hegytetőkre, és kora reggeltől estig imádkoztam.

Isten egy alacsony helyzetbe vezetett

Az építési munkát választottam, hogy megtarthassam az Úr napját

Az alatt az idő alatt, amíg a feleségem távol volt, a kamataink emelkedtek, és további pénzügyi nehézségeim voltak. Építési segédmunkásként kezdtem dolgozni, egy beosztottakért felelős ember tanácsára. Azt mondta, összeszedhetem magam nála, mivel nem kell olyan keményen dolgozni fizikailag, mint máshol. Hétévnyi szenvedés után, gyorsan vissza akartam nyerni az erőmet. Azért is választottam ezt a munkát, mert az Úr napját, a szent vasárnapot megtarthattam. Mivel nem volt minden nap munkám, valahányszor időm volt, imádkoztam, és egész nap böjtöltem. Amikor volt munka, dolgozni mentem.

Az adósságaink kamatai egyre csak nőttek, de biztos voltam abban, hogy Isten csak akkor fog megáldani engem, ha a kedvében járok. A testvéreim felajánlottak egy kis pénzt a számomra, hogy elkezdhessek kereskedni, de én visszautasítottam. A legelején akartam kezdeni, úgy, hogy csakis a jó utat válasszam. Mivel falun nevelkedtem, ráadásul a legkisebb voltam, nem igazán kellett keményen dolgoznom. Amikor építőipari munkásként elhelyezkedtem, rengeteg kitartásra és erőre volt szükségem, és néha le kellett törölnöm a könnyeimet. Amikor a második emeletre kellett egy csomó nehéz építőanyagot felvinnem, sokszor elestem. Azonban mindig felálltam és folytattam a munkát. Ez alatt az idő alatt váltam olyan emberré, aki mindent meg tudott tenni, ráadásul az egészségemet is visszanyertem.

Téglákat raktam le, lapátoltam, és talicskákat toltam. Amikor télen nem volt munka, menedzserként dolgoztam: faszén brikettek kézbesítőiért feleltem. A vízműveknél is dolgoztam. Nagyon sok dolgot megtapasztaltam. A feleségem sós kagylószószt és tengeri moszatot árult, és köveket szedett egy építési telepen. A Szentlélek munkálkodott abban, hogy ilyen helyen dolgoztam, de erre csak később jöttem rá. Fizikailag nehéz volt, de megtapasztaltam a kemény munkát végző emberek életét, akik ilyen nehéz körülmények között élnek. Eljutottam odáig, hogy teljesen megértettem a szívüket. Amikor csak időnk volt, tanúbizonyságot tettem az általam megtapasztalt Istenről, és az evangéliumról, Isten jó híréről prédikáltam a munkásoknak.

1975. nyarán megszületett a harmadik lányunk, Soojin. Akkor fogant, amikor az újjászületéseken Isten kegyelmét oly sokszor megtapasztaltuk. Amikor megszületett, hozzám hasonlóan nem sírt. Mindig mosolygott. Hatéves koráig egyszer sem láttam sírni. Egy rövid ideig én és a feleségem köveket szedtünk egy hegyi területen, ahová házakat akartak építeni. Soojin csak két hónapos volt, és senkink sem volt, aki vigyázott volna rá. Így kihúztunk egy esernyőt az építőtelep egyik sarkán, és ott lefektettük. Egyetlen esernyő nem tudta a napot jól felfogni, ő mégsem sírt. Mivel meghallottuk, hogy a házunkat, amiben laktunk, le fogják bontani, hogy újat építsenek a helyébe, ezt a munkát is abba kellett hagynunk.

Egy domboldali faluban laktunk, Keumho Dong és Oksu Dong határában. A háztulajdonos értesített bennünket, hogy a kormány kezdeményezésére a házat lebontják, és kérte, hogy költözzünk el. Abban az időben a havi bérleti díj 100.000 won volt (kb. 100 USA $) és ő azt mondta, 150.000 won-t kapott kártérítésként. Annak a jogát is megkapta, hogy lekössön egy lakást, amit a területen építenek majd, és 400.000 won-ért eladhatta a jövőben.

Azt mondta, semennyi pénzt nem tud nekem visszaadni, mert a háza teljesen el fog tűnni. Végül feladtam, hogy továbbra követeljem a pénzem tőle, mert nem akartam verekedni vele. Más helyünk nem volt, ahová költözhettünk volna. Majdhogynem egy sátrat kellett felhúznunk és az utcán laknunk. De a feleségem valamilyen úton-módon kölcsönkért 50.000 won-t. Azzal a pénzzel kibéreltünk egy kis szobát a templom mellett. Kopott szoba volt, amibe még a nap sem sütött be egyáltalán.

Böjtölés és alapos bűnbánat, miután Isten ellen panaszkodtunk

Körülbelül egy hónappal az után, hogy elköltöztünk, újabb értesítést kaptunk, hogy megint lebontják a házat. A háztulajdonos kérte, hogy költözzünk el és vissza is adta a kauciót, de nem volt könnyű még egy hasonlóan olcsó szobát találni. A feleségemmel elmentünk Boolkwang Dong-ba, hogy találjunk egy olcsó helyet, de mindhiába. Kihagytuk az ebédet, még a vacsorát is néha. Amikor hazaértünk, mát szürkület volt. „Istenem, hogy nem hallottad meg az imámat? Még egyetlen szobát sem készítettél nekem elő?"

Még számomra is váratlanul, panaszkodni kezdtem az Úr ellen. Aztán, egy ingatlanügynök irodája mellett mentem el és még egyszer érdeklődni kezdtem. „Egy ember pont most jelentett be egy szobát, hogy kiadja. Azonnal beköltözhetsz, akár holnap is." „Mennyibe kerül?" „50.000 won-ért megkaphatod." Elmentünk megnézni. Volt egy szép szoba és még egy kisebb is, ahol üzletet is nyithattunk. Létezett egy szoba előkészítve a számunkra, ahová a következő nap be is költözhettünk! Miután hazajöttünk, imádkoztam és rengeteget sírtam.

„Istenem, miért nem következetesebb a szívem? Miért olyan gonosz a szívem? Nem Temiattad lettem beteg vagy szegény, de én mégis panaszt tettem Ellened, Istenem! Ha nem volt lakhelyem, hát az utcán aludhattam volna. Olyan hálásnak kellene lennem, hogy meggyógyítottad az összes betegségemet, de miért panaszkodtam?"A szívem majd megszakadt, és sírva bántam meg bűneimet, amiért Istent vádoltam. Háromnapos böjtbe kezdtem, és elhatároztam, többé soha, semmilyen körülmények között nem fogok az Isten ellen panaszkodni.

Nincs kompromisszum a szombat megtartásáról

Azért választottam az építőipart, hogy a szombatot meg tudjam tartani, és a gyenge fizikai erőnlétemet fejleszteni tudjam. Amíg egy szűk, ócska szobában laktunk, az egyik nővérem felhívott. Egy jó vendéglőt vezetett és volt egy háza is. Azt szerette volna, hogy vezessem a vendéglőjét és a feleségemet is fel akarta venni. Tehát, a megélhetésünk már nem lett volna gond, sőt, meglehetősen gazdagok is lehettünk volna. „Öcsém, adok nektek egy házat is, ahol lakhattok, és jó fizetést. Miért nem jössz és irányítod a vendéglőmet? Csupán annyit kérek, hogy havonta két vasárnapon is tartsatok nyitva." „Sajnálom, nővérem. Vasárnap templomba kell mennem, minden áron. Nem vállalhatom el."

Miután ezt mondtam, hogy a templom miatt nem vállalhatom el az állást, ennek a híre hamar eljutott az anyámhoz és a testvéreimhez is. Az anyám csalódott volt emiatt, mondván, csupán két vasárnapról lett volna szó havonta. Még a testvéreim is azt mondták, hogy nem értenek, és a fejüket rázták, mert az összes adósságomat vissza tudtam volna fizetni, és még anyagilag is jól jöttem volna ki.

Hogyan élhetek Isten igéje szerint?

Hogyan tudom a bűnnel teli természetemet levetkőzni?

Miután az újjászületési összejövetelnek vége volt, elkezdtem olvasni a Bibliát nagyon figyelmesen. Mielőtt ezt tettem volna, lemosakodtam és tiszta ruhát vettem fel. Egyenes derékkal olvastam. Máté evangéliumából kezdtem olvasni. „Kerülj el minden gonoszt", „rázd le a dühödet", „ne hazudj", „ne gyűlölj", „még az ellenségeidet is szeresd", és így tovább, ezeket olvastam...

Miután egy ideje keresztény életet próbáltam élni, önvizsgálatot tartottam, hogy mennyire tartom be a Biblia szavait. Ha valamit nem tartottam be a gyakorlatban, leírtam egy noteszba. Arra kértem imáimban az Istent, adjon erőt, hogy a gyakorlatban is tudjam követni az Ő szavait.

Mivel az Isten igéjét igaz szívemből követni akartam, Isten megadta a kegyelmet, és így hamar megszabadultam azoktól a dolgoktól, amiktől meg akartam.

„Szeretem azokat, akik engem szeretnek, megtalálnak engem, akik keresnek." (A példabeszédek könyve 8, 17).

„Ha szerettek engem, megtartjátok az én parancsolataimat." (János evangéliuma 14, 15).

„Mert az az Isten iránti szeretet, hogy parancsolatait megtartjuk, az ő parancsolatai pedig nem nehezek." (1 János 5, 3).

Később, amikor lelkipásztor lettem, rájöttem arra, hogy a bűnnek általában két csoportja van: az egyik „a hús cselekedetei", amit cselekvés közben követünk el, a másik „a hús gondolatai", amit az agyunkban követünk el. Ha a „hús gondolatai" kifejlődnek, a „hús cselekedeteivé" fejlődhetnek.

Megpróbálom a gonosz minden formáját elvetni

Amíg beteg voltam, néha koreai kártyajátékokat játszottam a szomszédaimmal, hogy gyorsabban teljen az idő. Miután az Urat elfogadtam, de még nem ismertem az Isten igéjét, nem tudtam, hogy a szerencsejáték bűnnek számít. Így, mielőtt hívő lettem, legtöbbször nyertem, de miután elfogadtam az Urat, elkezdtem veszíteni, függetlenül attól, hogy mennyire próbáltam nyerni. Rájöttem, hogy Istennek nem tetszett a kártyajáték és elgondolkodtam azon, hogy abba kellene hagynom. Egy nap azonban nem tudtam ellenállni a csábításnak és azzal a pénzzel, amit a kétheti munkámért kaptam, fogadtam a kártyán. Egész éjjel játszottam, és minden filléremet elvesztettem. Másnap reggel, akik mindent elvesztettek, mint én, még maradtak, hogy a pénzükből valamennyit visszaszerezzenek. Hirtelen egy ismerős hangot hallottam kívülről. A templom egyik lelkipásztora jött, hogy a ház tulajdonosát meglátogassa. Hallottam őt, de csendben tovább játszottam. Végül, minden pénzemet elvesztettem. A hálaadó istentisztelet énekei a szívembe hatoltak. A lelkipásztor elment, miután elmondta üzenetét. „Itt volt egy lelkész, és nekem ott kellett volna lennem az istentiszteleten, mostantól milyen lelkiismerettel mehetek templomba?" Attól kezdve, nagyon szenvedtem ettől a gondolattól. A prédikációk alatt unatkoztam, és nem tudtam imádkozni. Azelőtt még akkor is boldog voltam, amikor az építészeten dolgoztam, most azonban nem jött ki több dicséret és köszönet a torkomon. Csak csapást és nyomorúságot éreztem a szívemben. Eltelt két hét, s még mindig azt éreztem, mennyire szerencsétlen vagyok. Egy éjszaka kinyitottam az ablakot és kinéztem. Láttam Tooksum-ot, és a Han folyó partját. Néhány lámpa fényét láttam, amint megvillannak a folyó vizén, és ezek a fények olyanok voltak, mint a piros keresztek. „Mi történt?" Különös volt, még egyszer megnéztem, és a fények valóban olyanok voltak, mint piros keresztek, sorba állítva. „Miért tűnnek a fények kereszteknek, és nem csak fényeknek, mint az előbb?" Abban a pillanatban, a szeretet Istene megadta a kegyelmet számomra fentről, és eszembe jutott, hogy fogadnom kellett volna a lelkipásztort, aki a templomból eljött, hogy meglátogassa a házamat. Azonban, mivel az elvesztett pénz megszállottja voltam, elbújtam a lelkész elől. Nem mentem el az otthoni istentiszteletre. Sírtam, és megbántam, amit tettem. „Istenem, soha többet nem nyúlok a kártyához." Miután alapos bűnbocsánatot tartottam, Isten megadta a Szentlélek teljességét, amit elvesztettem. Miután az Isten elleni bűn fala megtört, úgy éreztem, repülni tudnék. Két hétig nehéz volt a szívem, de alaposan rájöttem, milyen nehéz a világgal szembenéznem. A kártyajátékot is abbahagytam.

A gondolatban elkövetett bűnök ellen imádkozom

Ha elég komoly az elhatározásunk, a „hús cselekedeteit", amit tetteink közben elkövetünk, viszonylag könnyen elvethetjük. Csak annyit kell tennünk, hogy amiről a Biblia azt mondja, hogy tehetjük, megtesszük, amiről pedig azt, hogy ne tegyük, nem tesszük. Két dologgal kapcsolatban azonban nehézségeim voltak. A gyűlölet és a kicsapongó élet gondolata volt ez. Ezek a gondolatok akaratomon kívül keletkeztek bennem, így nagyon aggódtam miattuk.

Abban az időben sok emberen akartam bosszút állni. Ott voltak a bátyáim, akik nem adtak kölcsönt nekem, amikor beteg voltam, hogy egy szobát béreljek; az anyósom, aki „fogyatékos vejemnek" hívott engem, és a feleségem rokonai, akik megvetettek, mert nem tudtam a családomat eltartani. Mélységesen gyűlöltem ezeket az embereket. Betegen azt gondoltam: „Amikor egészséges leszek, rengeteg pénzem lesz, és megmutatom nekik, milyen gazdag vagyok!"

Úgy tűnt, hogy a „szeresd ellenségeidet, mint felebarátaidat" nem olyan könnyű parancsolat, amikor annyira gyűlöltem a feleségem családját. A másik dolog a hűtlenkedés gondolata volt. Jézus azt mondja, ha kívánsággal nézünk egy nőre, akkor a szívünkben már el is követtük a bűnt (Máté 5, 28). Valójában nem követtem el házasságtörést, de az agyam tele volt a gyönyörű színésznők képeivel.

Ha felkavarjuk bűnös természetünket azzal, hogy filmeket, képeket, az internetet, vagy utcán álló nőket nézünk, és egyre több időt töltünk ezzel, vajon nem bűnt követünk el Isten előtt? Biztosan éreztem, hogy a Biblia minden szavát be tudom tartani, kivéve ezt a két dolgot.

Az újjászületésen a beszélő azt mondta, ha igaz hittel imádkozunk, bármire választ kapunk. Azt hittem, semmi nem lehetetlen, ha hiszünk, és elkezdtem böjtölni és imádkozni azért, hogy a bűnt kivessem a szívemből.

„Add, Istenem, hogy ne gondoljak paráznaságra, mindegy, hogy milyen szép nőt látnék."

Mielőtt az Urat elfogadtam, színésznők képeit ragasztottam volt a falra. De amióta a Bibliát megismertem, többé nem tettem ezt. Addig böjtöltem és imádkoztam, amíg a házasságtörő bűnös gondolataimat végleg leráztam magamról. Istent akartam dicsőíteni az Ő áldásaival. Azt akartam, hogy Isten megengedje, hogy presbiter lehessek, s így segíteni tudjam a rászorulókat a templomban, az Általa keletkezett anyagi áldásokkal. A hittérítő munkában akartam segíteni, és Istent dicsőíteni az áhított áldások által. Miután beköltöztem egy ikerházba, melynek egyik fele egy külön szobából állt, nyitottam egy kis képregény boltot. A feleségem kozmetikumokat árult, én meg a boltot vezettem, egyedül. A testvéreim látták a szegényes helyzetünket és segíteni akartak, hogy valami másba kezdjek, én azonban visszautasítottam őket. „Miután Isten megtisztít, bizonyára bőségesen megajándékoz majd." Ha akkor elfogadom a segítségüket, később mit mondhatok nekik, amikor tényleg Isten adja majd az anyagi áldást? Azért kellett a segítségüket elutasítanom, hogy csak és kizárólag Isten akarata szerint éljek. A testvéreim azt mondanák: „Milyen isteni ajándék? Amikor bajban voltál, a mi segítségünkkel élted azt túl."

Három év alatt törlöm ki a becstelen gondolataimat

A képregény bolt nem igényelt túl sok tőkét. Három napig böjtöltem és imádkoztam, hogy nagyobb boltba költözhessek. Amikor a böjtnek vége volt, megnéztem a Keumho Dong-i színház melletti boltot. Tetszett, és aláírtam a szerződést. Nyitottam egy új boltot, és mivel sok bár működött a közelben, a rendszeres vásárlóim nagy része az itt dolgozó hölgyekből állt.

Egy bizonyos hölgy mindig mellém ült, valahányszor bejött a boltba. Amikor leült, én azonnal felálltam. Ha egy nő csábítóan viselkedett, mellőztem őt. A szívem nem mozdult meg többé tőlük.

„Azért nézel le, mert egy bárban dolgozom?"

„Hát kőből vagy? Nincs semmi érzés benned?"

„Gyere el hozzám, amikor dolgozom, és adok neked ingyen italt."

Sokféle csábítás volt, de a szívem már nem dőlt be nekik. Minden közeledést elutasítottam, és ez lett az erősségem. Később azt éreztem, hogy a paráznaság bűnös gondolata teljesen eltűnt az agyamból. Imádkozás után, és amikor a bűnös gondolatokat elűztem magamtól a cselekedeteim által, a gyökere is eltűnt a csaló gondolkodásnak. Három év után végre megkaptam a választ az imáimra, melyek azt a célt szolgálták, hogy igaz szívvel felhagyjak a házasságtörés gondolatával.

Egyedüli kívánságom

A Bibliában egyetlen válasz kell, hogy legyen

Komoly vágyam volt, hogy teljesen megértsem a Biblia szavait, és éltemmel kövessem azt. Amikor azt hallottam, hogy újjászületés van valahol, elmentem oda, hogy Isten kegyelmében részesüljek.

Mivel voltak olyan részei a Bibliának, amelyeket nem értettem, szorgalmasan jártam ezekre az eseményekre. A beszédek alatt nagyon boldog voltam, mert megértettem Isten szavát és üzenetét. Mivel az imaközpontokban is voltak ilyen találkozók, ezekre is mindig elmentem.

Sok olyan rész volt, amit nehéz volt megérteni, ezért a lelkipásztortól kérdeztem ilyenkor. Néhány kérdésre azonban nem tudott világos választ adni.

„Lelkész úr, melyik könyvből érthetem meg leghamarabb és legvilágosabban Isten akaratát?"

„Lee testvér, he ennyire buzgón meg akarja érteni a Bibliát, elolvashat néhány Biblia-kommentáló munkát, amely megmagyarázza és értelmezi azt." Annyira boldogan hallottam ezt. Abban az időben rengeteg adósságunk volt, és még egy fillért is nehezen nélkülöztünk, de valahogy összehoztam a pénzt és vettem egy Biblia-értelmező könyvet. A hegyekben imádkozva elolvastam a kommentárokat, de még mindig nehezen értettem bizonyos részeket. A mély értelmét nem értettem az egésznek, és nagyon frusztrált voltam. Nem az Isten szaváról szóló tanúbizonyság tétel volt a középpontban, sőt, néhány részt mítoszként kezelt. A különböző értelmezések által a könyv inkább elvette a hitemet. Később is olvastam ilyen értelmezéseket, de mindenik más volt. A Bibliában egyetlen válasz kell, hogy legyen, de az értelmezések még jobban összekavartak.

Isten, magyarázd meg, kérlek, a Biblia szavait!

1976-ban volt, hogy oly mohón meg akartam érteni Isten akaratát, amint írva található a Bibliában. Egyházunk egyik tagjától, aki egy Daegu-ban tartott újjászületésről tért haza, meglepő dolgot hallottam.

„Egy lelkész 40 napig böjtölt kétszer, és egy angyal megjelent neki, és 3 évig magyarázta neki a Bibliát." Amint ezt meghallottam, lázban égtem, mintha tűz ért volna. Abszurdnak tűnhet, hogy egy angyal magyarázza a Bibliát, de én el tudtam hinni. Az én szellemem hitről és imáról szólt. Azóta kezdtem szüntelenül Istenhez imádkozni.

„Isten, a Biblia 66 könyvét mind elhiszem. A Biblia Isten szava, mely a Szentlélek sugallatára íródott, add meg nekem a Te inspirációdat és magyarázd el mind a 66 könyvet. Adj magyarázatot egy angyal által, vagy Uram, gyere el hozzám, és add meg, hogy megérthessem a Könyvet!"

Ha vannak részek a Szentírásban, melyeket nem értek, nem értem meg Isten akaratát. Csak amikor megértem a Biblia igaz jelentését, akkor leszek képes Isten akarata szerint élni. Csak amikor helyesen értelmezzük és megértjük a Szentírást, akkor tudjuk betartani az Igét.

Mivel kétségbeesetten meg akartam érteni a Szentírást, buzgón imádkoztam. Isten vezérelt, amikor oly sokat imádkoztam és akkor is, amikor böjtöltem. Amikor nem volt munkám az építészeten, felmentem egy hegyre és imádkoztam. Az imáim mindig arra kérték Istent, hogy megmagyarázza számomra a Bibliát. Sok évig folytattam őket.

Isten gyöngéd kezei

Néhány hónapon belül megtanultam, hogyan vezessem a boltomat, és hitem által úgy éreztem, bármit meg tudnék tenni. Az akkori boltomban alig volt egy kis haszom, de ennél többet nem is várhattam. Annak ellenére, hogy nem volt pénzem, volt hitem abban, hogy bármit meg tudok tenni, így ki akartam bővíteni az üzletemet. „Isten, add, hogy jobb helyre költözhessek."

Harmadnapra rá, hogy elkezdtem ezért imádkozni, bejött egy személy a boltba és megkérdezte, hogy nem akarom-e átadni neki a boltot. Abban az időben ő egy nagyobb bolt tulajdonosa volt. 150.000 won (150 USA $) letét ellenében odaadtam neki a boltot és az 50.000 won-t leszámítva, amennyibe a bútorok kerültek, 100.000 won hasznom volt az ügyletből. Miután a feleségemmel három napig böjtöltünk, egy másik boltot látogattunk meg egy közeli környéken, ami jól ment, és 500.000 won volt a bérleti díja. A 100.000 won-nal, amim volt, aláírtam a szerződést, de még szükségem volt 400.000 won-ra. Abban az időben, ez nagy összeg volt számomra. Eszembe jutott két egyháztag, és megkértem a feleségemet, kérjen tőlük kölcsön. Azonnal visszautasították. A szomszédainktól a feleségem kölcsön kért 150.000 won-t, de a fennmaradó 250.000 won-t nem tudtuk előteremteni. Végül, a tulajdonos beleegyezett, hogy a 250.000 won után kamatot fogunk fizetni.

Az egyháztagoknak nem szabad egymásnak pénzt kölcsön adniuk. Később megértettem, miért nem akarta Isten, hogy az egyháztagoktól kölcsön kérjek. Egyszerűen Isten akarata ellen való, s így még a vértestvérek sem szabad hogy kölcsönt adjanak, vagy vegyenek egymástól, mivel a pénz miatt ellenségekké válhatnak. Ha a templomban adunk vagy kölcsönzünk pénzt, az ördög könnyen közbelép, s így ez Isten akarata ellen való. Lelkészi munkám során arra tanítom a templomom tagjait, hogy egymás között ne kölcsönözzenek pénzt. Azt is láttam, hogy akik mégis ellenszegültek ennek, nehézség és megpróbáltatás lett az eredménye. Számunkra, hitbéli testvérek számára, csak a szeretet tartozása kell hogy létezzen. Az üzlet hasznából tudtuk fizetni a havi kamatokat, de soha nem tudtuk a tartozást teljesen visszafizetni. A központban akkoriban sok nagy könyvesbolt létezett, így nagy volt a verseny. Istenhez fohászkodtam, hogy teljesítse álmomat: egy nagyobb üzlet vezetését.

Isten anyagi áldások útjára vezet

Abban az időben, a Keumho Dong-i piacon volt egy híres üzlet. Mindenki tudta, hogy az eladásai a legmagasabbak voltak a környéken. A bolt bérlésének lehetőségét meghirdették, és csak a biztosítási díj önmagában egy millió won (1.000 USA $) volt, nem beszélve a bérleti díjról. Egy munkás napi bére csupán 1.500 won volt, így számomra ez rengeteg pénz volt. A tulajdonos azt mondta, 950.000 won az utolsó ára. Később hallottam, hogy a látogatásom után húsz napig senki más nem érdeklődött a bolt iránt. Valaki azt is elmondta nekem, hogy hamar nyélbe tudnám ütni az ügyletet, mivel a tulajdonos magánproblémái miatt sürgősen akarta eladni. Csak 500.000 won-om volt. Ezzel a pénzzel lehetetlen lett volna a dolog. Miután egész éjjel komolyan imádkoztam, elmentem hozzá, megbeszélni az ügyletet. Kértem, hogy adja nekem a boltot annyiért, amennyim volt, mire ő elgondolkodott és azt mondta, 550.000-ért ideadja.

Végül ideadta, 500.000 won-ért. Beleegyeztem, hogy a biztosítást a havi díjakkal együtt fizetem. Tehát, elköltöztünk a Keumho Dong-piaci üzletbe. Amint a boltot kinyitottuk, rengeteg vásárló érkezett. Sokan azt mondták, ők is kibérelték volna a boltot, de nem tudták, hogy kiadó. Néhányan közülük felajánlották, ha átadnám nekik a boltot, 1,2 millió won felárat adnának nekem. Amikor valaki 1,3 millió felárat ajánlott, megbeszéltem a feleségemmel, mert ezért a pénzért még egy házat is vehettünk volna. Azonban, mivel úgy éreztük, hogy Isten akarata által, az Ő vezérlésével jutottunk a bolthoz, nem akartuk nyomban átadni azt.

Úgy döntöttünk, hogy az adósságunkat az üzletből származó haszonból fogjuk törleszteni. 1977 júliusában megnyitottuk a boltot, és elkezdtük az új tevékenységet. Vasárnap bezártunk, és egyetlen olyan diákot be nem engedtünk a boltba, aki ivott vagy dohányzott. Mivel a családom tagjai állandóan hálaénekeket énekeltek otthon, az emberek is hallották ezeket a boltban. A vásárlóink száma nagyobb volt, mint az előző boltvezető idején.

Napközben nyitva tartottunk, éjjel imádkoztunk. Ez volt a napi programunk.

Megtanulom, hogyan ismerjem fel a Szentlélek hangját

Az Osanri imaházban

Mint egy szarvas, aki patakvízért lohol, olyan szomjas voltam én, hogy a Szentírást, Isten szavát jobban megismerjem. 1977-ben egy találkozón voltam az Osanri imaházban. Ott hallottam az Úr szavát másodszor. A lelkész prédikációját hallgattam, aki azt mondta: „Isten megadta a bölcsességet számunkra, hogy gyógyszereket készítsünk, az is Isten akarata, hogy a kórházba menjünk, és gyógyszereket vegyünk be". Nem tudtam elfogadni és „áment" mondani rá. Az én tapasztalatom teljesen más volt a Mindenható Istenről, aki mindenre képes. A prédikáció után bementem egy imaszobába és komolyan ezt mondtam:„Isten, a Te akaratod, hogy gyógyszereket vegyünk be vagy nem?"

Nem tudom, mennyi idő telt el. Hirtelen meghallottam az Isten hangját, mely azt mondta: „*Nézd meg A krónikák második könyvének 16. fejezetét!*" Kinyitottam a Bibliát és Ászáról,

Izrael királyáról volt szó. Uralkodásának első napjaiban csak Istenre támaszkodott. Így minden csatát megnyert, és békés korszaka is volt. Azonban később nem hitt Istenben, csak a seregekben. Elvesztette a csatáit, és még egy prófétát is börtönbe vetett, mert beszélt az ő hibáiról. Aztán, egy napon Ászának beteg lett a lába. A betegsége komoly volt, de még ekkor sem az URAT kereste, hanem az orvosokat, és két évvel később meghalt. Ez által a fejezet által meg voltam győződve, hogy Isten az Ő gyermekeitől azt várja, hogy csak Őrá támaszkodjanak hitükben, és ne higgyenek ebben a világban.

A Szentlélek hangjának meghallását gyakorlom

Az Isten hangját meg kell különböztetni a Szentlélek hangjától. Az én esetemben, az Isten hangja csak néhány kivételes alkalomkor hallatszott. Kevésszer hallottam, valóban. Ahogy elfogadjuk Jézus Krisztust, befogadjuk a Szent Lelket, és szenvedélyesen imádkozunk, hogy bűneinktől, a gonosztól és az alantas gondolatoktól megszabaduljunk, és a Szentlélek hangját egyre tisztábban halljuk.

A Szentlélek hangját azóta hallom, amióta hívő lettem. Egyszer, amikor a templomban az istentiszteletet hallgattam, Isten megadta nekem azt a képességet, hogy a Szentlélek hangját meghalljam. A vasárnap reggeli istentisztelet alatt egy alkalommal erős késztetést éreztem, hogy 30.000 won-t adjak a templom egy bizonyos lelkészének. Elhatároztam: „Istenem, megszerzem a 30.000 won-t és odaadom a lelkésznek!"

Az istentisztelet alatt határoztam el, hogy ezt teszem. Azonban, amint a prédikációnak vége volt és a templom kapuján mentem kifelé, más gondolataim támadtak. A valóságban,

30.000 won rengeteg pénz volt számomra. Azt gondoltam, ha lenne ennyi pénzem, odaadnám neki. De honnan vegyek ennyi pénzt? Az a család vagyonosabbnak tűnik, mint az enyém. Lehet, hogy volt néhány kóbor gondolatom az istentisztelet alatt, de elfelejtettem őket.

A következő napon, a lelkész anyósa, aki vezető diakonissza volt a templomban, meglátogatta a boltomat a Keumho Dong-i piacon. „A lányom egész éjjel szült. Amikor a kórházba ment, sürgősen szükségünk volt 30.000 won-ra. Igazán nehéz volt összeszedni a pénzt. Alig szereztem meg, mentem is a kórházba. Nagyon nehéz szülése volt." Sokkolt, amit mondott. „Fődiakonissza, valójában a vasárnap reggeli istentisztelet alatt a Szentlélek megérintette a lelkemet, de nem engedelmeskedtem neki. Azt gondoltam, csak egy gondolat volt, és elfelejtkeztem róla. De végül is, erről volt szó."

Nyomban megbántam, és elhatároztam, hogy következő alkalommal szót fogadok. Azt gondoltam: „Hallottam a Szentlélek hangját, de nem hallgattam rá, és ez lett az eredmény." Ha engedelmeskedtem volna a hangnak, könnyen megkaphattam volna a pénzt, amit Isten már előkészített. A lelkész családjának nem kellett volna egész éjjel szenvednie. Bőséges áldást kaphattam volna Isten iránti engedelmességem miatt. Sajnáltam, hogy nem tettem, és nem támaszkodtam a saját gondolataimra. Azóta, mivel sok hasonló képzésen mentem át, megtanultam megkülönböztetni a Szentlélek hangját a saját gondolataimtól.

Megtanulom az engedelmesség fontosságát

Egy konkrét tapasztalat által is megtapasztaltam, mennyire fontos Isten akaratának engedelmeskedni. Szorgalmasan szolgáltam az egyházat, és egy nap a lelkészem felhívott. „Nincs elég vasárnapi tanárunk. Miért nem jössz, és tanítod a gyermekeket?" Negatívan válaszoltam: „Tiszteletes uram, nagyon sajnálom, de nem érzem úgy, hogy képes lennék gyermekeket tanítani. Nincs tapasztalatom a vasárnapi iskolával kapcsolatban. Ha majd lesz egy kis önbizalmam, akkor segítek." Tudtam, hogy szót kellene fogadnom a tiszteletesnek, de annyira tudatlannak éreztem magam, hogy visszautasítottam az ajánlatát. Soha nem képzeltem volna, hogy egy ilyen kis dolog mekkora falat von közém és Isten közé. Hevesen imádkoztam: „Istenem, add meg nekem a nyelvek képességét."

Akkoriban, ha láttam, amint mások folyékonyan imádkoznak más nyelveken, irigyeltem őket. Azért imádkoztam, hogy Isten megadja számomra ezt a képességet, de mégsem sikerült. Egy napon azt hallottam, hogy ezt a tudást a Han Ol San Imahegyen tudom megszerezni. Elmentem hát oda, és részt vettem egy találkozón, de az ajándék most is elmaradt. A prédikációban a lelkész, Chun Suk Lee azt mondta viccesen: Még a kutyám is beszél egy másik nyelven, s így, akik nem kapták még meg ezt az ajándékot, nem érnek többet a kutyámnál." Amikor a találkozó véget ért, úgy éreztem, nem vagyok jobb egy kutyánál, és belerúgtam egy kőbe, ami előttem hevert. Még az ebédet is kihagytam és lementem a völgybe. Egy fába kapaszkodtam, és Istenhez imádkoztam, hogy a nyelvek képességét megadja nekem. Hirtelen valami átszaladt a memóriámon, mint egy villanás. Bár nem volt önbizalmam, azt kellett volna mondanom a lelkésznek, amikor megkért, hogy a vasárnapi iskolában tanítsak, hogy igen, elvállalom. Ha engedékeny lettem volna, Isten segített volna. Azonban, én ellenkeztem.

„Istenem, kérlek, bocsáss meg, amiért ellenkeztem a lelkészem szavaival. Soha többé nem teszem."

Amint erre rájöttem, nagyon megbántam és szívem legmélyén bűnhődni kezdtem. Aztán, hirtelen elkezdtem nyelveken beszélni. Ez volt az, amire oly régóta vágytam! „Istenem, köszönöm!" Végre megértettem, hogy a beleegyezés, az engedékenység mennyivel jobb, mint az áldozat, és mennyire tetszik Istennek, ha engedelmeskedünk. Ez által a tapasztalat által ismét elhatároztam, hogy Isten akaratának feltételek nélkül engedelmeskedni fogok, anélkül, hogy az adott helyzet valóságára gondolnék. Azonban számomra, aki ilyen mélyen megértette az engedelmesség fontosságát, volt egy dolog, amiben nagyon nehéznek bizonyult ez.

Negyedik fejezet

Isten hívása

Uram, miért pont engem választasz?

1978. májusában, egy napon ima közben meghallottam Isten hangját, amint azt mennydörgi:

„Szolgám, akit az idők kezdete előtt kiválasztottam! Három évig tartott, amíg megtisztítottalak, most pedig tanuld az igét további három évig. Célom van veled. Átkelsz majd a hegyeken, folyókon és tengereken, hogy az evangéliumról prédikálj, és én végig veled leszek; te az Én szolgám leszel, hogy megmutasd az összes nemzetnek, jelek és csodák által, hogy Én vagyok az élő Isten. "

A tiszta és erős hang folytatta:

„Az idők kezdete előtt kiválasztottalak téged, és amióta az anyád méhében voltál, vigyáztam rád a ragyogó

*szemeimmel, egészen eddig a pillanatig. Én Magam
vigyáztam rád, és vezettelek. A feleséged gondoskodik az
üzletedről, te pedig elindulsz az úton, hogy a szolgámmá
válj. Többet fogsz keresni, mint amikor mindketten
dolgoztatok. A pénz soha nem fogy ki a pénztárcádból,
és a rizstálad soha nem lesz üres, hanem mindig
csordulásig lesz telve. A szűkölködőkön fogsz segíteni.
Isten akaratából kerültél a legmélyebb helyzetbe,
szintén Isten vezetésével kerültél ide, ahol vagy, és Isten
innentől is vezérel majd. Majd megérted, miért kellett
a nehézségeken átmenned. Az Én hatalmammal, a
legmagasabb pozícióba fogsz kerülni. Te mindenekelőtt
Engem szerettél, jobban, mint a szüleidet, testvéreidet,
gyerekeidet, és a feleségedet. Csak Engem szerettél.
Adjatok és adatik nektek: jó, megnyomott, megtetézett
mértékkel adnak öletekbe."*

A Szentlélek teljességével és inspirációjával hallgattam
ezeket a szavakat és „Áment" mondtam a végén. Amikor még
egyszer átgondoltam őket, teljesen elcsodálkoztam. Egészen
eddig, az álmom az volt, hogy egyszer majd presbiter leszek,
megkeresem és segítem azokat, akik ugyanolyan szegénységben
és ugyanúgy, betegen élnek, mint ahogy én valamikor. Ez azt
jelentette, hogy eddig rossz célokért imádkoztam? Még mindig
rengeteg adósságom volt, és a napi megélhetés is gond volt. Még
a memóriám sem volt teljes. Akkor hogy tanulhatnék teológiát
a szemináriumban? Mi történne a családom tagjaival? Ezek
az aggodalmak és gyötrelmek állandóan az agyamban voltak.
Az akkori helyzetemben nem tudtam engedelmeskedni, de
Isten igéje túl hatalmas volt ahhoz, hogy ellenszegüljek. Azt
gondoltam: „Ha a Te akaratod, engedd meg, hogy még egyszer

meghalljam a Te hangodat."

Megbeszéltem a feleségemmel, mire ő átvette a bolt vezetésének minden gondját. „Vajon tévedek, amikor azt gondolom, hogy Isten hangját hallottam? Vajon rosszra fordulhat valami?" Elkezdtem kételkedni abban, hogy valóban az Isten hangját hallottam. Ismét Hozzá fordultam imáimmal. „Isten, azért imádkoztam, hogy presbiter legyek, s most Te azt mondod, legyek a szolgád! Annyira magányos ember vagyok, hogy el sem tudom képzelni, hogy más emberek előtt prédikáljak. Elég öreg is vagyok már. Nincs jó memóriám sem, és nem vagyok jó vizsgázó." Ha Isten továbbra is azt akarja, hogy ezekkel a korlátokkal is az Ő szolgája legyek, arra kértem: „Kérlek, hagyd, hogy még egyszer halljam a Hangodat."

Ez után imaközpontokba jártam, hogy Isten hangját ismét meghalljam. Egy hétig imádkoztam, de nem jött válasz. Elmentem egy pár lelkészhez, akikről azt mondták, jó előrelátó képességük van, de a prófécia számomra így sem jött meg. Imahelyről imahelyre vándoroltam a hegyekben, és szívtépő napokat töltöttem azzal, hogy megpróbáltam választ kapni arra: valóban Isten akarata volt, hogy a szolgája legyek, és főleg: lelkészként? Eltelt három hónap, már majdnem feladtam, és elkeseredésemben hazamentem. Szombaton a lelkészünk meglátogatott a boltomban. Az én sorom lett volna, hogy példaimát mondjak, de nem volt elég önbizalmam, hogy megtegyem. Egyenesen megmondtam neki: „Lelkész uram, hónapok óta nem kapok választ az imáimra. Tényleg nem tudom elmondani az imát a vasárnapi istentiszteleten." Ő csak ennyit mondott: „Akkor is el kell mondanod."

Meghallom Isten szavát

A lelkész azt mondta, imádkoznom kell, de a szívemben nem tudtam „ámen" mondani rá. Azon a napon, miután a boltban végeztünk, bezártunk és elmentünk haza. Mivel zuhogott az eső, a feleségemmel úgy döntöttünk, nem megyünk templomba, hanem otthon imádkozunk. Éjfélkor letettünk egy pokrócot a padlóra, és imánkkal Istent dicsőítettük. Csukott szemmel imádkoztam, amikor hirtelen egy látomásban azt láttam, hogy a mennyezet kettényílik, és a mennyből fények hullnak alá. Úgy éreztem, mintha nem lenne tető a házon. És aztán, csakúgy, mint a Jelenések könyvében írva van, hallottam a méltóságteljes hangot, mely olyan volt, mint a patakok zúgása, de nagyon tiszta és nagyon nyugodt: „Mondd el az imát holnap." Válasz volt ez is, de teljesen más, mint amint vártam a kérdésemre. Ezennel a hang meleg volt, nyugodt, tekintélyes és nehéz lett volna neki ellenállni. Tele volt szeretettel és barátságos kedvességgel.

Még most is érzem a hangot, nagyon világosan, azonban szavakban nehéz ezt kifejezni. Meghallottam ezt a hangot, és az összes kétségbeesésem elolvadt, mint a hó. Az összes érzéki gondolat eltűnt, és telve voltam a Szentlélekkel. Annyira tele, hogy úgy éreztem, a testem olyan könnyű, mint a vatta, és röpülni tudnék. Azt éreztem, ha akarnék, a tetőn át el tudnék repülni. Öröm, hála és boldogság tört fel a szívem legmélyéről. Akkor arra gondoltam, ilyen lesz, amikor az Úr újból visszajön, és felkap minket a levegőbe. Amikor kinyitottam a szemeimet, a fények eltűntek, és a mennyezet olyan volt, mint máskor mindig.

A feleségem, aki mellettem ült, nem hallotta a hangot, de őt is eltöltötte a Szentlélek, és tudta, hogy Isten hangját hallgatom a fényekben. Egész éjjel dicsértük Istent és dicsőséget adtunk Neki az imáinkkal.

Beteljesülünk a Szentlélekkel

Másnap korán reggel elmentem a templomba és megnéztem, mikor kell az imát elmondanom. Az előző éjjeli tapasztalat után, a testem még mindig könnyű volt, mintha repülnék, pedig ültem. Mennyire hihetetlenül csodálatos volt! Attól a perctől kezdve, hogy elkezdtem a mikrofonba imádkozni, az ajkaim nem voltak az enyémek többé. A Szentlélek teljesen rabul ejtette a szívemet és a gondolataimat. A Szentlélek inspirációjának eredményeként, még remegtem is az ima alatt. Tiszta ihletemben az ima úgy jött az agyamba, mint az árvíz, s még ha akartam volna sem tudtam volna megállítani.

Saját magam számára is meglepő volt, mert az ima szidalmazta az embereket, ilyen módom: „Jaj nektek, akik ellopjátok a tizedet Isten elől! Ti, emberek, megátalkodott szívekkel, akik nem vagytok hálásak Istennek! Azt mondjátok, hisztek Istenben, de a hitetek hiábavaló!"

Több mint tíz percig imádkoztam, és közben éreztem, alig tudom magam ellenőrizni. Akkoriban, ha valaki három percnél hosszabban imádkozott, zúgolódás támadt, hogy fejezze be. Az ima után visszatértem a helyemre, de nem mertem egyenesen a lelkipásztorra nézni. Nem tudtam, mit tegyek. Csak ez járt a fejemben: „Hogy meri egy diakónus így leszidni a templom teljes gyülekezetét?!"

Amint az istentiszteletnek vége lett, a lelkész odajött hozzám, és azt mondta: „Megérintett az imád." Általában nem tett ilyen megjegyzéseket, én meg félénk voltam, próbáltam csendben és gyorsan elmenni, de többen is odajöttek, és azt mondták: „Diakónus, teljesen a Szentlélek ihletésétől vezérelt volt a beszéde. Igazán megérintett az ima."

Csak engedelmességgel

Végre megvolt a megerősítés, hogy Isten valóban elhívott, hogy a szolgája legyek. Bevallottam Istennek: „Isten, miután elhívtál, mint szolgádat, ezen az úton megyek tovább. De Istenem, gondoskodj azokról a dolgokról, amelyek tényleg aggasztanak: a teológiai iskola, a memóriám, és az összes többi dolog."

36 évesen teljesen meg voltam győződve, hogy Isten hívott, és nyomban kibéreltem egy szobát, ahol egyedül élhettem. Ötpercnyire volt a házamtól. Böjtöltem, és alaposan olvastam a Bibliát, és imádkoztam az Úrhoz, hogy jó memóriát adjon nekem. A hús dolgait, a vágyakat és szenvedélyeket keresztre akartam feszíteni. Elhatároztam, hogy Isten szolgájaként kizárólag az Ő akaratát fogom követni. Nem volt könnyű a családomtól elzárni magamat, de ezek mind a Szentlélek útmutatásával történtek. Beszéltem a lelkipásztorral az Oksu Dong-i templomból, ahová akkor jártam. Eldöntöttem, hogy a Sung-Kyul (Szentség) Teológiai Szemináriumba megyek, így elkezdtem tanulni a felvételi vizsgára.

Végre eljött az idő, és letettem a vizsgát. Leírtam a válaszokat azokra a kérdésekre, amelyek a Bibliára kérdeztek rá. De a többi tárgyban, mivel nem akartam bizonytalan válaszokat leírni, csak a nevemet írtam a lapokra, és így adtam be őket. Az interjú alatt a szeminárium dékánja megkérdezte, miért adtam be üresen a lapokat, kivéve a Bibliáról szóló vizsgát. Elmagyaráztam neki, hogyan veszítettem el a memóriám erősségét.

„Memória nélkül hogy lesz belőled lelkipásztor?" kérdezte.

Azt válaszoltam: „Isten erre az útra irányította az életemet."

„Nos, maximális 100 pontot kapott a Bibliáról szóló kérdéseire!" - kiáltott fel.

Én voltam az egyedüli, aki 100 pontot kapott erre a témára. Így történt, hogy bejutottam, és jelölt lettem. Annak ellenére történt ez, hogy nagyon aggódtam, hogy nem jutok be a szemináriumba.

Isten megengedi, hogy úgy arassunk, amint vetettünk

Szemináriumi élet

Isten szolgáinak olyan életet kell élniük, ami felismerhetően más, mint a többi embereké. De a szemináriumi társaim a világi élet divatjait követték. Az órák után összeültek a kávézókban, hogy világi dolgokról beszélgessenek. Az ünnepeken, ahelyett, hogy bibliát olvastak vagy imádkoztak volna, arról beszélgettek, hogyan tölthetnék jobban az időt. Mindig mondtam nekik, ne vesztegessék így az időt, hanem koncentráljanak az imákra, de senki nem figyelt erre. Természetes volt, hogy különváltam, és elszigetelődtem a társaimtól.

1979-ben, 37 évesen kezdtem el a szemináriumot, és már az első évtől azért imádkoztam, hogy Isten megmondja, milyen nevet adjak a templomnak, amit majd alapítok. A nővérem azt mondta, segít majd, hogy templomot építsek, így különböző helyeket néztem meg, de egyik sem működött volna.

Istennek kedvezek az adakozással

Abban hittem, hogy Isten megengedi, hogy azt arassam, amit esetleg elvetettem, s így mindig azon igyekeztem, hogy a Mennyei Királyságban jutalmaim legyenek felhalmozva. Amikor az építőiparban dolgoztam, és az újjászületési összejöveteleken kegyeletben részesültem, köszönetként adakoztam, teljes szívemből. Ha nem volt pénzem, megfogadtam Istennek, hogy bizonyos idő múltán bepótolom. Természetesen mindent odaadtam, amit felajánlottam. Még kölcsönt is felvettem, csak odaadhassam, amit Istennek megígértem.

Amikor Isten színe elé mentem, soha nem mentem üres kézzel. Valahányszor jövedelmem volt, több mint egy tizedét felajánlottam, adomány formájában. Sokszor volt olyan, hogy a fizetésem két-, vagy három tizedét is felajánlottam. Soha nem gondoltam, hogy fölösleges lett volna Istennek adni, s így nem számolgattam, amikor Neki adakoztam.

Egy napon, a lelkipásztorom meglátogatta az otthonomat. Nem tudta, milyen nehéz anyagi körülmények között, és mennyi kölcsönnel a nyakunkon éltünk. Elmagyarázta, hogy a templomban szükség lenne még több adományra, és megkérdezte, nem tudunk-e egy nagyobb összeggel hozzájárulni a templom építéséhez. Beleegyeztünk, ezt mondva: „Ámen. Meglesz." Örömmel engedelmeskedtünk a lelkipásztornak. Bár tele voltunk adóssággal, még egy esküdt fogadalmat tettünk, s így még egy kölcsönt kellett fölvennünk. Azt akartuk, hogy a Mennyországban így gyűljenek a jó cselekedeteink. Amikor az idő eljött, Isten kinyitotta az áldások kapuját.

Még a kis üzletünkben is Isten akaratát követjük

Volt egy személy, aki rendszeresen beszállított könyveket a kis boltunkba, és nagyon meglepődött, amikor látta, hogy a boltunk minden vasárnap bezárt. Kijelentette, biztos csődöt fogunk mondani. Annak ellenére, hogy egy kis bolt volt, Isten elégedett volt vele, és minket bőségesen megáldott, mivel minden vasárnapot megtartottunk, és bőségesen adakoztunk. Reggeltől késő estig minden nap tele volt a bolt. Sok ember azért jött el, mert tanulni szeretett volna tőlünk valamit, hisz a hírünk hamar elterjedt a környező városrészeken is. Annál kíváncsibbak lettek, amikor vasárnap bezártuk a boltot. A szolgáltatásaink nem voltak túl jók: nem volt „felnőtt árunk", ráadásul szigorúan tiltottuk a dohányzást. Így, a környezet jó és egészséges volt. Ezért jött olyan sok egyetemista a boltba, a rendesebbik fajtából.

Mi volt a titka a boltunknak? Isten áldását azért kaphatta meg, mert vasárnap bezártunk, és elmentünk a templomba, így tudtunk mindenkinek a kérdéseire válaszolni, de a nem hívők számára nehéz volt ezt megérteni. A bolti tevékenység ideje alatt számos vendégünket megtérítettük. Amikor templomot nyitottam, velem jöttek, és ők lettek a templom első tagjai.

A bolt megnyitása után számos hónappal, az összes adósságunkat visszafizettük, ami rengeteg pénz volt. A szemináriumba költözésem előtt volt. Adósságunk már nem volt, így szabadon adakozhattunk, amennyi jólesett nekünk. Próbáltuk segíteni a rászorult családokat. Amikor a szemináriumban pikniket szerveztünk, ebédet készítettem a tanároknak, és sok diáknak is. Vasárnaponként a kórustagoknak biztosítottuk az ebédjét. Titokban segítettük azokat a szemináriumi diákokat is, akiknek szükségük volt a segítségünkre. Csak bérelt lakásunk volt, de ünnepek idején megkértem a feleségemet, hogy a városról általában gondoskodjon. Ha egy család annyira szegény volt, hogy még ételre sem jutott az ünnepre, a feleségem adott nekik rizssüteményt és ételt, akkor is, ha nem voltak hívők. Nem azért tettük, mert anyagilag olyan jól álltunk. Csakis a hitünk által tettük. Miután így vetettünk, a következő napon Isten megengedte, hogy learassuk, amit vetettünk. Több bevételünk volt a boltban, mint bármelyik másik napon korábban.

Isten felébresztett engem egy 200 napos egész éjszakás virrasztás alatt

Miután elfogadtam az Urat, soha többé nem kötöttem kompromisszumot a világgal, semmilyen helyzetben. Isten törvényét próbáltam követni, már amennyire Isten Igéjét megértettem. A szemináriumi négy év alatt minden éjjel imádkoztam, és sokat böjtöltem. A vakációk alatt felpakoltam, és elmentem a hegyekbe imádkozni. Vakációm legnagyobb részét a hegyi imaházakban töltöttem. Máskor egész éjjeles fogadalmi imát mondtam. Éjféltől reggel négy óráig imádkoztam, és soha nem késtem egyetlen percet, egyetlen alkalommal sem.

Az ima után visszamentem a szobámba egyedül, és 5 órakor lefeküdtem. De hét órakor fel is kellett kelnem. Miyoung lányom, aki akkor elemi iskolás volt, elhozta a reggelimet 7:20-kor. Reggeli után vettem az ebédes dobozomat, és elmentem iskolába. Miután az óráknak vége volt, hazamentem, majd leírtam a házi feladataimat. Néha a boltra is kellett vigyáznom. Sok mindent kellett tennem. Mivel ezt az életet hosszú időn át éltem, nagyon fáradt lettem. Öt órakor feküdtem le, és 7-kor nagyon nehéz volt a felébredés. Aztán az Úr felébresztett 7-kor.

„Apám!" - hallottam. A lányom hívott kintről, a reggelivel. „Te vagy az, Miyoung?" Biztos voltam benne, hogy a lányom hangját hallottam, így kinyitottam az ajtót, de senki nem volt kint. Körülnéztem, őt keresve, de sehol nem láttam. Miután megmostam az arcom, eltelt vagy 20 perc, és Miyoung csak akkor érkezett meg. Másnap, 7 órakor, szintén azt hallottam, hogy: „Apám!" Kinyitottam az ajtót, de senki nem volt ott. Abban a pillanatban rájöttem, hogy Isten ébresztett fel, egy angyal által.

Amint ez így folytatódott, egyre kevésbé voltam rá érzékeny. Végül, már akkor sem tudtam felébredni, amikor hallottam a hangot, hogy „Apám!" Akkor Isten más módszert használt. Azt hallottam, hogy rengeteg ember járkál az ajtóm előtt, de amikor kinyitottam az ajtót, hogy leellenőrizzem, senki nem volt kint. Pontosan 7 óra volt.

Mialatt a 100 napos fogadalmi, egész éjszakás imámat töltöttem, a kilencvenedik napon meghallottam, hogy az apósom elhunyt. A feleségemmel elmentünk a szüleinek a házába, Mokpo-ba. Együtt imádkoztunk éjféltől reggel 4-ig. Miután a temetésnek vége lett, hazajöttünk, és kitöltöttük a 100 napos ima többi részét is, de így sem voltam elégedett. Így a 100 napos fogadalmi, egész éjszakás imából 200 napos lett.

Dobd azt a pénzt a vécébe

A családom jól tudta, hogy semmit nem fogadnék el, ami Isten szava ellen való. Azonban, egy vasárnapon, az istentisztelet után, a lányaim és a feleségem szerettek volna valamit venni és enni. A feleségem, látva az arckifejezésemet, ezt mondta: „A gyerekek szeretnének egy kis rágcsálnivalót. Valamit veszünk, hogy egyenek."

„Lányok, tényleg szeretnétek valamit enni?" - kérdeztem.

„Igen!" –válaszolták mohón, mindannyian.

A három lányom azt gondolta, hogy megengedem nekik, csak azon a napon, bár tudták, hogy vasárnap volt. Mondtam nekik, hogy hozzák oda hozzám a pénzt a fiókból. Odahozták. Aztán azt mondtam nekik: „Ti hárman menjetek a vécéhez, és ezt a pénzt dobjátok bele." Kidobtak néhány száz won-t (mai értékén néhány ezer won, vagy néhány dollár), és visszajöttek.

„Tudjátok, miért kértelek erre?"

„Igen tudjuk." Válaszolták mind a hárman.

Így folytattam: „Vasárnap a Sabbath napja. Isten megtiltja, hogy vásároljunk és eladjunk ezen a napon. Meg akarjátok szegni Isten parancsát? Ha nem tudtok ellenállni a csábításnak, hogy valamit egyetek, az megkétszereződik, majd megháromszorozódik. Istennek nem lesz a kedvére. Már akkor megsértettétek a Sabbath-ot, amikor arra kértetek, hogy vegyek ételt nektek. Azért, mert ez már olyan, mintha a szívetekben megvettétek és megettétek volna az ételt. Ezért mondtam, hogy hajítsátok ki a pénzt." Később a lányaim bevallották, milyen mély nyomot hagyott ez az incidens a lelkükben, és milyen hitet adott nekik ugyanakkor.

Az emberek bezsúfolódnak az üzletünkbe

Mivel az üzletünk egy forgalmas útkereszteződésben volt, nemcsak a vásárlók, hanem a lelkészek és a templomtagok is gyakran meglátogatták. Amikor a szemináriumba jártam, néhány diakonissza bejelentkezett hozzám tanácsadásra. Azt mondták, néhány hívő a templomból egyfajta hitelszövetkezetet akar nyitni. Azt tanácsoltam nekik, hogy ne csatlakozzanak, mondván:

„Jézus azt mondta, Isten Temploma az ima háza és megfeddte azokat a kereskedőket, akik a templomban árultak dolgokat. Nem helyes olyant tenni a templomban, ami anyagi előnyökért történik. Isten arra tanít, hogy a szeretet „kölcsönén" kívül más tartozásunk ne legyen, s így semmilyen pénzcserét nem szabad a templomban tennünk. Ha a pénz szerepet kap egy kapcsolatban, a Sátán munkába kezd, és gondot hoz a templomnak."

A hitelszövetkezet hamarosan sok problémát szült, és a templomnak is gondokat jelentett. Miután a templomot megnyitottam, semmilyen bazárt nem engedélyeztem, függetlenül attól, mi lett volna annak a célja. Mindig azt mondtam a hívőknek, hogy pénzt ne keverjenek az ügyeikbe. Amint elterjedt a híre annak, milyen tanácsot adtam a diakonisszáknak, sok ember eljött, hogy ők is konzultáljanak velem. Egyikük kopasz volt és a fején egy zsebkendővel érkezett. Az imám hatására pár hónap múlva visszanőtt a nőnek a haja, és levehette a zsebkendőt a fejéről.

Volt egy hívő, aki néha a jövendőmondókhoz járt, és nem tartotta a vasárnapot sem. Egy alkalommal balesetet szenvedett, és eljött hozzám. Arra kért, imádkozzak érte, mert olyan nagy fájdalmai voltak. Miután komolyan imádkoztam érte, tanúságot tett, hogy a fájdalma megszűnt, és ő teljesen meggyógyult.

A vasárnap megtartásával elismerjük Isten szellemi tekintélyét. Isten egész héten meg fog óvni minden balesettől. Azonban, ha nem tartjuk meg a vasárnapot megfelelő módon, az igazságos Isten nem tud megóvni bennünket. Ez az ember szellemi csalást vétett az Isten ellen, mivel jövendőmondókhoz járt. Isten nem szereti ezt.

Isten igéjével próbáltam a hit palántáját elültetni azokban az emberekben, akik hozzám jöttek. Útban egy hegyi imaház felé, hogy egy gondjára választ kapjon, egy bizonyos lelkész megállt, hogy engem meglátogasson. A látogatása után hazament örvendve, mivel a választ megkapta, és a problémája megoldódott. Annyi embernek adtam tanácsot, hogy néha nem maradt időm, hogy a szemináriumba járjak. Amikor otthon voltam, azok, akik segítséget akartak és azt, hogy értük imádkozzak, összegyűltek a házamban és a házam körül. Ezért kellett a vakációk alatt összepakolnom, és felmennem a hegyekbe. Mellőznöm kellett az embereket, hogy az Igére és az imákra koncentráljak, mint szemináriumi diák.

Lelki inspirációból táplálkozó, mérhetetlenül sok böjt

Már a gondolatainkban le tudjuk rázni a bűnöket

1979. augusztusában, az első teológiai év vakációjában részt vettem a Kánaán Mezőgazdasági Iskola lelkészi nyári iskolájában, a templomom szolgáló lelkészével. Egy forrásból víz fakadt, fel egészen a kék égig. Hallottam, amint a lelkészek egymással beszélnek. Nagyon meglepődtem, amikor hallottam, hogy sok világi dologról beszélgetnek. Abban az időben meg voltam győződve, hogy az összes lelkész olyan szent, mint az Úr. Meglepő volt, és nagy csalódást okozott számomra, amikor ezeket hallottam:

„Még ha lelkészek vagyunk is, semmit sem tehetünk az ellen, hogy házasságtörő gondolataink vannak, ez a lélek természete. Azt gondolom, ez még nem bűn."

„Igen, így van" –válaszolta egy másik. „A bűnt akkor követjük el, amikor tényleg megtörténik az, cselekedeteink által. A gondolat csupán nem lehet bűn."

Eléggé döbbent voltam, mert én már a teológiai iskola előtt megszabadultam a házasságtörő bűnös gondolattól, imádság és böjt által. Mivel az eredendő bűn gyökerét is kitéptem, az ördög és a Sátán már nem tudott hasonló gondolatokkal megkörnyékezni. Vajon Isten akkor is azt parancsolta volna, hogy ne paráználkodjunk, ha tudta volna, hogy úgysem tudjuk betartani? Miért mondanának ilyen dolgokat, ha tényleg hinnék, hogy a bűnöket le lehet vetkőzni imával és böjttel? Jézus azt mondja, mindenki, aki vágyakozva néz egy nőre, már el is követte a bűnt a szívében. Azt is mondja, semmi sem lehetetlen annak, aki hisz, és a bűnöket kiirthatjuk, ha addig küzdünk ellenük, amíg akár a vérünk folyik.

Amikor a teológiai iskolában a diákok erről kérdezték a tanárt, azt felelte, hogy a férfiak nem tehetnek semmit e gondolatok ellen, s így az nem bűn önmagában. Elhatároztam, én arra fogom tanítani a hívőket, hogy bűneinket leküzdhetjük Isten áldásával és erejével.

„Istenem, köszönöm szépen. Ha sokkal korábban hallottam volna, hogy parázna gondolatainkat nem tudjuk kiirtani, már rég feladtam volna a harcot, és gondolataimban továbbra is vétkeznék. De Te megengedted nekem, hogy próbálkozzak és imádkozzak, hogy Isten igéje szerint élhessek, és képessé tettél, hogy imával és böjttel egy jobb ember legyek, köszönöm, Istenem!"

Rájöttem, a böjt Isten akarata

A teológiai egyetem elkezdése után is rendszeresen böjtöltem, 3, 7, 15, és 21 napig. Amikor új hívő voltam, nem is nagyon tudtam, miért teszem, csupán a Szentlélek utasítását követtem. Amikor diakónus lettem, megtanultam, miért kell böjtölnöm, milyen haszonnal jár. Valahányszor igaztalanságon fogtam magam, 3, 5 és 7 napig böjtöltem, hogy megszabaduljak tőle. Például, amikor rájöttem, hogy könnyed hazugságokat mondok, nyomban elkezdtem egy 3 napos böjtöt. S mivel a böjt nagyon megpróbáltató volt, utána könnyűszerrel elhagytam a hazugságokat és más igaztalan dolgokat.

Fontos, hogy böjt után erősítő ételeket együnk. Olyasmiről beszélek, mint a zabkása, vagy a híg rizsleves vagy zabliszt leves. Annyi ideig kell ezt enni, ameddig a böjt tartott. Ennek eredményeként, nem sok olyan napom volt, amikor szilárd ételt ehettem. Egy végtelen böjtben éltem, gyakorlatilag. Amikor először mentem újjászületési összejövetelre, hallottam a böjti imáról, de az erősítő ételekről még nem. Nem voltam tudatában a böjt értelmének, de buzgalmamban és a Szentlélek utasítására eldöntöttem, hogy hétnapos böjtbe kezdek. Felmentem a Chung-gye hegyre, egy pokróccal és a Bibliámmal a kezemben.

Az imaközponttól nem messze voltak kisebb „ima-cellák", egyéni imádságra. A hely nedves volt és deszkákkal borított, melyeken rovarok mászkáltak. Hangosan imádkoztam, és végül befejeztem a 7 napos böjtömet. Amint a hegyen jöttem lefelé, a lábaim remegtek az éhségtől, de olyan boldog voltam, hogy a böjt végére értem. Amikor a buszmegállóba értem, láttam, hogy egy utcai árus fánkokat és sült krumplit árul. Vettem egy pár fánkot, azzal hazatértem.

„Édesem, adsz nekem egy kis ételt?"

A feleségem étellel várt otthon, így én imádkoztam: „Remélem, jól megemésztem", és két tál rizst megettem. Valamivel később, hallottam, hogy Paju-ban, Kyeong-gi Do-ban egy Osanri Imaházat állítottak fel. Én is odamentem imádkozni és böjtölni. Egy háromnapos böjti ima alatt hallottam, hogy miért kell erősítő ételeket enni. A lelkipásztor azt mondta, könnyű ételeket kell enni, mint a zabkása, levesek, zöldségek. Azonban, az én véleményem nem ez volt.

Amikor már otthon voltam, a megszokott rizs ételemet ettem, miután így imádkoztam: „Remélem, jól meg fogom emészteni." De hirtelen az arcom megduzzadt, és rosszul voltam. Azonnal letérdepeltem, és imádkozni kezdtem. Hallottam a Szentlélek hangját:

„Amikor nem volt tudomásod az erősítő ételekről, láttad a hitedet, de most tudsz róluk, és az arroganciád miatt nem engedelmeskedtél". Teljesen megbántam, hogy nem engedelmeskedtem annak, amit megtanultam, és abban a pillanatban egy újabb böjtbe kezdtem.

A böjti ima előnyei

A böjti ima nagyon fontos abban, hogy a kérdéseinkre választ kapjunk, és számos haszna és előnye van. Először is, nagyon nehéz úgy böjtölni és aztán testet erősíteni úgy, hogy nem erőltetjük meg a testünket. A böjt alatt megszabadulunk testünk fizikai korlátaitól és olyan erőt kapunk, ami által saját magunkat ellenőrizhetjük. A szellemünk aktívabbá válik, és nagyon jó azt érezni, hogy szellemi lényünk felnő, kiteljesedik. Fizikailag is vannak előnyei: a gyomor pihen, ami jó az egészségünknek. Az agyunk tisztul, s így mind szellemi, mind fizikai létünk előnyére válik a böjt. Lelkünk, szellemünk megtelik a Szentlélek teljességével, és Istentől kapunk új erőt. Buzgó imádkozás által választ kapunk változatos kérdéseinkre, és az imáink még az elkövetkező bajainkat is megelőzik. Isten mindenki és minden javára dolgozik.

Olyan gyakran böjtöltem, amilyen gyakran ettem, de soha nem léptem vissza, ha már elkezdtem egy böjti időszakot. Bízhatunk Istenben, amikor betartjuk, amit Előtte megfogadtunk. Amikor választ kapunk kérdéseinkre ima és böjt közben, a hit bizonyosságát is megkapjuk, valamint bátorságot és erőt is, amit életünkben hasznosíthatunk. Így az ima és böjt egy rövidítés, hogy igazi keresztény tapasztalatokat szerezzünk és annak is jó útja, hogy győzedelmes életet éljünk hitünkben.

Mindezen okokból, a böjti ima Isten akarata, és az egyik legjobb út arra, hogy Isten királyságát és igazságosságát megvalósítsuk.

Böjti ima felajánlásának módjai

A böjti ima szó szerint azt jelenti, hogy imádkozunk, miközben vízen kívül semmi mást nem veszünk magunkhoz. Azaz, azzal az elhatározással imádkozunk, hogy: „Ha elveszek, elveszek." Tehát, meggondolatlanul soha ne kezdjünk 10 napnál hosszabb böjtbe, csak megfontoltan, Isten szavát követve, a Szentlélek sugallatával.

Ézsaiás könyve 58, 6 azt mondja: *„Nekem az olyan böjt tetszik, amikor ledobod a bűnösen felrakott bilincseket, kibontod a járom köteleit, szabadon bocsátod az elnyomottakat, és összetörsz minden jármot!"* A gonoszság bilincse itt az összes gondot jelenti, amit az okoz, hogy Isten szavától eltávolodunk. Azaz, ha Istennek tetsző böjtöt ajánlunk fel, a gondjaink megoldódnak. Azonban, azt látjuk, hogy néhány ember 40 napos böjtje alatt a saját gondolataiban él, és gondjai abból fakadnak, hogy Isten nem óvja őket. Akkor, igazából milyen böjt tetszik Istennek?

Először, biztos, változatlan szívvel kell böjtölnünk.

Miután eldöntöttük, hogy hány napig fogunk böjtölni, nem szabad azt menet közben megváltoztatnunk. Csak azért, mert nehéz, nem szabad abbahagyni. Ha elkerülhetetlen okokból abba kell hagynunk, ismét újra kell kezdenünk a legelejétől, hogy az Isten előtt megfogadott időt betartsuk. Ha Isten előtt tett fogadalmadat ilyen vagy olyan okokból megszeged, Isten hogy bízhatna benned, és hogy szeretne téged? Bármit is fogadunk meg Istennek, be kell azt tartanunk. Ezáltal kitartást tanulunk, és Isten bízni fog bennünk. Isten akaratát is követhetjük ez által.

Másodszor, hangosan kell imádkoznunk böjtölés közben.

Az emberek hajlamosak arra, hogy böjt közben aludjanak, ahelyett, hogy imádkoznának. Ez a fajta böjt nem értelmes. Csak ha hangosan imádkozunk, fog Isten erőt és kegyelmet adni, hogy tovább folytassuk. Isten szintén megadja a választ az imáinkra és az áldásainkra is.

Csakúgy, mint ahogy háromszor eszünk egy nap, böjti időszakban legalább háromszor kell imádkoznunk. Ezáltal, fentről megkaphatjuk a lelki mannát és az élő vizet, hogy megtelhessünk a Szentlélekkel, valamint az ellenséges ördög is el fog kerülni. Hosszú távú böjt esetén legalább napi ötször kell imádkoznunk, hogy Isten szellemi kenyerét megehessük. Továbbá, a böjtünk nem állhat csupán külső tevékenységekből. Amikor szívünket kiszakítva, teljes szívünkből imádkozunk, Isten kegyelmet és erőt adhat (Jóel 2, 12-13).

Harmadszor, nem szabad szórakoznunk.

Ézsaiás 58, 3 azt mondja: *„Miért böjtölünk – mondják -, ha te nem látod meg, miért gyötörjük magunkat, ha nem akarsz tudni róla? De hiszen ti a böjti napokon is megtaláljátok kedvteléseteket, mert robotosaitokat hajszoljátok."* Ha tévézel, dühös leszel, vagy másokat rágalmazol a böjt alatt, Isten nem fogadhatja azt jó kedvvel, s így nem várhatsz te sem választ. Ennélfogva, tartózkodnunk kell a szórakozástól, értelmetlen beszélgetésektől, vagy bármi igaztalan dologtól. Csak ilyen szíveknek örül az Isten.

Negyedszerre, amikor imádkozunk, Isten királyságáért és az Ő igazságosságáért kell imádkoznunk.

Ha kapzsisággal imádkozunk, vágyainkat követve, Isten nem fogadja el imánkat. Ezért nem kaphatunk választ rájuk. Sokkal inkább, a böjt a testünket meg fogja viselni, így nagyon óvatosnak kell lennünk. Tilos a hírnevünkért, világi tekintélyünkért, vagy tudásunkért imádkoznunk, csak azért, hogy jó és szent edényei legyünk Isten akaratának. Azért kell imádkoznunk, hogy még több lelket megszabadítsunk, hogy Isten erejéből, és a Szentlélek ajándékaiból bőségesen részesüljünk. Ha Isten királyságáért és igazságáért, és a templomok pásztoraiért imádkozunk, Isten örömmel fogadja imánkat.

Ötödször, lelki szeretettel kell imádkoznunk.

Ézsaiás 58, 7-ben ezt találjuk: *„Oszd meg kenyeredet*

az éhezővel, vidd be a házadba a szegény bujdosókat, ha mezítelent látsz, ruházd fel, és ne zárkózz el testvéred elől!" Isten szeretetteljes aggodalommal néz ránk, amikor böjtölünk, és Hozzá imádkozunk. Ha jóságban cselekedünk, és szeretettel vagyunk mások iránt, Isten szemében szeretni valók leszünk. S így a böjtöt örömteljesebben fogja elfogadni, valamint válaszainkat is gyorsabban megadja.

Hatodszorra, megfelelő böjt utáni erősítőket kell ennünk.

A böjt befejezése után azért, hogy böjtünk teljes legyen, erősítő ételeket kell ennünk, annyi ideig, ameddig a böjt tartott. Amikor megfelelő módon esszük az erősítő ételeket, erőt nyerünk. Nem árt a testünknek, inkább egészségesebbé teszi azt, és a szellemünk élesebb lesz.

Néhányan azt mondják: „A gyomrom erős, nincs szükségem erősítő ételekre." Ezt gondolni azonban igazi nagy hiba. Ha megfelelő erősítő ételeket eszünk, a gyenge gyomorból Isten erőset formál, és ez alatt meggyógyítja a kisebb betegségeket.

Még akkor is, ha a böjtöt nagyon hamar befejeztük, ha nem eszünk megfelelő erősítő ételeket, veszítünk energiánkból, a testünk sérül, és lehet, hogy problémáink lesznek. A böjt utáni erősödő, gyógyuló időszakban nem szabad megerőltető munkát vagy tornát végeznünk. Úgyszintén, az is megtörténhet, hogy egy próba vár ránk a böjt után közvetlenül, s így jobb, ha már a böjt alatt imádkozunk, hogy a tesztet sikeresen vegyük.

Megfelelő erősítő ételek

Ha túl sokat eszünk böjt után, az arcunk megdagad, és a gyomrunknak sem jó ez, ezért nagyon óvatosnak kell lennünk. Általában háromszor étkezünk naponta, azonban böjt után, amikor erősödnünk kell, és könnyű rizses zabkását eszünk, akár napi négy csészével is ehetünk ebből.

Kerülnünk kell a húst, tojást, kenyeret, szénsavas italokat, a fűszeres, olajos, sós vagy savanyú ételeket. A monoszódium glutamátos ételeket, valamint a fűszereket kerülnünk kell. A legjobb zöldségeket enni.

3 napos böjt után ehetünk rizses zabkását, azonban egy hosszabb böjt után a gyomrunk olyan kicsiny lesz, mint egy újszülötté. Legalább két napig nagyon híg, szinte vízszerű rizslevest kell ennünk. Körülbelül naponta négyszer kell ezt enni. Szintén négyszer ihatunk almalevet, a húsa nélkül.

3-4 nap után a leves lehet egy kissé sűrűbb is. Később beleadhatunk rizsport vagy sült tököt is, növelve az adagokat. Húst ne együnk köretként, és ne adjunk az ételhez monoszódium glutamátot. Ha húst szeretnénk enni, legyen az hal, enyhén sózva.

Néhány levesfajta, főleg a zöldséglevesek, szintén jók. Ha lehántjuk a szezámmag héját és beletesszük a levesbe, szintén ízletes és jó. Hamarabb visszanyerjük energiánkat, és egészségesebbnek fogjuk magunkat érezni, ha ezt az erősítő folyamatot követjük.

A Szentlélek irányításáért könyörgünk

Befele forduló voltam. Ha volt mellettem valaki, nem tudtam hangosan imádkozni. Ezért volt az, hogy egyedül, egész éjjel imádkoztam. Körülbelül 30 percnyi ima után mindig éreztem a Szentlélek inspirációját arra, hogy Istennel mély párbeszédet folytassak. Néha oly nagymértékű volt a sugallat, amit éreztem, hogy más nyelveken kezdtem énekelni és még táncoltam is, szintén erre a sugallatra, közben pedig Halleluját kiáltottam. Főleg a templomom lelkipásztoráért imádkoztam, valamint más lelkészekért, idősekért, és a templomok, az egyház újjászületéséért, más egyházakért, a nemzetért és népünkért. Az imám vége felé a családomért és a boltomért is imádkoztam. Amikor volt időm, elmentem imaközpontokba is, hajnali imatalálkozókon vettem részt. Később kimentem a hegyek tetejére. Azt gondoltam, nem várok addig, amíg az ebéddel végzek, hiábavaló időnek tűnt volna ez, így vettem egy takarót és kora reggel kimentem a hegyekbe, az ebédet mellőztem.

Esténként az imaházban vacsoráztam, és részt vettem az ottani összejöveteleken. Amikor erős késztetést éreztem a szívemben a böjtre, a vacsorát is kihagytam.

„Ugyanígy segít a Lélek is a mi erőtlenségünkön. Mert amiért imádkoznunk kell, nem tudjuk úgy kérni, ahogyan kell, de maga a Lélek esedezik értünk kimondhatatlan fohászkodásokkal. Aki pedig a szíveket vizsgálja, tudja, mi a Lélek gondolata, mert Isten szerint jár közben a megszenteltekért" (Pál levele a rómaiakhoz 8, 26 -27).

Abban az időben nem is ismertem a Szentlelket, csak az irányítása szerint éltem és imádkoztam. Isten megkeresi a szívet. Mivel a Szentlélek imádkozott bennem, az Ő sugallatát követve imádkoztam.

Isten kezei előkészítik a templom nyitását

Hitbéli megpróbáltatások leküzdése

Isten megpróbáltatásokat küldött nekünk, hogy a családomnak még tökéletesebb legyen a hite. A legfiatalabb lányom, Soojin hatéves volt. 1980-ban történt. A nővérével sétált az utcán, és néhány középiskolás fiú egy labdával játszott a közelükben. Egyikük hirtelen megfordult, hogy a labdát elkapja, de Soojin-ba ütközött. A lányom elesett, a fejét beleverte a betonba, és agyrázkódást kapott. A diákok szülei odamentek, és elvitték a kórházba.

A feleségem meghallotta a hírt, és elment a kórházba. Az orvos azt mondta, Soojin-t el kell vinni egy általános kórházba. Azt mondta, az agya komolyan megsérült és lehet, hogy mentális problémái lesznek később. Még műtéttel is, komoly veszélyt jelentett, hogy agyilag korlátozott lesz.

A boltban voltam és hallottam, hogy Soojin önkívületben

beszél. Mivel hittem abban, hogy imádság által meg fog gyógyulni, nem vittük el a kórházba, hanem hazavittük.

A diák anyja nem tudta, hogy mit tegyen. Házvezetőnőként dolgozott és nehéz anyagi körülmények között élt, csakúgy, mint mi. Miután megvigasztaltam, hogy legyen nyugodt, rátettem a kezem Soojin-ra, és imádkozni kezdtem. Önkívületben beszélt és jajgatott. Még másnap sem kelt fel, és én meg a feleségem egész éjjel imádkoztunk. A következő szerdán el kellett mennem az egyetemre, és hirtelen világosan hallottam, amint Soojin azt mondja: „Apám, ma nem kell templomba mennünk?" Visszatért az eszmélete.

„Istenem, köszönöm! Válaszoltál az imámra, és Soojin tudata visszatért." Amikor az órákról visszatértem, Soojin már elment a szerdai istentiszteletre, a templomba.

A második lányomat elüti egy teherautó

1981-ben a második lányomnak, Mikyung-nak volt egy balesete. Leszállt a buszról, és át akart menni az utcán. A teherautó vezetője nem vette észre és elütötte őt. A földre esett. Néhány ember összegyűlt körülötte, és a vezető elvitte a kórházba.

Amikor a feleségem megérkezett a kórházba, Mikyung arca annyira dagadt volt, mintha két álla lett volna. A szája belülről teljesen felszakadt. Szörnyű volt. Az orvosok azt mondták, kórházba kell vinni, de a feleségem hazahozta. Mikyung teljesen véres volt, és nem tudta a szemeit kinyitni. Az arca rettenetesen össze volt törve és sebezve.

Nem tudott enni semmit. Alig tudott egy kis tejet inni vagy

egy kis levest szívni egy szívószállal. Amikor kicsit sikerült a száját kinyitnom és benéznem, elszörnyedtem. A kezemet ráraktam a lányomra, és komolyan imádkoztam. Az összes sebei ellenére iskolába akart menni. A tanárát sokkolta a látványa és azt mondta, menjen kórházba. A feleségemmel egész éjjel komolyan imádkoztunk. Mikyung továbbra is járt iskolába és egy nap múlva a sebei kékek voltak, de 5 nap után a hegek teljesen leestek, és ő teljesen meggyógyult. A szája is meggyógyult, a duzzadás elmúlt, a szája belülről kitisztult: nem volt sebes többé.

Annak az évnek a nyári szünetében kaptunk egy levelet Mikyung tanárától. Azt írta, rájött, hogy Isten él, mert látta, milyen hamar meggyógyult Mikyung arca, mindenféle gyógyszer vagy kezelés nélkül. Levelét úgy fejezte be: attól a naptól kezdve templomba fog járni.

A legidősebb lányunk meggyógyult, miután a feleségem megbánta bűnét

1981-ben az elsőszülött lányom, Miyoung elemi iskolába járt. A nyári szünidőm alatt volt egy böjti imám az Osanri imaházban, és amikor hazamentem, azt láttam, hogy Miyoung teste tele volt kelésekkel. Egy vastag pörsenés volt az egész teste, úgy nézett ki, mint a fenyőfa kérge, és a pörsenés alatt fertőzés volt. A repedésekből pedig váladék folyt ki. Szörnyű volt. Mivel a legkisebb mozdulatra is vérezni kezdett, Miyoung-nak egy sarokban kellett mozdulatlanul feküdnie.

Mivel a feleségem hitt abban, hogy Isten meg fogja gyógyítani, nem kezelte semmilyen gyógyszerrel és nem is vitte kórházba. Imádkoztam Miyoung-ért, de ő nem gyógyult meg. A következő nap megint imádkoztam, de nem volt javulás.

"Nem az Úr keze rövid ahhoz, hogy megsegítsen, nem az ő füle süket ahhoz, hogy meghallgasson, hanem a ti bűneitek választottak titeket Istenetektől, a ti vétkeitek miatt rejtette el orcáját előletek, és nem hallgatott meg" (Ézsaiás 59, 1-2).

Visszatekintettem magamra, és próbáltam találni valamit, amit nem bántam meg kellőképpen, de semmit nem találtam. Biztos voltam, hogy Miyoung nem viselkedett roszzul. Mindig jó lány volt. A feleségem azt mondta, a hajnali imájában lusta volt, mert nagyon sok dolga volt, de megbánta Isten előtt. Miután bűnbocsánatot kapott, imádkoztam Miyoung-ért, és Isten megmutatta az Ő munkáját ezennel. A súlyosan kiütéses testén a bőr, mely oly sárga volt azelőtt, egy éjszaka alatt kifehéredett, és a hegek leestek róla. Teljesen meggyógyult a vakáció végére.

Amikor teljesen Istenre bíztuk magunkat, Ő nem engedte, hogy nehézségekkel kelljen szembenéznünk. Rájöttünk, Isten próbára tette a hitünket, hogy azt megnövelje, csakúgy, mint ahogy Isten „kipallérozta" Jóbot a kelések által. Ezt látva, mi megköszöntük Isten szeretetét. A templom megnyitása előtt, Isten megpróbáltatásokat engedélyezett a számunkra, mindhárom lányom által, hogy hitünket megnövelje.

Mit fogok tenni?

Elismertem Isten létezését mindenhol és mindenben, és mindig örömömet leltem abban, hogy megkérdezzem az Ő akaratát, és teljesítsem azt. A Biblia olvasása közben nagyon megérintett Dávid, aki mindenben Istenre támaszkodott.

„Ezek után megkérdezte Dávid az Urat: Elmenjek-e Júda egyik városába? Az Úr azt felelte neki: Menj! Hová menjek? – kérdezte Dávid. Az Úr ezt felelte: Hebrónba" *(Sámuel második könyve, 2, 1).*

„Akkor megkérdezte Dávid az Urat: Fölvonuljak-e a filiszteusok ellen? Kezembe adod-e őket? Az Úr ezt felelte Dávidnak: Vonulj föl, mert kezedbe fogom adni a filiszteusokat!" *(Sámuel második könyve, 5, 19).*

Mindenben, még a legkisebb dolgokban is Istennel tanácskozott Dávid. Mint egy kisgyerek, aki megkérdezi a szüleit, hogy mit tegyen, úgy kérdezett Dávid Istentől, aki őt mindenen átvezette. Mint egy nagylelkű apa, Isten mindig megmondta, hogy mit tegyen. Én is megkérdeztem Istent mindenről, és Ő megengedte, hogy a Szentlélek hangját meghalljam, minden ügyben.

40 napos böjt

Amikor másodéves koromban téli szünetre mentem 1981-ben, Isten megmozdította a szívemet, hogy 40 napos böjtöt tartsak. Elindultam egy imaközpontba, felpakoltam a Bibliámat és az énekes könyvemet, és más prédikációs könyveket. Amikor már majdnem elindultam, hirtelen meghallottam a Szentlélek nagyon furcsa hangját:

„Ne vigyél magaddal semmilyen más könyvet, csak a Bibliát és az énekeskönyvet a 40 napos böjtre."

Gyorsan kipakoltam az összes könyvet, kivéve a két említettet, és kimentem az Osanri imaházba. Mivel vakáció volt, több ezer hívő volt már ott. Ekkor történt, hogy az idő a leghidegebb volt az utóbbi 60 évben. Az összes hivatalos imán részt vettem és napi háromszor imádkoztam (hajnalban, délután, és éjjeli 11 órakor). Amikor bementem egy imacellába és letérdeltem, úgy éreztem, megfagyok, de imámat hangosan elmondtam anélkül, hogy egyetlen alkalmat kihagytam volna.

Az imacella tele volt zúzmarával és olyan volt, mint egy nagy jégkocka. Már 30-40 perce azon küszködtem, hogy imádkozzak valahogy a hidegben; Isten kegyelmével végül sikerült néhány órát hangosan átimádkoznom. Mivel új hívő voltam, sokat böjtöltem, beleértve az 5, 7, 15, és 20 napos böjtöket. Valóban gyakran böjtöltem, miközben egyetemre is jártam. Azt gondoltam, még a 40 napos böjt is könnyű lesz, de csak Isten segedelmével. Isten királyságáért és igazságosságáért imádkoztam, és azért, hogy megmagyarázza számomra az Igét. Elhivatottságot éreztem, mint az Ő szolgája, de saját erőmből semmit sem tudtam tenni, s így komolyan imádkoztam, hogy erőt kapjak azért, hogy Neki dolgozhassak. Egy templom megnyitásáért is imádkoztam, és Isten egy álmot adott nekem: egy templom álmát, ami majd beteljesíti a világon a hivatásomat:

„Sok olyan lélek van, aki betegségtől és szegénységtől szenved. Segítse a templomod a szükségben élőket, gyógyítsa meg az emberek lelkét, és legyen a tanúja a jó hírnek, amelyet az egész világon prédikáljon, hogy a világszintű hivatását beteljesítse. Templomod emelkedjen és ragyogjon. Téged választottalak, és a kezdettől a végig foglak vezetni. Megteszed ezt: templomot fogsz nyitni."

Mivel régóta szenvedtem a betegségek fájdalmától, megértettem azokat, akiket a betegség sújtott. Azért, hogy hitet tudjak ültetni a hitetlenekbe, hogy sok embert meggyógyítsak betegségükből vagy gyengeségükből, továbbá, hogy meglazítsam az igazságtalanság láncát, ami az embereket ebben a bűnnel teli világban megköti, nagy és végtelen hatalmat kellett kapnom Istentől, ezért így imádkoztam:

„Isten, add meg a Te hatalmadat nekem, hogy amikor az embereket megérinti az árnyékom, vagy megérintik a ruhám szélét, gyógyuljanak meg, és csakis a szavak parancsolatára, az ellenséges ördög tűnjön el."

Amikor ilyen buzgón imádkoztam, azt az ígéretet kaptam, hogy Ő felhatalmaz majd azzal a tekintéllyel, ami elűzi az ellenséges ördög erőit. Az volt az álmom, hogy Istentől több erőt kapok, hogy a jó hírről prédikáljak, és hitet ültessek azokba, akik nem ismerték Istent és betegségektől, szegénységtől, és a világ bajaitól szenvedtek. Továbbá azért imádkoztam, hogy megalapíthassak egy templomot, amely nőni fog és a világ összes tája felé hirdeti a jó hírt majd. Hogy elérjem a világmisszió álmát, Isten végtelen hatalmát kellett hogy megkapjam. Vágytam rá és imádkoztam, hogy megkapjam azt, amit Isten emberei, akiket elismert és szeretett, mint Mózes, Józsié, Éliás, Elisa, Péter, és Pál, megkaptak, hogy csodákat hajtsanak végre.

Mint Isten szolgája, nemcsak arra kértem hatalmat és tekintélyt, hogy a világot legyőzzem, hanem azt is kértem, hogy a Szentlélek 12 ajándékát megkaphassam. A hatodik naptól azonban, Isten már nem tartott meg engem. S mivel Ő nem segített nekem, az ellenséges ördög zavarni kezdett. Amint a hetedik és nyolcadik nap eltelt, szédültem és a lábaim meg a kezeim fájtak. Úgy éreztem, megőrülök, és éjszaka még aludni sem tudtam. Tényleg felmerült bennem, hogy megőrülök, s így azért küzdöttem, hogy a gondolkodásomat ne veszítsem el. Egy álmomban, valaki arra próbált rávenni, hogy rizst egyek. Miután felkeltem, bűnbocsánatot tartottam az álmom miatt.

Arra is gondoltam, hogy abbahagyom az egészet, mivel Istenre szégyent hoznék, de ha akkor megálltam volna, teljesen elölről kellett volna mindent kezdenem. S így minden nap a fájdalom ellen küzdöttem.

Kilenc nap múlva ezek a tünetek elmúltak. Húsz nap múlva még arra sem volt időm, hogy a Bibliámat olvassam, így vettem néhány prédikációs könyvet egy lelkésztől. Néhány fejezetet elolvastam, de többre nem volt erőm. Bementem az imacellába, de nem volt erőm felkiáltani. Rengeteg erőfeszítésembe került, hogy imádkozhassak. Így fohászkodtam: „Isten, adj erőt, hogy tudjak hangosan imádkozni."

Nem tudtam, mennyi idő telt el, de az erőlködésem közepette egy hangot hallottam, amint a szívemen kopogtat: „*Mondtam neked, hogy a Biblián és az énekeskönyvön kívül más könyvet ne végy a kezedbe. Miért olvastál olyan könyvet, amit egy ember írt?*"

Amint ezt a hangot hallottam, visszanyertem az ítélőképességemet, és azt mondtam: „Istenem, azt gondoltam, hogy ez rendben van, de nincs, kérlek, bocsáss meg." Nehezemre esett a Bibliát olvasnom, így azt gondoltam, talán olvashatok mást is. Rájöttem, hogy ezzel Isten ellen szegültem, és alaposan megbántam a tettem. Aztán ismét új erőt kaptam, és újra tudtam imádkozni.

A huszonnyolcadik napon, csak csont és bőr voltam. A súlyom jelentősen csökkent. A harmincadik napon a beleim összeszáradtak, még a víz sem esett jól, és úgy éreztem magam,

mint akinek nagyon rossz az emésztése. Ha csak egy kevés vizet ittam, az is visszajött. Amikor hánytam, fekete vérrögök jöttek fel. Azt hiszem azért volt, mert néhány vénám a gyomromban megpattant, és a száraz vér kijött, amikor hánytam.

A harminckettedik napon az elsőszülött lányom, aki akkor elemi iskolás diák volt, eljött, hogy megnézzen. Egy szobában laktam számos másik emberrel, de úgy éreztem, zavarná őket, ha hányni látnának, így hazamentem a lányommal. A szobában, amit a házunk mellett béreltem, tovább böjtöltem. Igazi harcot folytattam a saját akaratom ellen. Azonban a harminckilencedik napon, este 11 órakor, csodával határos módon az összes fájdalmam megszűnt, és Isten erőt adott odafentről. Olyan erős voltam, mint aki teljesen meggyógyult. Így megfürödtem és lecseréltem a ruháimat. Éjfélkor köszönő imát mondtam, és befejeztem a böjtöt.

Mint egy sas, aki fiakat edz

Később kíváncsi lettem, miért nem tartott meg végig a 40 napos böjtöm alatt az Isten. Egészen addig, mindig különösebb nehézség nélkül sikerült böjtölnöm, mert Isten segített nekem. Megkérdeztem Őt, miért kellett csupán saját erőmből, oly sok fájdalommal böjtölnöm. Isten a következő szavakat küldte nekem:

„Nem fordítottam el az Arcomat tőled, hanem szándékosan képeztelek. Ha összehasonlítod a böjtöt, amit az Én segítségemmel könnyen befejezel, azzal, amit csupán saját erődből és kitartásoddal végzel, a különbség nagyon nagy: sokkal nagyobb erőt merítesz a saját erőből végzett böjtből.”

Amikor saját magam által böjtöltem tehát, sokkal több erőt és kitartást tudtam kifejteni. Ez az eljövendő harcaimban fontos lesz majd. Amint ezeket a szavakat hallottam, Mózes ötödik könyvére gondoltam (32, 11-12):

„*Mint mikor a sas kirebbenti fészkét, És fiókái fölött repdes, Kiterjesztett szárnyára veszi, Evező-tollán hordozza őket.*"

A sasok egy magas kőszirt tetején raknak fészket. Amikor a fiókáik valamennyire felnőnek, az anyjuk kitolja őket a fészekből. Amint a fiókák lefele zuhannak, ösztönösen kitárják a szárnyaikat, és mozgatni kezdik őket, hogy túléljék a zuhanást. Ez által a gyakorlás által, a fiatal sasok megerősödnek, s így képesek lesznek túlélni a versenyben, ami az életért történik, s közben magasan fognak az égen repülni. Nem tudtam ellenállni, csak folytak a hálám könnyei, hogy Isten ilyen módon megtanított engem, csakúgy, mint egy sas, aki keményen megedzi a fiókáit.

Ötödik fejezet

A templom kezdete

Felkészülés Isten igéjéből, három évig

Megtisztítottalak

Elgondolkodtam a „három év" jelentésén. 1974. július 10-én, az apám születésnapján történt az az incidens, ami a válásunkat a feleségemmel elindította. És szintén júliusban, 1977. július 9-én, megnyitottuk a boltunkat a Keumho Dong-i piacon, teljes anyagi biztonságban. Pontosan három év volt, egyetlen napnyi különbséggel. Mivel a teológiai iskola 4 éves, először nem értettem, mért mondta Isten, hogy velem lesz, „követő jelekkel és csodákkal", miután 3 évig tanultam az Igét. Azonban, hamarosan rájöttem ezeknek a szavaknak az értelmére is. 1982. februárban, a Masan-i Ilman templom lelkipásztorának a meghívására egy újjászületési összejövetelen beszéltem. A szemináriumi második évemet 1982. februárjában fejeztem be, s így szintén három éve volt annak, hogy elkezdtem az egyetemet. Az egyik presbiter azt kérte tőlem:

„Lelkész uram, kérem, jöjjön el a templomomba, és beszéljen az újjászületésen."

„Még nem vagyok felszentelt lelkész, csak szemináriumi diák. Hogy beszélhetnék egy ilyen alkalmon? Kérem, kérjen meg valaki mást."

„Nem. Ezért az összejövetelért már jó ideje imádkozom, és Isten az eszembe juttatott. Isten akarata, hogy beszélj."

„Majd imádkozom, és válaszolok Önnek."

Mivel az első újjászületési összejövetelem volt, és én csak diák voltam, nem volt túl sok önbizalmam. Három napig böjtöltem az Osanri imaházban, aminek következtében megjött az önbizalmam és a bizonyosság arról, mit kell tennem. Miután hazatértem, letérdeltem, hogy imádkozzak a prédikációmért, amit elmondok majd. Abban a pillanatban, tisztán éreztem Isten sugallatát, aki tizenegy üzenetet küldött a számomra, bibliai olvasmányokkal, részletes címekkel, beleértve a hajnali imák üzeneteit is. Isten sugallata egy könyvre emlékeztetett, amit korábban már olvastam. „Már olvastad ezt a könyvet, hivatkozz rá példaként." Nagyon meghatott a felismerés, hogy Isten számára semmi sem lehetetlen. Az összes előkészületet befejeztem, minden prédikációval készen voltam. Isten kegyelme végigvezetett a beszédemen. A hallgatóság összes tagja köszönetét fejezte ki, mondván, nagy kegyben részesültek ők is. Sokan tanúsították, hogy az Élet Szavát hallották meg a beszédemben, amit korábban soha. Megváltozott a lelkük és a szellemük, a problémáik pedig megoldódtak.

Ettől az újjászületéstől kezdve sok templom meghívott, hogy

prédikáljak nekik. A Szentlélek minden alkalommal, mint egy erős forgószél, követte a beszédeimet Isten csodáival és jeleivel. Amikor Isten elhívott, hogy a szolgája legyek, azt mondta: *„Most pedig, készülj fel a Bibliából három évig!"*

A sikeres lelkészi gyakorlat érdekében

A szeminárium utolsó évében a csoporttársaim is arra készültek, hogy templomot alapítanak majd. Szorgalmasan gyűjtötték az információt, konferenciákra jártak, ahol az egyházak növekedéséről volt szó, és különböző esettanulmányokat tanulmányoztak. Sokszor mondták nekem: „Lelkész uram, hogy alapíthatsz erős felekezetet úgy, hogy folyton csak böjtölsz és imádkozol a hegyekben? Miért nem jössz velünk, többet tanulni?" Természetesen nem árt, ha van elég elméleti tudásunk a templomalapításról, nekem azonban más volt az elképzelésem.

Nem az emberek, hanem Isten módszeréről akartam többet tudni a templom gyarapodásáról, amint az a Bibliában van. Amint a Könyvet olvastam, rájöttem, hogy a hit atyái, Péter és Pál, arra törekedtek, hogy minden pillanatban imádkozzanak. Megértettem Isten szavát azáltal, hogy a Bibliáról meditáltam, és az evangéliumról prédikáltam szorgalmasan.

A 8, 26-os Cselekedetek után, Fülöp elment a rengetegbe a Szentlélek irányításával, és találkozott egy etiópiai testőrrel, aki Kandász egyiptomi királynő udvari hivatalnoka volt, és a királynő összes kincsét őrizte. A testőr Ézsaiás könyvét olvasta, és meg akarta érteni Isten Igéjét. Így történt, hogy Fülöp beszélt neki Jézusról, és megkeresztelte őt. Pál apostol szintén Ázsiában akart prédikálni, de a Szentlélek nem engedte neki, és elvezette Macedóniába. (Celekedetek 16, 6 – 10). A Bibliai meditációm által feltárult előttem, hogy Isten saját Maga vezeti és vezényeli az Ő szolgáit. Egy sikeres szolgálat érdekében rájöttem az a legfontosabb, hogy mély párbeszédben legyek Istennel, és az Ő akaratát kövessem. Ezért imádkoztam, amikor csak időm volt, és próbáltam az Igét megérteni.

A feleségem szeretettel végzi a lelkigondozást

1982. márciusban, miután a 40 napos böjt és az erősítő időszak is lejárt, elkezdődött az új tanév. Az új évben a csoportokat újjászervezték a templomban, ahová jártam. A feleségem lett az istentisztelet vezető és Aeja Ahn diakonissza lett a csoport vezetője. A csoportunknak öt tagja volt. Áprilisra a csoport 25 tagúra bővült.

A feleségem szorgalmasan terjesztette az evangéliumot az emberek között, és gondoskodott a tagokról. Még arra is gondolt, hogy Aeja Ahn diakonisszával minden nap otthon imádkozzanak, ezért kijelöltek egy fix időpontot. Az ima-összejöveteleink által, sok család problémái megoldódtak, és további családtagok megkeresztelkedtek, s így az újjászületés nagyszerű volt. Mivel a feleségem nagyszerű szakács volt, minden összejövetelre ízletes ételeket főzött, amivel megkínáltuk a tagokat.

Vasárnap reggel a három lányunkat minden háztartásba elküldtük, mondván: „Ma van a templomozás napja, kérjük, jöjjön el a házunkba 10 órára". Ha nem jöttek el 10 órára, a kislányom visszament a házukhoz, kopogott az ajtón, és sürgette őket, hogy együtt jöjjenek a templomba. Megtörtént, hogy nem tudták a kislányaimat visszautasítani, és eljöttek. Vasárnaponként körülbelül 30 gyülekezeti tag volt jelen a csoportomban. A feleségem szeretettel gondoskodott róluk, és így gyakorolta a lelkipásztor feleségének a szerepét.

7 dollárral

Csodálatos dolog történt

Március elsején lettem utolsó éves diák a szemináriumban, és ekkorra az üzletünk, amely korábban tele volt kuncsaftokkal, teljesen kiürült. Először is visszatekintettem, vajon nem vétkeztünk-e Isten ellen, és abban reménykedtem, másnapra minden rendben lesz. Azonban semmi nem változott. A feleségemmel imádkoztunk Istenhez, de válasz nem volt. Mivel bevételünk nem volt, a havi bérleti díjat a kaucióból kellett levonni. Később rájöttünk, hogy Isten gondoskodása, előrelátása volt ez. Mire a templomépítést elkezdtük július 25-én, a kaució mind elfogyott. Miután az adót mind kifizettük, 7 dollár maradt a kezünkben. Isten mindent, amit megkerestünk addig, semmivé változtatott, és úgy irányított bennünket, hogy csupán 7 dollárral kezdjünk a templom építéséhez.

Beteg emberek érkeznek hozzánk

Miért boldog Miyoung anyja mindig?
Egy időben csupán a halálra vártam. Amikor a feleségem átélte, hogy az összes betegségemből kigyógyultam, áttért a keresztény életre. Attól kezdve örökké boldog volt, tele volt örömmel. Bár ennivalónk sem volt a másnapra, mégis hálásak voltunk. Bármit dolgozott, legyen az mosogatás vagy bármi, állandóan dicsérőénekeket énekelt. Bárkivel találkozott, tanúságot tett arról, hogy az élő Istennel találkozott, és az evangéliumról beszélt. Minden egyes napját a Szentlélek teljességében töltötte.

A templom megnyitása előtt már elterjedt a családom híre, és sok ember, egyre több, eljött, hogy az imámban részesüljön. 1982. áprilisban egy hívő eljött hozzám. Annyira sovány volt, hogy úgy tűnt, csak csont és bőr van rajta. Azt mondta, nem tud jól járni, mivel veleszületett szívbetegsége volt.

„Tisztelendő atyám, három napra a gyermekem születése után a testem felduzzadt, és az állapotom nagyon rosszra fordult. Még a gyermekemet sem tudom tartani." „Fogadd az imát hittel. Isten meg fog gyógyítani."
Fogadta az imámat egyszer, és a szíve teljesen meggyógyult. Ő Seong Ja Kim diakonissza, aki jelenleg elhivatott tagja a templomunknak.
Egy másik napon egy középkorú hölgy felkereste a boltunkat. Azt mondta, hallott a családomról, és ezért keresett meg. Volt egy lánya, aki elmúlt 20 éves, és a combcsontja kificamodott. A lábai különböző hosszúságúak voltak, ezért nem tudott rendesen járni. Akkorák voltak már a fájdalmai, hogy morfiumot kellett szednie. Annyira megszokta a morfiumot, hogy már nem hatott

rá, és a legerősebb fájdalomcsillapítók sem. Az anyja megkért, hogy imádkozzak érte. A házukban istentiszteletet tartottam. A Szentlélek irányításával 21 napig imádkoztam azért a családért.

Abban az időben a szemináriumra jártam, és az egész éjjeli imákkal voltam elfoglalva, ennek ellenére 21 napig imádkoztam értük, és Isten igéjét prédikáltam a számukra. Aztán, ez a lány lassan elkezdett hinni, és abbahagyta az összes gyógyszert, amit addig szedett. Csupán Istenre támaszkodott már. A huszadik napon, az összes fájdalma eltűnt. És a következő napon, ezt a vallomást tette:

„Tisztelendő atyám, ez a ház annyira öreg, és sok patkány van a padláson. Állandóan zajt csapnak. Éjjelente ki szoktak jönni a szobákba, és zajt csapnak. Annyira nehéz ezt hallani. De tegnap éjjel volt egy álmom, és amikor reggel felkeltem, valami csodálatos dolog történt!"

Annyi patkányuk volt, hogy még patkányirtó méreggel sem tudták őket kiirtani. Semmi nem segített. A lánynak állandó fájdalma volt, ezért ideges, izgatott és aggodalmaskodó volt. A patkányzaj miatt nem tudott aludni. Azonban, azon az éjjelen azt álmodta, hogy befogadta az imámat. Amint ezt megtette, különböző méretű patkányok távoztak csoportokban a házból, és végül, egy nagyon nagy patkány, ami úgy nézett ki, mint egy király, szintén elment. Aztán, az összes fájdalom eltűnt hirtelen. És a valóságban is, az összes patkány eltűnt a padlásról. Ez a lány annyira meglepődött és elcsodálkozott Isten munkáján, hogy nem tudta elrejteni az érzéseit. Sok idő múlva, a lány anyja újra eljött hozzám, és azt mondta: „Atyám, a lányom haldoklik! Kérlek, azonnal gyere hozzánk, és imádkozz érte!"

Éjfélkor értem a házukhoz. A lány a földön vonaglott fájdalmában. 3 napos böjtöt tartott, ami után a megfelelő erősítő ételeket kellett volna magához vennie, azonban ő rögtön sült csirkét evett. A gyomra teljesen felmondta a szolgálatot. Amikor a kezem ráhelyeztem a fejére és imádkoztam, a Szentlélek segítségével tisztán láthattam egy csontot a gyomrában, és azt is, amint az elolvad. Amint az imának vége volt, kihányt mindent, amit megevett. Egy mélyet lélegzett, és az arca ismét normálissá vált.

Tiszta edényt készítek

Nagyon gyakran böjtöltem, a legnagyobb erőfeszítéseket tettem, és azért küzdöttem, hogy a gonosz minden formáját lerázzam magamról, és betartsam a Tízparancsolatot. A Szentlélek kilenc gyümölcsét hordoztam, és azt láttam magamon, hogy erősen megmutatkozott rajtam a Szentlélek ereje és ajándékai. Ebben az időben, miután hét évig imádkoztam, hogy Isten akaratát megértsem, Isten egy női látnokot küldött hozzám. 1982. áprilisban, egy női egyháztag, akit a feleségem evangelizált, eljött hozzám, és azt mondta:

„Tisztelendő atyám, az éjszaka közepén valaki háromszor kiáltotta a nevemet, így kinyitottam a szemem. Isten megjelent előttem olyan fényességgel, hogy alig tudtam a szememet nyitva tartani, és azt mondta: „Téged választalak, ismertté teszlek a nemzetek között, és te leszel az Én tanúm az egész világ előtt." Egyáltalán nem tudom, mit jelent ez."

Abban az időben, a Teremtésről és Mátéról sem tudott semmit, azonban a gyomorbaját az imái által kigyógyította. Amikor ima-összejövetelünk volt a templom megnyitásánál, az

Isten szavai kiáramlottak a szájából, és nagyon meglepődtem, mert ugyanazokat a szavakat hallottam tőle, amelyekkel Isten engem is elhívott, hogy legyek a szolgája:

"Nem te kérted, hogy a Szentlélek 12 gyümölcsével megajándékozzalak? Az összest neked adtam, te meg hálaimával tartozol nekem."

Mi több, a prófécia által Isten olyan dolgokról is beszélt nekem, amelyekről csak én tudtam. Ezek közül néhány olyan is volt, amelyekről még a feleségem sem tudott. Ezáltal rájöttem: Isten megajándékozott a prófécia ajándékával is. Isten megengedte a számomra, hogy igazán elhiggyem, hogy az Ő szavát hallottam. Egészen eddig, 12 különböző ajándékot kértem, beleértve a Szentlélek kilenc ajándékát, melyek a Korinthusiakhoz írt levelek 12. fejezetében vannak, valamint a látást, az istenhit karizmáját, és a szeretetet.

Mi a prófécia?

A Biblia számos módszerről beszámol, amelyek segítségével meghallhatjuk Isten hangját. Van egy hang, amit maga Isten ad meg, és van ezenkívül a Szentlélek hangja. Néha Isten egy angyal által szól hozzánk, aki egy ember képében jelenik meg nekünk. Isten próféciák által is beszél hozzánk.

"Az Úr megragadott engem; elvitt engem az Úr lélek által, és letett egy völgyben. Tele volt az csontokkal. Végigvezetett köztük körös-körül, és láttam, hogy nagyon sok csont volt a völgyben, és már nagyon

*szárazak voltak. Megkérdezte tőlem: Emberfia! Életre
kelnek-e még ezek a csontok? Én így feleltem: Ó, Uram,
Uram, Te tudod! Akkor ezt mondta nekem: Prófétálj e
csontokról! Mondd nekik: Ti száraz csontok, halljátok
az Úr igéjét! Így szól az én Uram, az Úr ezekhez a
csontokhoz: Én lelket adok belétek, és életre fogtok
kelni. Inakat adok rátok, húst rakok rátok, és beborítalak
benneteket bőrrel, azután lelket adok belétek, hogy életre
keljetek. Akkor megtudjátok, hogy én vagyok az Úr. Én
tehát prófétáltam, ahogyan megparancsolta nekem.
Amint prófétálni kezdtem, hirtelen dörgő hang támadt,
a csontok pedig egymáshoz illeszkedtek." (Ezékiel 37,
1-7).*

*„A Jézusról való bizonyságtétel a prófétaság lelke."
(Jelenések könyve 19, 10).*

A prófécia azt jelenti, hogy valaki másért beszélünk. A
próféták között van néhány, aki egy ember vagy Isten nevében
beszél...

Ezékiel 37. fejezetében láthatjuk, hogy Isten szelleme
Ezékiellel volt, és Isten az ő szája által beszélt. Mivel Isten egy
ember szájából beszélt, a mondatok felszólításként hangzottak
el. A próféciát nem az ember, hanem az Isten Szelleme végzi, aki
a Szentlélek. A Szentlélek harmóniában van az emberrel, hogy
Isten akaratát közvetíthesse. Ennélfogva, amit hallunk, igaz
szavak, melyeket Isten elismer és biztosít. Akkor, mi a prófécia
szelleme?

Ha az igazat beszéled a Szentlélek közbenjárásával,
bizonyságot teszel Jézusnak, aki az igazság maga. Így, mivel Jézus

szelleméről az ember tanúbizonyságot tesz, aki a Szentlélek segítségével az igazat mondja, az ember próféciát mond. Ez a prófécia szelleme. Amint Ezékiel próféta engedelmeskedett Isten szavának és próféciát mondott, ha van egy személy, aki Isten szaváról tud prófétálni, sok felismerésben lehet részünk általa. Láthatjuk, hogy Jézus azt akarja, olyan felismerésekben legyen részünk, amelyekről Ő beszél Máté 11, 27-ben: *„Senki sem ismeri a fiút, csak az Atya, az Atyát sem ismeri senki, csak a fiú, és az, akinek a fiú akarja kijelenteni."* Ugyanakkor, Pál apostol azt mondta a második, korinthusiakhoz írt levelében (12, 1): *„Dicsekednem kell, habár nem használ; rátérek azért az Úr megjelenéseire és kinyilatkoztatásaira."*

Ha Isten kinyilatkoztatásait úgy tudjuk fogadni, mint Pál apostol, tisztán megérthetjük Őt, és még azt is megtudhatjuk, ami a jövőben történni fog. Csak amikor előre tudjuk, mi fog történni, akkor tudunk felkészülni az időre, amikor az Úr visszajön. Az a nap úgy jön el, mint egy tolvaj.

Megkapom a választ a templomnyitásra

Ki akarnak rúgni

Mivel templomnyitásra készültem, számos ima-összejövetelünk volt. Gyógyító ülésünk volt Aeja Ahn diakonisszánál, és a ház tele volt emberekkel. A második ima-összejövetelt a boltomban tartottuk. Egy ember, akinek eltört a keze és gipszet viselt, teljesen meggyógyult, és eldobta a gipszét. Egy hölgy, aki sehogy nem került áldott állapotba eljött, és imában részesült. Röviddel az után hallottam, hogy teherbe esett. A harmadik összejövetelt a hegyekben tartottuk. Több mint 40 ember jött el. Néhányan közülük szemináriumi diákok és lelkészek voltak. Volt egy asszony, akinek gerincműtéte volt, de a problémája visszatért.

Azt mondták, hogy nagyon veszélyes volt az állapota, de ennek ellenére el akart jönni az ima-összejövetelre. Egy egyháztag vitte fel a hegyre, nagy nehézséggel. Én pedig imádkoztam érte az összejövetel alatt. Még ott a hegyen teljesen meggyógyult, és egyedül jött le a hegyen!

A negyedik ilyen összejövetel is a hegyekben volt, és sok szemináriumi diák vett részt rajta. Isten szavai így szóltak hozzám:

"Az esemény után próbatétel következik a számodra. Azonban ne aggódjál, csak higgyél bennem, és imádkozzál. Visszafizetlek majd, áldásokkal."

Hamarosan tényleg volt egy újabb próbatétel az életemben. 1982. júniusban hazajöttem, miután a félév végi vizsgáimat letettem. Az egyik tanárom nagy meglepetésemre egészen a házunkig jött. Tudtam, ez általában nem szokott megtörténni. Ezzel kezdte: „Sok imahegyen voltam és sokat imádkoztam, így elég sokat tudok a szellemvilágról is. Tudom, hogy számos szellemi ajándékkal vagy megáldva, és mély spirituális képességeid vannak. Mivel templomot akarsz nyitni, az ellenséges ördög és Sátán felkelt ellened. Lelkész uram, azt hiszem, jobb lenne, ha letennél a tervedről, hogy templomot nyiss. Ma professzori összejövetelünk volt, és megtudtam, hogy ki akarnak rúgni téged. Tudom, nem vagy olyan ember, de..."

Az ellenséges ördög azon munkálkodik, hogy megzavarja a templomnyitást

Amint a részletes magyarázatát hallgattam, rájöttem, hogy nemcsak az irányító tanáromnak, de még a templomom lelkészének is téves gondolatai voltak rólam. Azt kérdezték tőlem: „Lelkész úr, az ima-összejöveteleken a hegyekben mondta valaha, hogy Ön Jézus maga? Elvitt-e egy nőt magával, és engedte-e neki, hogy kezét rátegye más lelkészekre?"

„Soha nem mondtam, hogy én vagyok Krisztus, és soha nem engedtem egyetlen nőnek sem, hogy kezét rátegye a lelkészekre."

Mivel gyógyító munkám következtében számos gyógyulás bekövetkezett, az egyik csoporttársam, aki féltékeny volt erre, elment a vezető tanáromhoz, és hamis vádakkal megpróbált befeketíteni. Ilyeneket mondott: „Jaerock Lee lelkész olyan dolgokat művel, amelyek viszályt és szakadást keltenek. Azt mondja, ő Jézus."

A teljesen alaptalan pletykák nagyon hamar elterjedtek. Sőt, a professzorok, akik négy évig tanítottak, úgy döntöttek, hogy kiraknak, csupán a híresztelések alapján, anélkül, hogy velem szóba álltak volna. Még így sem mentem senkihez, hogy az ártatlanságomat bizonyítsam. Úgy éreztem, nehéz helyzet volt, de amikor Istenhez imádkoztam, Ő azt mondta, imádkozzak és örvendezzek, és szeretettel gondoljak azokra az emberekre.

Szeptemberben elkezdődött az új félév. Amikor visszamentem az iskolába, hallottam, amint a csoporttársaim az én ügyemről tárgyalnak. Arról beszéltek, hogy az a társunk, aki engem igaztalanul megvádolt, nem iratkozott be az új tanévbe, mivel megbánta tettét. Így történt, hogy meglátogattam őt, és arra kértem iratkozzon be, mert nem haragudtam rá egyáltalán. Isten olyan módon irányította a dolgokat, hogy minden szépen megoldódott. Még az is, aki ilyen csúnyán és igaztalanul megvádolt, végül felkerült a fényre. Miután megnyitottam a templomomat, a nyitó istentisztelet után a tanáraim, beleértve azokat is, akik egykor félreértettek, eljöttek, és együtt ünnepeltünk. A végzésünk idején az én templomomban tartottuk a tanárainkkal a köszönő összejövetelt.

Megkapom a választ: „Manmin Mindenek Teremtője Templom"

Mivel viszonylag későn mentem a szemináriumba, minél hamarabb meg akartam nyitni a templomot. Mivel nem voltam túl fiatal, már az első évtől azért imádkoztam, hogy jó nevet találjak a templom számára. Azonban, válasz nem érkezett. Közvetlenül a megnyitó előtt érkezett csak meg.

„Nevezd Manmin Templomnak. Amikor az idő eljön és egy zarándoklatra mész, megérted majd, miért ezt a nevet adtam: Manmin."

Később, 1989-ben elmentem egy zarándoklatra, a Szent Földre. Gethsemane-nél Jézus addig imádkozott, amíg izzadságcseppjeiből földre hulló vércseppek lettek, hogy a kereszt gondviselését kiteljesítsék, és minden népet és nemzetet megmentsenek. Ezen a helyen, nagyszerű érzésekkel néztem meg a „Minden Nemzetek Templomát". Isten elküldte Jézus Krisztust, mint egy jóvátevő áldozatot, hogy megszabadítsa a népeket és nemzeteket. Isten az Ő előrelátását az utolsó napokon akarja megvalósítani. A világmissziót a szent evangéliummal akarja megvalósítani, ezért adta nekünk a „Manmin" nevet, mely azt jelenti: „az összes teremtmény".

Eleinte „Manmin" templomnak hívtuk, de azt reméltük, hogy sok melléktemploma lesz, ezért újra elneveztük, így lett ezúttal „Manmin Joong-ang (Központi) templom".

Miért a nehezebbik utat választod?

„Lelkész uram, miért akar templomot nyitni? Tudja, milyen nehéz elindítani egy templomot?" „Évekig zabkását kell majd ennie. Nem akarja, hogy a gyerekei jó oktatásban részesüljenek?" A tanácsok folytatódtak: „Hát azt tudja, mennyire engedetlenek a mai hívők? Inkább maradjunk itt, ebben a templomban, és dolgozzunk itt, együtt." „Lelkész uram, amint megnyitja a templomot, annyi könnyet fog majd ejteni."

Még a megnyitó előtt is olyan sokan próbáltak megállítani. Tény volt, hogy sok új templomban valóban megvoltak ezek a problémák. Néhány lelkipásztor úgy alapít templomot, hogy kölcsönt vesz fel az épület megépítésére. Azonban, ha a templom nem növekszik úgy, ahogy azt várták, sokat szenvednek a kölcsön miatt. Nem kevesen közülük elbujdokolt, teljes elkeseredésben. Azonban, mivel én hittem a mindenható Istenben, az én szívem meg sem rendült egyáltalán. Nem tudtam ellenvetni azoknak, akik tanácsokkal láttak el, mert megszégyenítettem volna őket. Csak magamnak válaszoltam. „Ha megnyitom a templomot, virágzó lesz, és nem lesz semmi gond vele. Rengeteg lelket megmentek, és a templom gyorsan fog gyarapodni. Aztán, nagyszerűen dicsőítjük majd Istent."

Bíztam Isten szavában, aki azt mondja a Filippiekben (4, 13): *„Mindenre van erőm a Krisztusban, aki megerősít engem."* Máté 9, 29-ben pedig azt mondja, minden úgy lesz majd, ahogy a hitünkben megjelenik; Máté 13, 8-ban biztosítanak bennünket arról, ha vetünk, Isten megígéri nekünk, hogy visszafizet bennünket, 30, 60, vagy 100-szor többször, mint amennyit vetettünk. Ha megnézed Isten szeretett szolgáit, Mózest és az apostolokat: úgy néztek ki az emberek számára, mint istenek (Exodus, 7, 1, Cselekedetek 14, 11).

Ha Isten velünk van, semmi nem lehetetlen. Hittem ebben. Hittem abban, hogy az Ő szolgájaként, ha az Igére koncentrálok, imádkozom és követem az Ő akaratát, akkor válaszol majd, és megold minden anyagi gondot, megadja a helyet, és a templom munkásait. Mivel volt hitem, hogy mindent meg tudok tenni Istenben, aki erőt adott nekem, volt egy látomásom. Részletesen imádkoztam a látomásomról és álmomról, és vallottam róluk.

A Szentlélek irányításának engedelmeskedem

1982. májusában Isten azt sugallta számomra, hogy templomot fogok majd építeni, amikor perzselően süt majd a nap, és a Shindaebang-i lakópark felé irányított, Dongjak kerületbe, mely Szöul városában van. Erről a helyről nem is hallottam korábban. Mivel nem volt ismerős a térség, sok embert megkérdeztem, hogy juthatnék el oda. Ez a rész eléggé fejletlen volt abban az időben, nem volt túl sok épület, és a forgalom is gyenge volt. Volt egy terület, mely összesen 900 négyzetlábból állt. A havi bérleti díj 150.000 won (150 dollár) volt, és 3 millió won-t (3.000 dollárt) kértek kaucióként. Találkoztam a tulajdonossal, hogy aláírjuk a szerződést, és ő levitte a bérleti díjat 120.000 won-ra.

Isten előkészíti a pénzt a templomavatásra

Isten Aeja Ahn diakonissza által adta meg a pénzt, ami a templom megnyitására kellett. Általában a diakonissza napi 5 órát imádkozott. A fiát közlekedési baleset érte, és 3 millió won-t kapott ellentételezésként a biztosítótól. Erre az anya elkötelezte magát, hogy ezt a pénzt felejánlja Istennek, templom építése céljából. Azonban, mivel a hitetlen férje elköltötte a pénzt más célra, örökre ottmaradt a teher a szívén. Mindig arra gondolt, hogy még mindig tartozott azzal a pénzzel. Időközben találkozott velem és a családommal, és csatlakozott hozzám, amikor megnyitottam a templomot.

Mivel a férjének a bútorgyára nem működött túl nagy haszonnal, a házán jelzálog volt. Ha nem fizetik vissza a tartozást, a házat nagyon alacsony áron eladta volna a bank. Így történt, hogy meghirdették eladásra 20 millió won irányáron (20.000 dollár), de senki nem érdeklődött iránta. Levitték az árat 15 millióra, de így sem akarta senki megvenni. Eközben, a Samgak-hegyi ima-összejövetelen a diakonissza meghallotta Isten szavát:

„Ajánlj fel egy 3 napos imát, és hirdesd meg újra a házat. Növeld meg annyira az árat, amekkora a hited, és dolgozni fogok. A megnövelt értékből használj 3 milliót arra, hogy a templom felépüljön."

Meghirdették a házukat, de azt gondolták, ha addig nem akarta megvenni senki, miért vennék meg magasabb áron? Ráadásul az ingatlanközvetítők is kacagnának rajtuk... Aeja Ahn diakonissza alaposan átgondolta a dolgot, végül hozzáadott az árhoz 3 millió won-t. Meghirdette 18 millióért. A közvetítők megdöbbentek.

Azonban, amint hazafele jött a közvetítőktől, valaki követte a házig, és alaposan megnézte azt. Azt mondta, megtalálta a kedvenc házát, és a szerződést megkötötték 18 millió vételárért. A diakonisszának fájt a szíve, hogy többért is eladhatta volna, ha több hite lett volna. Isten segített neki, hogy eladja a házat, ami oly sokáig nem kelt el. Visszafizette a család adósságát, és 3 milliót adományozott emellett a templom építésére.

Alaposan, szívből megbánom, hogy az emberekre támaszkodtam

Amint a templom megnyitására készültem, arra számítottam, hogy körülbelül 40 ember jön majd el a megnyitóra. Arra gondoltam, ők az elejétől ott lesznek majd, mert jól ismertek engem, és szerettek is. Azonban, a valóságban másképp történt. 1982. július 25-én megtartottuk a nyitó istentiszteletet, azonban meglepő módon senki azok közül, akikre számítottam, nem jött el. Amikor láttam, hogy még a nővéreim sem voltak ott, akik megígérték, hogy ott lesznek, rájöttem, hogy Isten megállította őket. Isten nem akarta, hogy bármelyik testvéremre támaszkodjak. Így imádkoztam: „Isten, köszönöm, hogy ráébresztettél, hogy arra vágyom, hogy támaszkodhassak a testvéreimre. Kérlek, bocsáss meg, hogy az emberekre próbáltam támaszkodni. Most rájöttem a Te akaratodra. Senkire nem fogok támaszkodni, csak Rád Istenem, és mindent ima által fogok elérni."

Az avatás után rájöttem, még mindig az emberekre akartam számítani, és alapos megbánást tanúsítottam Isten előtt. Hozzá imádkoztam, hogy küldje el a gyülekezet tagjait, s így a szentély minden héten megtelt hívőkkel.

A semmiből indulunk

Nove Adultos e Quatro Crianças

Amikor a templomavató volt, az épület nem volt még befejezve. Az ablakok nem voltak beüvegezve, nem volt pulpitus, és nem volt padlóburkolat sem. Akárcsak egy puszta táj. Egy függönnyel kettéválasztottuk a teret, az egyik fél volt a családom lakhelye, a másik oldalon volt a szentély és az imaterem. A családommal együtt 9 felnőtt és 4 gyerek volt a templomavató nyitó istentiszteleten. Az istentisztelet címe ez volt: „A hit a legdrágább kincs." A Manmin Joong-ang Templom története a semmiből kezdődött. Mivel éppen megnyitotta a kapuit, még nem volt pénzünk, de költségeink már voltak. Ennek ellenére, én soha nem kértem kölcsön pénzt a rokonaimtól, sem másoktól. Csak imádkoztam Istenhez. Még arra is készen álltam, hogy böjtöljek, ha Isten nem látna el pénzzel. Amikor nem volt semmink, hogy együnk, Isten adott számunkra ételt, valaki által mindig segített. Még görögdinnyét is ehettem, amit annyira szeretek, egész nyáron át.

Napi 5-6 órát imádkozunk, együtt

A megnyitó után, a heti adakozás összege körülbelül harmincnegyven ezer won volt, ez azonban a szentély havi bérleti díjára sem volt elég. Négy vagy öt egyháztag gyűlt össze naponta, és 5-6 órát imádkozott, izzadva a hőségtől. Mivel nem volt több templomtag, nem kellett meglátogatnom őket, hogy gondozzam őket. Amint az imateremben imádkoztunk, teljesen átitatódtunk az izzadsággal. Jeremiás 33, 3 szerint: *„Kiálts hozzám, és válaszolok, hatalmas és megfoghatatlan dolgokat jelentek ki neked, amelyekről nem tudhatsz!"* Amikor az imánkban Isten felé kiáltottunk, Ő hívőket küldött hozzánk, és megadta a templomban szükséges dolgok mindenikét.

„Istenem, adj nekünk egy mikrofont!"

Miután egy hétig imádkoztunk, lett mikrofonunk. A következő héten egy telefonra volt szükségünk, imádkoztunk hát, és megkaptuk azt is. Mivel abban az időben nem volt sok tagunk, Isten a péntek éjjeli istentisztelet által nyilvánult meg nekünk. Más gyülekezeti tagok, akik eljöttek a péntek esti prédikációra, sok kegyelemben részesültek, és egyenként felajánlottak olyan dolgokat, amikre szükség volt a templomban. Így kaptunk függönyöket, egy pulpitust, egy zongorát, elektromos szellőztetőket, és még egy haranglábat is, rajta egy kereszttel. Két hónappal a nyitás után mindenünk megvolt, amire szükség volt.

A Cselekedetek könyvében azt olvassuk, hogy Isten szolgája az igére és az imára kell, hogy koncentráljon. Ezért én mindent ráhagytam, karbantartást és minden mást a templomtagokra, és csak Isten szavára és az imára koncentráltam. Mivel nem tudtam túl sokat Isten igéjéről abban az időben, arról prédikáltam a pénteki teljes éjszakát kitöltő istentiszteleten, amit megértettem Isten akaratából. A vasárnapi istentiszteleten is, a Szentlélek sugallatától vezetve.

Bár nem volt jó beszélő képességem, a hallgatók életet és hitet kaptak a szentbeszédeimből, mert tiszták és mélyen spirituálisak voltak. Cselekedetek és más dolgok követték az igét. Amint a tagok az igét gyakorolták, a hitük nőtt, és kezdtek válaszokat is kapni az imáikra. A nyitás ideje óta Isten minden héten új hívőket küldött nekünk, akik a beszédek által új életre keltek. Megtapasztalva a csodákat, amik ekkor történtek, kegyelemben részesültek, és hitük megerősödött.

Megtalálom a választ a Bibliában

A korai templomokat az apostolok alapították, akiket maga Jézus tanított, és ők követték az Úr akaratát, akinek tetszett az ő munkájuk. Isten azokat, akiket az apostolok megmentettek, e templomok tagjaivá fogadta. A célom az lett, hogy a korai templomokat mint jó példákat kövessem egészen addig, amíg az Úr visszajön. A legjobb templom, amit Isten is szeret nem az, amelyiknek nagy az épülete vagy sok tagja van, hanem az, amelyik a korai templomokra hasonlít. Amikor ezek példáját követjük, Isten megáld minket, és állandó újjászületésben lesz részünk.

„Félelem támadt minden lélekben, és az apostolok által sok csoda és jel történt. Mindazok pedig, akik hittek, együtt voltak, és mindenük közös volt. Vagyonukat és javaikat eladták, szétosztották mindenkinek: ahogyan éppen szükség volt rá. Napról napra állhatatosan, egy szívvel, egy lélekkel voltak a templomban, és amikor házanként megtörték a kenyeret, örömmel és tiszta szívvel részesültek az ételben; dicsérték az Istent, és kedvelte őket az egész nép. Az Úr pedig napról napra növelte a gyülekezetet az üdvözülőkkel." (Cselekedetek 2, 43 – 47).

A korai templomok példáját követve, amelyekben a hívek minden nap összegyűltek a szentélyben, mi is minden nap tartottunk ima-összejöveteleket és Isten szavát terjesztettük, magunkhoz vettük a szeretet kenyerét, szó szerint Isten szavát (János 6, 48), és gyakoroltuk azt. Isten velünk volt, megmutatta a csodáit és a jeleit, és mivel minden héten jelentkeztek új tagok, a templom nagyon hamar gyarapodott.

Egyedül az Igére támaszkodunk

A templom megnyitása után minden fillért meg kellett takarítanunk. Azonban én tudtam, az áldások fogadásának titka az volt, amit Lukács 6, 38-ban találunk: *„Adjatok, és adatik nektek: jó, megnyomott, megrázott, megtetézett mértékkel adnak öletekbe. Mert amilyen mértékkel ti mértek, olyan mértékkel mérnek viszonzásul nektek."* Az igére támaszkodva próbáltam a rászorultakon segíteni.

Abban az időben 10 szemináriumi diák volt a

templomunkban, és segítenünk kellett nekik. Az sem volt könnyű, hogy a szentély bérleti díját kifizessük, ami 120.000 won (120 dollár) volt. A nyitás után néhány héttel volt némi adakozásból származó pénzünk, így azzal a hittel, hogy Isten megáld minket, egy részét a felajánlott pénznek elküldtük a felekezetünk más, új templomainak. Az avató óta minden tag megfogadta, hogy 1 millió won (1.000 dollár) összeget ajánl fel a felekezet szemináriumi épülete számára. Megpróbáltuk a tőlünk telhető legjobban teljesíteni úgy, hogy másokon segítettünk, és közben csak az igére támaszkodtunk.

Egy minta templomot akartam keresni a Bibliában, hogy arra hasonlítson a miénk, és ez a Cselekedetek könyvében lévő korai templom volt.

Hacsak ti, emberek, nem láttok jeleket és csodákat, egyszerűen nem hisztek

Alapító istentisztelet

Amikor az alapító istentiszteletért imádkoztam, Isten egy tanácsot adott meg nekem: *„Az alapító istentiszteletet akkor tartsd, amikor az összes termés megérett már, még az első fagy előtt."* Így történt, hogy 1982. október 10-én meg is nyitottunk, és máris több mint 100 tagunk volt. A nyitás óta Isten számos új taggal ajándékozott meg, és a szentély máris kicsi volt számukra. A pénteki egész éjjeli eseményen több mint 100 résztvevő volt, körülbelül 540 négyzetláb területen, emberek voltak az imacellákban, és a lépcsőkön is álltak. Ezért az alapító istentisztelet után az alagsort is kibéreltük.

Amikor a Karácsonyi ünnepért imádkoztam, Isten számos tehetséges embert küldött, hogy egy bibliai játékot tanuljanak be, s így nagyon szép ünnepben volt részünk. Egy olyan személy is jelentkezett, aki nagyon szép virágdíszleteket tudott készíteni, és

Megalapító istentisztelet

egy színésznő, aki jó táncos volt. A vasárnapi iskolában táncot és kézmozgást tanított. Nem telt el sok idő, és a tagok már önállóan is képesek voltak a különböző eseményekre készülni. Akkoriban több mint 10 prédikációt tartottam hetente, beleértve a hajnali imaüléseket is. Az iskolába is kellett járnom még, hisz közvetlenül a szemináriumi végzésem előtt volt mindez. Éjjeli imánk is mindig volt, de reggel 4-kor már készen álltam, hogy a hajnali imát is vezessem. Amint híre ment, hogy sok gyógyulás bekövetkezett a munkám által, sok beteg jött az egész országból, és mindannyiukért imádkoztam, naponta többször is.

Egy változás a családban

Youngsuk Kim úr, mielőtt megismerkedett Jézussal súlyos alkoholista volt. Amikor a köhögése nem akart elállni, elment egy kórházba. Nyirokrendszer tuberkulózist diagnosztizáltak nála. Műtéten kellett átesnie, mely után több mint egy évig pihennie kellett volna, azonban mindezt nem tudta megengedni magának.

A felesége szülés utáni húgyhólyaggyulladásban szenvedett. Annyira elkeseredett, hogy öngyilkosságot követett el, amit azonban szerencsére túlélt. 1982. októberében Youngsuk Kim hallott a templomunkról, és bejelentkezett tagnak. Megesküdött, hogy 10 napos reggeli böjtöt és imát tart. Nagyon magas láza volt, és állandóan köhögött. Azonban látva, hogy oly sok beteg ember meggyógyul, hitet kapott. Gyakran imádkoztam érte. A tizedik napon a láza lecsendesedett, és a köhögése teljesen megállt. Teljesen bizonyos volt, hogy meggyógyult, és újabb diagnózist kapott. Azt állították, nem volt többé tuberkulózisa. Teljesen meggyógyult a Szentlélek tüze által. Azóta a felesége is templomtag lett, és meggyógyult a hólyaggyulladása. A lányuk szintén meggyógyult. Youngsuk Kim elkezdett teológiát tanulni, hogy Isten kegyelmét megköszönje. Manapság lelkipásztorként dolgozik.

Péntek éjjeli istentisztelet, a Biblia csodálatos jeleivel

A pénteki egész éjjeli istentisztelet tömve volt emberekkel, akik az ország különböző részeiből jöttek. Egyféle felekezetek közötti istentiszteletté vált. A szűk szentély duzzadt a sok embertől. A Szentlélek tüze nagyon forró volt, és a mennyezetet beborították a vízcseppek. A résztvevők szenvedélyesen dicsérték Istent és Hozzá imádkoztak. Az istentisztelet, ami este 11-kor kezdődött, egészen reggel 6-ig tartott. Amint az emberek tanúi lettek annak, hogy számos beteg ember meggyógyult és felállt, járt és lépkedett, egyre többen jöttek.

Azok, akik halálos ítéletet kaptak a kórházaktól, amint eljöttek a templomba, meggyógyultak, és a mankósok elkezdtek lépni és járni. A vak látó lett, a néma beszélt, és azok, akiknek nem születhetett gyerekük, megtermékenyültek. Egy ember, akinek eltört a keze, az ima után szabadon mozgatta azt.

Egy leukémiás beteg meggyógyul

Egyszer egy hölgy jött hozzám, hogy az imámban részesüljön, akinek az arca nagyon sápadt volt. Azt mondta, az orvosa szerint még 15 napig élhet. Itt következik az ő élettörténete. Korai életkorától fogva keresztény volt, még a vasárnapi iskola óta. Egyszer azonban egy ember, aki nem volt istenhívő, megkérte a kezét. Erre a nő azt mondta, csak olyanhoz tud hozzámenni, aki hívő, mire a kérő bejelentkezett egy templomba, ahová egy darabig el is járt.

Az asszony azt gondolta, hogy férje jó keresztény életet él majd, de néhány hónap múlva az anyósa ráerőltette, hogy Buddhában higgyen, mondván: „A mi családunk több generáció óta buddhista, így neked is fel kell venned ezt a vallást." Mivel nem követte az anyósát, a férj az anyóssal együtt megakadályozta, hogy templomba mehessen. Megverte a feleségét, és megbüntette. Ha gond volt a családban, mindenki őt vádolta.

Sokszor kidobták a házból, de mindezt eltűrte. Amióta a férje egy másik nővel kezdett kapcsolatot, tovább nem bírta elviselni, és nem ment többé templomba, bár tudta, hogy rosszat tesz ezzel magának. Addig élt teljes kétségbeesésben, míg végül leukémiát kapott. Bár többé nem járt templomba, a férjének még mindig volt szeretője, és még mindig verte őt.

Annak ellenére, hogy leukémiában szenvedett, a férje és az anyósa hidegek voltak vele, annyira, hogy még a kórházba sem vitték el. Miután a végzetes diagnózisát megkapta a kórházban, meghallotta a templomunk hírét, és eljött, hogy az imámban részesüljön. Utolsó reményként Istenbe akart kapaszkodni, aki végül meggyógyította. Kis idő múlva eljött hozzám teljesen egészséges arccal, köszönetet mondott, és hazatért.

Két különböző fajta jel

Jézus meggyógyította a betegeket és feltámasztotta a holtakat; számos csodát művelt az Ő szolgálata alatt. Azt mondta: *„Ha nem láttok jeleket és csodákat, nem hisztek.”* (János 4, 48). Egy csoda Isten munkája, melynek során hirtelen megváltozik az időjárás. Józsué idejében, Gibeonnál volt egy csata, és a nap az ég tetején maradt (Józsué 10, 13). Ézsaiás idejében a nap árnyéka 10 fokkal visszatért (2 Királyok 20, 11), és a három varázsló felment Betlehembe, egy mozgó csillagot nézve (Máté 2).

A jelek Isten megnyilatkozásai, melyek látható nyomot és bizonyítékot hagynak maguk után. A jelek „munkájában" Isten, az Atya néha főszerepet játszik. Ezek az esetek az Ótestamentumban találhatók, de egy ilyenről olvashatunk a Jelenések könyvében, a 15, 1-ben is. Márk 13, 22 ezt tartalmazza:

„Mert hamis krisztusok és hamis próféták jelennek majd meg, jeleket és csodákat tesznek, hogy ha lehet, megtévesszék a választottakat." A „ha lehet" azt sugallja, hogy a cselekvés (megtévesztés) igazából lehetetlen a valóságban. Pontosabban, a hamis prófétáknak nincs hatalmuk, hogy jeleket hajtsanak végre, azonban, „ha lehet", megpróbálják megtenni majd, hogy az embereket, még a kiválasztottakat is, becsapják. Az Isten Atya jeleinek példáit találjuk például a Deutoronómia 6, 22-ben is: Egyiptom tíz csapása, valamint a Bírák 13, 19-20-ban is, ahol a lángok felmennek a mennybe.

Létezik egy másfajta jel is, amikor az Úr és a Szentlélek együtt játsszák a főszerepet, hogy nyomot hagyjanak maguk után. Ezek főleg az Újtestamentumban találhatók. Jézus példái: a víz borrá való változtatása, a betegek meggyógyítása és a holtak feltámasztása; a vakok látóvá változtatása, a süketek meggyógyítása, a némák átváltozása beszélővé. Ezek a jelek azok, amelyeket ember nem képes véghezvinni (János 6, 2). Jézus, miután az Isten igéjéről prédikált, olyan jeleket művelt, hogy azok, akik tanúi voltak, elhihették, hogy Isten szava igaz. Természetesen áldásosabb a bizonyítékok nélkül is hinni, de nem könnyű igaz hitűnek lenni a látás tapasztalata nélkül. Mivel a bűn egyre jobban elhatalmasodik, az emberek szíve makacsabbá válik, és nehezebb lesz számukra az igaz hit megőrzése. Manapság, hogy az evangéliumi jó hírt terjesszük, és lelkeket mentsünk meg, jótékonyabb és hatásosabb, ha a jeleket és csodákat követjük.

Ezek a jelek elkísérik azokat, akik hisznek

Néhány hívő nem hiszi el, vagy furcsának találja, amikor azt mondjuk, hogy még ma is történnek olyan jelek, amelyek a Bibliában megtalálhatóak. Másoknak kétségeik vannak, ezt gondolva: „Buzgón, hittel imádkoztam, miért nem látom Isten munkáját?"

Jézus biztosan ezt mondta: „*Azokat pedig, akik hisznek, ezek a jelek követik: az Én nevemben ördögöket űznek ki, új nyelveken szólnak, kígyókat vesznek kezükbe, és ha valami halálosat isznak, nem árt nekik, betegre teszik rá a kezüket, és azok meggyógyulnak.*" (Márk 16, 17-18). "Azok, akik hittek" itt azokra vonatkozik, akiknek tökéletes spirituális hitük van. A Rómaiak 12, 3-ban található egy „mértékegység" mely a hitnek a mérésére szolgál. Csakúgy, ahogy egy mag egy sajátos folyamatban kikel, növekszik, virágzik, majd gyümölcsöt hoz, amint elültetjük a hit magját magunkban, attól függően, hogy hogyan ápoljuk azt, a hitünk különböző módon fog nőni. Mindenkinek más fokú a hite. Attól függően, hogy milyen mértékben gyakoroljuk az Igét, és mennyire választjuk az igaz szív útját, Isten szellemi, lelki hitet adományoz fentről a számunkra (Zsidók 10, 22). Ennélfogva, ha felnövünk ahhoz, hogy tökéletes hitünk legyen, amely Jézus szívére hasonlít, ezek a jelek kísérni fognak bennünket is.

Nevezetesen, Jézus Krisztus nevében ördögöket fogunk kiűzni, és új nyelveken fogunk beszélni. A „kígyókat megfogni" azt jelenti, hogy megsemmisítjük a Sátán munkálkodását az Isten szavai által. Azok, akik a tökéletes hit szintjén állnak, nem fognak semmilyen betegséget vagy baktériumot elkapni, és ha véletlenül halálos mérget innának, akkor sem fogja őket bántani, mert Isten a Szentlélek tüzével el fogja azt égetni. Ez volt a helyzet akkor is, amikor Pál apostolt megharapta egy mérges kígyó Málta szigetén (Cselekedetek 28, 5). Azonban, ha tesztelni akarod Istent azáltal, hogy tudod, hogy mérget iszol, Isten nem tud megvédeni. Tökéletes hittel és Isten hatalmával gyógyító munkákat is véghezvihetünk, akkor is, ha gyógyíthatatlan betegségekért imádkozunk.

Mit jelent az „új nyelv"?

Mit értünk itt „új nyelvek" alatt? Más nyelveken beszélni a Szentlélek azon ajándéka, amelyet Isten minden gyermekének oda akar ajándékozni (1 Korinthusiak 14, 5). Általában a saját nyelvünkön imádkozunk Istenhez. Ez a lélek imája. Azonban néha nyelveken imádkozunk, ami a szellem imája (1 Korinthusiak 14, 15). Amikor rájövünk, hogy bűnösök vagyunk, bűnhődünk, és elfogadjuk Jézust a lelkünkben. Isten megajándékoz a Szentlélekkel bennünket, és sok esetben a nyelveken való imádkozás képességével is, amely a Szentlélek egyik ajándéka. Amikor megkapjuk a Szentlelket, a szellem, ami meghalt Ádám eredendő bűnének következtében, újjáéled. Ha megkapjuk a nyelveken való beszéd képességét, e szellem maga fog Istenhez imádkozni. Tehát, ha keresztényként megkapjuk a nyelvek ajándékát és így imádkozunk, több erőt kapunk az ima által, és a lelkünk virágozni fog.

Mivel új hívő voltam, teljes lelkemből imádkoztam az éjszakai imáim alatt. Amikor szellemben is elkezdtem imádkozni, azaz más nyelveken, az imát elölről hátra váltakoztattam, a Szentlélek sugallatára. Amikor az énekeim mély értelmet kaptak, néha a kezeim önkéntelenül felemelkedtek, és elkezdtem táncolni. Amikor még mélyebb szintekre értem az imámmal, új nyelveken kezdtem beszélni. Más nyelveken beszélni egy nagyon erős imát jelent.

Amikor Jézus Krisztus nevében parancsoltam

Még növényeket sem lehet tesztelni

Mennyire hálásak lehetünk, hogy azok a csodálatos megnyilvánulásai Istennek, amelyeket Jézus Krisztus megmutatott a földön 2000 évvel ezelőtt, ma is ugyanúgy történnek mindenki számára, aki hittel imádkozik! Mivel új hívő voltam, és nem tudtam túl sokat Isten igéjéről, számtalan imát összegyűjtöttem, ami lehetővé tette számomra, hogy Isten hatalmas munkáit véghezvigyem, mindazokat, amelyeket a próféták és apostolok is megtettek. A templom megnyitásának idején azok a jelek, amelyek a hívőket követik, már javában megnyilvánultak.

1982-ben, közvetlenül a templom megnyitója után, körülbelül 30-40 ezer won-unk volt (30 – 40 dollár), amit a heti adakozásokból kaptunk. Az oltárra szerettünk volna virágdekorációt tenni, de sem pénzünk nem volt, sem munkásunk, aki megtervezte és elkészítette volna. Aztán augusztusban valaki hozott egy cserépben egy kis fát, amelynek rengeteg levele volt. Bár nem volt virágdíszítésünk, volt egy cserepünk, ami szép, és számunkra értékes volt. Körülbelül két hét múlva a levelek elsárgultak, és a növény haldokolni kezdett. Annyira sajnáltam, hogy a szép kis fa kihalni készült. Ha Isten fel tud támasztani egy halott embert, vajon válaszolna nekem, ha ezért a fáért imádkoznék Hozzá? Ezzel a gondolattal, amely átszáguldott az agyamon, ráhelyeztem a kezem a fára és így imádkoztam: „Éledj fel, Jézus Krisztus nevében!"

A következő napon, amikor a szentélybe jöttem, hogy a hajnali imát levezessem, a sárga levelek újra kizöldültek. Egy napra rá, a fa tökéletesen helyrejött, és ragyogtak a zöld levelei. A gyülekezet tagjai, akik látták ezt, nagyon örültek velem együtt, és Istent dicsőítették. Nagyon boldog voltam, hogy a haldokló fa új életre kelt. Szeptemberben egy krizantém virágot kapott a templom, szintén cserépben. A virágokat nézve, azon tűnődtem, vajon meghalnának-e, ha tesztelném őket, és az imámban ezt kérném? Amikor Jézus elátkozta a fügefát, az kiszáradt. Ha én imádkozom, és megparancsolom ennek a krizantémnak, hogy meghaljon, vajon meghalna-e?

Imádkoztam, és megparancsoltam a krizantémnak, hogy haljon meg, csak azért, hogy megtapasztaljam ezt is. Azonban, a szívem nagyon nehéz volt. Amikor aznap este imádkoztam, hallottam Isten szavát, amint keményen megdorgál engem, bár senki nem látott, amikor megátkoztam azt a virágot.

„Szolgálóm, még egy növénynek is megvan a saját élete, és Isten felnevelte őt, hogy tudod megátkozni? Tesztelni akarsz engem? Szolgálóm, gonosz vagy. Bánd

meg, amit tettél. Nem tudsz csak úgy, bármikor áldani,
vagy átkozni. Csak akkor kell ezt tenned, amikor a
Szentlélek megérinti a lelkedet."

Annyira meglepődtem, hogy izzadni kezdtem. Azonnal háromnapos böjtbe kezdtem, és alapos bűnbánatot éreztem. Azóta még akkor sem utálom azokat, vagy imádkozom gyűlölettel azokról sem, akik üldöztek, rágalmaztak, vagy megátkoztak engem. Amint Isten szavai mondják, imádkozom azokért, akik üldöznek engem, és szeretettel megáldom őket.

A világmisszió feladata

„Kiálts hozzám, és én válaszolok, hatalmas és *megfoghatatlan dolgokat jelentek ki neked, amelyekről nem* *tudhatsz!"* (Jeremiás 33, 3). Ehhez a részlethez kapaszkodva, rengeteget imádkoztam Istennel birkózva, mint Jákob a Jabbok folyónál. Amint imában kiáltottam fel, és böjtöltem, hogy Isten szavának engedelmeskedjek, és az Ige szerint éljek, beteljesült az Ő szava. Meghallottam Isten szavát, és néha nagyszerű és félelmetes dolgokat láttam. Néha, ritkán megengedte nekem, hogy meglássam előre, mi fog történni az országban, és a világ dolgainak milyen lesz a folyása. A templomunk megnyitásával Isten a világi küldetését akarta megvalósítani. A mi feladatunk pedig az volt, hogy Nagy Szentélyt építsünk a számára.

Mivel elhívott szolgálójaként, azért imádkoztam, hogy az evangéliumot minden nép számára terjeszteni tudjam, és sok lelket meg tudjak menteni. Aztán, Isten azt a feladatot adta, hogy a Világi Misszióját beteljesítsem, és én befogadtam a szavait, melyek így szóltak: *„Átkelsz a hegyen, a folyókon és* *tengereken, és jeleket és csodákat fogsz elkövetni."* Azt a feladatot is rám rótta, hogy az evangéliumot a kiválasztott nép, Izrael részére is terjesszem az utolsó napokon. Tudtomra adta, hogy az evangéliumi jó hír vissza fog térni a szülőföldjére, és még azok a zsidók is, akik nem ismerik el Jézust a megmentőjükként, megbánást fognak tanúsítani.

A Nagy Szentély megépítésének látomása

A templom megnyitása után minden pénteken, az éjjeli istentisztelet alatt gyógyító üléseket tartottunk, és Isten megadta egy gyülekezeti tagnak azt az ajándékot, hogy egy-egy látomást megláthasson. Személyesen ellenőriztem őket, hogy megbizonyosodjak: az ajándék valóban Istentől származott. Isten azért ajándékoz meg a Szentlélek ajándékaival, mert azok jótékonyak számunkra, azonban néha az emberek a Sátán munkáján keresztül olyan ajándékokat kapnak, melyek nem Istentől származnak, és valami olyat látnak meg, ami rendkívüli. Ezért kell a szellemeket helyesen megkülönböztetnünk.

1982. egyik napján Isten egy látomást mutatott 17 templomtagnak, amely arról szólt, hogy megépítjük a Nagy Szentélyt. Egyikük a tetejét, másikuk a belsejét látta, míg egy harmadik a gyönyörű márvány pilléreket vélte felfedezni. A plafon közepe kereszt alakban szétnyílt úgy, hogy a napfény behatolhatott rajta. A szószék a Szentély közepén helyezkedett el, és lassan forgott körbe. Egy hívő látott engem, amint ott prédikálok, a szentély meg teljesen tele volt emberekkel.

Összerakva mindazokat a dolgokat, amelyeket a hívőink láttak, tanácskoztunk egy szakemberrel, és egy madártávlati nézetet állítottunk össze a szentélyről. Még most is, a heti közleményünk első oldalán ez a légi felvétel van a Nagy Szentélyről. Annak érdekében, hogy Isten-adta álmunkat megvalósítsuk, állandóan és nagy hittel imádkoztunk.

Isten elmagyarázta nekünk, hogy miért van szükség a Nagy Szentélyre az idők végén, és hogyan lesz felépítve. A Nagy Szentélyt, ami által Isten dicsőséget nyer, nem lehet csak azért felépíteni, mert van rá pénzünk. Isten azt akarja, hogy szentélye az Ő gyermekei által legyen felépítve, akik szenvedélyesen szeretik Őt, körülmetélik a szívüket, és szentté válnak.

Első istentisztelet a szülővárosomban

1983. februárban vezettem az első istentiszteletet a szülővárosomban. Heje városrészben volt, a Nam-Do Cholla kerületben, Muan-ban. Azonban, a templom tagjai nem jelentek meg. Helyettük más emberek jöttek el, a környező falvakból.

Szánalmas történet volt. Egy másik templom a szomszédos faluból, amely egy nagy felekezethez tartozott, pénzzel próbálta őket elcsábítani, mire a legtöbb tag azon volt, hogy átmenjen oda. Ezért az aznapi istentiszteletet a lelkipásztor azzal a céllal tartotta, hogy visszatartsa ezeket a híveket, mire ők el sem jöttek. Ráadásul a lelkipásztor nem egy híres beszélőt hívott meg, hanem egy fel nem szentelt lelkipásztort, aki ismeretlen volt, és Jaerock Lee-nek hívták.

Már az első ülés után Isten nagyszerű csodákat valósított meg. Egy nő, aki 10 éve nem tudott járni, és aludni sem tudott a hasító csontfájdalmai miatt, meghallgatta a prédikációt, és új hitet kapott. Az ima által felállt, járt, és lépett. Ez a hír azonnal elterjedt a közeli falvakban, és a következő naptól kezdve lelkipásztorok és egyháztagok 18 mérföldnyi távolságból eljöttek a prédikációkra.

Volt egy idős asszony, akinek 90 fokban meggörnyedt a háta. Mindig úgy kellett járnia, hogy közben a földet nézte. Ez a hölgy minden egyes hajnali, déli és esti istentiszteleten megkínált meleg itallal, s még hideg időben is mindig eljött. Valójában nem szerettem azt a fajta italt, amivel megkínált, de megittam, mert értékeltem az erőfeszítését. A látogatásom utolsó napján a háta teljesen kiegyenesedett. Ráadásul, mások is sokan megtapasztalták Isten gyógyító munkáját, és dicsőítették Őt. A hívek rájöttek arra, hogy rosszul cselekedtek, ezért a lelkipásztoruk előtt megbánást tanúsítottak, és utána minden istentiszteletre eljöttek.

A szén-monoxid gáznak parancsolok, Jézus Krisztus nevében

Abban az időben, a legtöbb házban egy széles típusú faszén brikettet használtak melegítésre, s ez télen mindig sok balesetet okozott. Minden nap voltak hírek azokról az emberekről, akik meghaltak, vagy kórházba kerültek a gázmérgezés miatt. 1983. február 12-én, a péntek éjjeli istentisztelet éppen a holdkalendárium szerinti Újév előtt volt. Az épület alagsora abban az időmben a lakásomul szolgált. Voltak benne hálószobák, egy nappali, a gondnok szobája, és irodák is.

Egy fiatalember, akinek Park Suk-ki volt a neve, azt gondolta, hogy nem jön el a vasárnapi istentiszteletre, mert a következő nap az Újév volt a holdkalendárium szerint, és inkább a barátaival akart találkozni. Abban a pillanatban, amint ezt kitalálta, elszédült. Le akart feküdni, hogy egy keveset aludjon, s majd visszatérjen az istentiszteletre. Lement az alagsorba, ahol a lakásom volt. Csak egy keveset akart pihenni, de mély álomba merült. A hálószobámban a három fiatal lányom aludt. A szentély, ami csak körülbelül 540 négyzetláb volt, több mint 150 emberrel volt tele, s így nem volt hely a gyermekek számára. A templom teljesen tele volt emberekkel. Még az imacellákban is emberek álltak, és a lépcsőkön, a szentélyen kívül is.

Mivel az ég nagyon felhős volt aznap, a szén-monoxid gáz, ami a faszénből származott, nem tudott teljesen kiszellőzni. A péntek esti ima és istentisztelet este 11-től reggel 6-ig tartott, s így a fiatalember és a lányaim több mint 7 órán át belélegezték a mérges gázt. A fiatalember később azt mondta, hogy egyszer magához tért, de mivel a teste már nagyon merev volt, nem tudott mozdulni sem. Az istentisztelet után, amikor a hívek már hazamentek, a gondnok volt az első, aki lement és meglátta, mi történt. „Meghaltak!" – kiáltotta. A kétségbeesett kiáltásra az emberek, akik a szentélyben voltak összegyűltek, lementek és felhozták a lányaimat és a fiatalembert. Mindannyian eszméletüket vesztették, a szemük fehér volt, és hab volt a szájukban.

A lányaim alig, a fiatalember, Park Suk-ki már nem lélegzett. A teste már hideg volt. Igazából már egy holttest volt. Nagyon jól ismertem a szén-monoxid gáz veszélyét, de mivel korábban nem volt ilyen tapasztalatom, meg voltam győződve, hogy nem lehet őket újraéleszteni. Majdhogynem elképzelhetetlennek tűnt, hogy Isten fel tudná éleszteni őket az imám által. Még ha el is vittük volna őket a kórházba, hogy kezelést, vagy újraélesztést kapjanak, testileg vagy szellemileg fogyatékosok, vagy vegetáló emberek maradtak volna életük hátralevő részére.

Éppen hogy megkezdtem a lelkipásztori szolgálatomat; ha valaki meghalna egy baleset következtében, hogyan folytattam volna a tevékenységemet? Nem bírtam elviselni a gondolatot, hogy Istent ilyen módon megszégyenítsem. Felmentem az oltárra, és így imádkoztam: „Isten, Te vagy az, aki életet ad, vagy visszaveszi azt. Köszönöm Neked, hogy a lányaim az Úrnál vannak a mennyben, ahol nincsenek könnyek, fájdalom, vagy szomorúság. Azonban, ez a fiatalember a templomunk tagja, és ha ő meghal, ez szégyent hoz Rád. Kérlek, add meg, hogy ez az ember visszatérjen az életbe ismét."

Miután Istennek köszönetet mondtam az imámmal, sok hívő letérdelt, és imádkozott. Először odamentem a halott fiatalemberhez, rátettem a kezem, és így imádkoztam: „Jézus Krisztus nevében parancsolom, hogy a szénmonoxid gáz eltűnjön! Atyám, éleszd fel a lelkét, és légy dicsőítve!" Ezután, egyenként imádkoztam a lányaim fölött is. A fiatalember után a legfiatalabb lányomért, Soojin-ért imádkoztam. Amíg ezt tettem, a fiatalember felállt, és leült a kórusszékek mellé. Úgy tűnt, hogy nem tudja, mi történt, mivel csak arra emlékezett, hogy az alagsorban aludt. Aztán, amíg a második lányomért imádkoztam, a harmadik lányom, Soojin visszanyerte az eszméletét, és felállt. Egy perc sem telt el az imám után mindhárom lányomért, és ők mindannyian felálltak. A hívők, akik ennek a tanúi voltak, rendkívül meghatottan, lelkesen adtak hálát az Istennek. Később a fiatalember elmondta, hogy a lelke, ami elhagyta a testét, fentről, a levegőből nézte, hogy mi történik. Azt is nézte, ahogy a gondnok a testét a szentélybe viszi, és imában részesül tőlem

Mivel a szénmonoxid gáz tönkreteszi az agysejteket, egyértelmű volt, hogy meghalnak, miután 7 órán át belélegezték azt. Még ha kórházba kerültek volna és túlélték volna, akkor is szenvedniük kellett volna az utótünetek miatt. Azonban, mivel Isten meggyógyította őket, és megtisztította őket a gáztól és annak utólagos hatásától, a fiatalember és a három lányom egészséges maradt, mindenféle káros utóhatás nélkül. A próbatétel által rájöttem, hogy csak Istenre kell támaszkodnom, és nem is gondoltam arra, hogy a világban bízzak. Miután köszönettel átmentem ezen a teszten, rájöttem, hogy Isten azt a képességet is megadta számomra, hogy élettelen dolgokat is, mint a szénmonoxid, irányítsak, és parancsoljak nekik.

Azután, Isten megtanított, hogyan űzzem el a szénmonoxidot. Mivel a gáz először lebénítja az agysejteket, majd pedig az idegeket az egész testben, a mérgezett személy először elveszíti az eszméletét, majd az egész teste merevvé válik. Isten megtanított, hogy azok számára, akik gázmérgezésben szenvednek, így kell imádkoznom: „Jézus Krisztus nevében parancsolom, hogy gyorsan eltűnj az orrlyukakon, szájon, mindkét fülön, és minden sejten át." Ily módon a gáz, amely az egész testet lebénítja, engedelmeskedni fog a parancsnak, elhagyja a testet, és gyorsan eltűnik.

Nem tízen tisztultak meg?
És a kilenc hol van?

Imádkoztam, és Isten megmutatta számomra

A templom első két évében személyesen látogattam és gondoztam a tagokat. Ha volt néhány közülük, aki nem jött el a vasárnapi imára, vagy nehézségektől szenvedett, böjtöltem, és egész éjjel imádkoztam értük. A nevükben könnyezve bűnbocsánatot tartottam. A legtöbben közülük elég messze laktak a templomtól. Legtöbbjük gyenge anyagi körülmények között élt, míg néhányan teljes kétségbeesésben és csődben voltak.

Amíg a tagok száma néhány száz volt, egyetlen pillantásra meg tudtam mondani, ki nem jelent meg a vasárnapi istentiszteleten. Böjtöltem értük, és amikor nem tudtam meglátogatni őket, elküldtem néhány dolgozót, hogy meglátogassák őket az én nevemben. Egyetlen lelket sem akartam elveszíteni azok közül, akiket Isten rám bízott.

Tanács, szeretettel

Néha tanácsot adtam, vagy rámutattam valamire szeretettel, azzal a vággyal, hogy megváltozzanak, és felnőjenek a hitben. Amikor aggódtam valamelyik gyülekezeti tagunkért, ha 10 percig imádkoztam érte, Isten megengedte a számomra, hogy meglássam a személy családi vagy munkahelyi gondjait. Egy vasárnap egy hívünk, aki soha nem hiányzott az istentiszteletről, nem jött el. Nem tudtam megállni, hogy ne aggódjak érte. Így imádkoztam: „Isten, ez a hívő nem jött el az istentiszteletre. Mi történt vele?" Isten megmutatta, hogy egy kocsmában volt vasárnap. Kis idő múlva, megmondtam neki, amit láttam, mert biztos voltam abban, hogy nem sértődik meg. Az arca elpirosodott, de beismerte, hogy így volt.

Volt egy hívünk, aki eljött a reggeli prédikációra, de az estin hiába kerestem. Ez az ember rendszeresen megtartotta a pihenőnapot. Amikor imádkoztam érte, Isten azt a képet mutatta, hogy egy lakodalmi fogadáson ivott. Pár nap múlva azt mondtam neki: „Egy személy egy bizonyos színű ruhában arra biztatott néhányszor, hogy igyál vele egy italt. Néhányszor visszautasítottad őt, de aztán beadtad a derekad, és elmentél vele inni." Az arca kipirult, és nagyon szégyellte magát.

Az ilyenfajta incidensekben azt éreztem, hogy a hívők, akik bűnbe estek, elkezdtek félni tőlem, és próbáltak elkerülni engem. Mivel láttam a hívek bűneit, züllöttségüket, házasságtöréseiket, összetört szívvel, könnyekkel a szememben imádkoztam értük Istenhez.

Egy napon, ima közben meghallottam az Úr hangját:

„Ne nézd a híveid jelen helyzetét. Nézz rájuk a hit szemével, és az elvárással, hogy megváltozzanak a jövőben. Ha becsapnak, csak hallgasd meg őket, de ne próbálj meg többet megtudni róluk . . . Ha csak a jelenlegi helyzetüket nézed, a szíved megszakad, a lelked megrothad, és elveszíted az egészséged, s így nem leszel képes a feladatodat elvégezni."

Ezek után mindent Isten kezeire bíztam, és többé nem imádkoztam azért, hogy megtudjam, mit tesznek a hívek.

Nemcsak azok jöttek szerte az országból, akik gyógyulni akartak, hanem azok is, akik szellemi éhséggel keresték az élet szavát. Ott voltak azok, akik Istent szolgálták, és feláldoztak magukat Istennek, miután Ő a gondjaikat megoldotta, és voltak olyanok is, akik visszamentek a világi életbe, saját boldogulásukat és javukat keresve.

Bálványok elhagyása és fényre törés

Kyeongsoon Park olyan családból származott, akik bálványokat imádtak, mielőtt eljött a templomba. Az anyósának volt egy gyenge lánya, akit az anyja legalább havonta egyszer ördögűző rituálé keretében megpróbált meggyógyítani.

Rengeteg szerencsetárgyat és amulettet rakott a bútorokra, a párnákba, még a plafonra is jutott belőlük. A ház minden sarka tele volt velük.

Miután a templomunk kinyitotta a kapuit, meglátogattam a házukat, hogy otthoni szentbeszédben részesüljenek. Láttam az ördög különböző formáit, és azt mondtam neki: „Még mindig van néhány amulett a házban." Ő ellenkezett: „Nem, atyám.

Mindent átvizsgáltam, és az összes amulettet kidobtam." Újra megismételtem neki: „Van egy démon a házban, aki nem megy el. Kell, hogy még legyen amulett. Találd meg, és égesd el."
Amikor Kyeongsoon Park újra átkutatta a házat, még talált néhány amulettet. Az egész család eldobta a bálványokat, jelentkezett a templomban, és elkezdte a Krisztusban az új életét. Kyeongsoon Park meggyógyult a szívbetegségéből, amiben oly régóta szenvedett. Még az anyósa is kigyógyult a régi gyomorbántalmaiból.

Egy fiatalember, végzetes tüdőbajjal

Abban az időben nagyon sok ember szenvedett tüdőtuberkulózisban. Daehee Cho, aki Kwangju-ból volt, egyszer tuberkulózist kapott, amikor még középiskolás volt. A közkórházból kapott gyógyszerek segítségével helyrejött, azonban a főiskolán elkezdett inni és cigarettázni, és a betegsége kiújult. Ezennel semmilyen gyógyszer nem segített rajta. Az anya mindent megszerzett neki, amiről azt állították, hogy jó gyógymód volt. Ezek a „gyógymódok" kígyókból, macskákból, friss májból, emberi vizeletből, és lepra elleni gyógyszerből álltak. Ördögűzést is végeztek rajta, magzatburkot és egy hullából származó húst is etettek vele, mert valaki azt mondta, segíthet rajta.

1982. januárban a Severance kórházban felállították a diagnózisát. A tüdeje tönkrement, és már nem volt remény a gyógyulásra. Kórházba került, de javulás nem következett be. Az anyja feladta a harcot, és ki akarta venni a kórházból. Ekkor eljött hozzá a nagymamája. Ez az idős asszony a Manmin templom mellett lakott. Bár soha nem jött el a templomba, látta, hogy sok beteg ember meggyógyult, aki eljött. Látta, amint gyógyulásuk után egészséges testtel járkáltak. Ezért biztatta az unokáját, hogy jöjjön el a Manmin templomba. 1983. március 13-án Daehee Cho részt vett egy péntek éjjeli ima-összejövetelen. Úgy érezte, ez volt az utolsó reménysége. Annyira sovány volt, hogy a szemei kidülledtek.

Abban a helyzetben, amiben volt, az anyjával minden nap eljött a betegekért tartott istentiszteletre, és háromnapi böjtöket tartott. A böjt harmadik napján Isten megadta neki a bűnbánat szellemét, mire ő teljes és alapos bűnbánatot tartott, háromszor. A tizenharmadik napon Dahee Cho meg volt győződve, hogy meggyógyult. A hajnali ima-összejövetel után elment a fürdőbe és köpött egyet. Nem volt vér sehol. Még az előző napon is vért köpött. De azon a napon, a köpete tiszta volt. A szúrós fájdalom a mellkasában megszűnt, és nem volt a köpetben vér többé. Később Isten elhívta őt, hogy legyen a szolgája, és most a templomunk segédlelkészeként dolgozik.

Az összes beteg gyógyulásáért imádkoztam

Eleinte, amikor a betegek eljöttek a templomba, azért imádkoztam, hogy azonnal meggyógyuljanak. Azt gondoltam, a legjobb az számukra, ha megtapasztalják Isten kegyelmét, és megszabadulnak a betegség igájától. Egyszerűen így imádkoztam: „Isten, gyógyítsd meg a betegeket, ahogy csak ideérnek." Valójában Isten úgy válaszolt, ahogy én kértem. Bármilyen beteg, aki eljött a templomba, azonnal meggyógyult. Azonban hamarosan rájöttem, hogy a legfontosabb dolog, a megmentés gyümölcse hiányzott. Sokan közülük egyszerűen elhagyták

Istent, miután meggyógyultak.

Egy alkalommal egy pár eljött a pénteki imára. Elmondták nekem, hogy a férfi megsértette az egyik inát egy közlekedési balesetben. Nem tudott jól járni, és olyan fájdalmai voltak, hogy az istentisztelet alatt nem tudott egyenesen ülni. A Szentlélek megmozdította a kezem és ráhelyezte erre az emberre. Az ima után nyomban felállt, és lépni kezdett. Azonban néhány alkalom után nem jött többé a templomba.

Egy lelkész a templomból meglátogatta őt, akinek azt mondta: „Nem elég az, hogy néhányszor elmentem az istentiszteletre megköszönni, hogy meggyógyultam? Ad bárki is pénzt nekem, ha templomba járok?" És aztán többé soha nem jött templomba. Nem érezte ennek a szükségét, hiszen már meggyógyult. Ha Isten nem gyógyította volna meg, nem lett volna képes dolgozni. Isten életet és kegyelmet adott neki és meggyógyította, de mivel nem volt benne az élet szava, csupán a saját érdekét kereste.

Volt egy házaspár, akinek a hetedik hónapban megszületett a gyermeke. A gyerek inkubátorban volt egy kórházban három hónapig, de nem javult az állapota. Az orvos azt mondta, nem volt több remény. Az apa egyszer azt mondta: „Amikor a baba egyéves lesz, tartunk egy partit, amire mindenkit meghívunk a templomból." Mivel a szülők rájöttek, hogy az orvostudomány nem tud rajtuk segíteni, elhozták a babájukat a templomba. A kisgyerek imában részesült, és meggyógyult. 15 nap múlva tökéletesen egészséges volt.

„Lelkipásztor uram, köszönöm nagyon szépen. A baba első születésnapján a templom összes hívét meghívjuk majd az ünnepélyre."

„OK, úgy legyen."

Mivel az apa nagyon boldog volt, magától javasolta ezt. Azonban, lassan egyre kevesebbszer jött el a templomba. Amikor a baba első születésnapja eljött, megtartották az ünnepséget, de csak a rokonokat és azokat a civileket hívták meg, akiket ismertek.

Egy fiatal férfi Kang-won Do-ból, bár testileg teljesen egészséges volt, nagyon hencegős volt. Azonban, amint az üzeneteket hallgatta a templomban, megbánta viselkedését. Amikor imádkoztam érte, hogy a démonok békén hagyják, habos lett a szája, és leesett. Amint a démon elhagyta, hétköznapi ember lett belőle, kellemes jellemmel. Visszatért a templomába, és többé nem láttuk.

Egy idős asszony majdnem teljesen elvesztette a látását. Miután hallott a templomunkról, a családtagjaival együtt eljött, és visszanyerte a látását. Azonban hamarosan elhagyták a templomot.

Ne bűnözz többet

János 5, 14-ben, miután Jézus meggyógyított egy embert és aztán a templomban újra rátalált, ezt mondta neki: „*Íme meggyógyultál, többé ne vétkezz, hogy valami rosszabb ne történjék veled.*"
Mivel Isten szeretete és hatalma gyógyította meg őket, most

az Ő igéje szerint kellene éljenek és meg kellene köszönniük a kegyelmet. Azonban, ha újra bűnöket követnek el, Isten hogy tudná megvédeni őket? Mivel Istennek el kellett fordulni tőlük és nem tudta őket megtartani, a Sátán munkája által újra megkapták a betegséget, és mivel elfelejtették Isten kegyelmét, még komolyabb betegséget kaptak, mint korábban.

Ha az Igében élünk, védelemben részesülünk

1982. novemberben történt az eset. Akkoriban a péntek éjjeli istentiszteletet reggel 6 óráig tartottuk. Röviddel éjfél után egy pár jött a szentélybe, akik egy kislányt hoztak magukkal, aki 5 év körül lehetett. A kislány hangosan sírt a fájdalomtól. Busan-ban élt, és végzetes hasnyálmirigy rákja volt.

Az orvosok megpróbálták megoperálni, de a daganat olyan nagy volt, hogy nem tudták eltávolítani. Mivel a gyomrára is átterjedt, veszélyes lett volna varratokat alkalmazni. Az orvos csak egy cérnához hasonló drótszerű anyagot tett lazán a gyomrára. Nagyon szörnyű látvány volt.

Wonmi volt a kislány neve. Naponta többször morfiumot kapott. Csak így tudta elviselni a fájdalmat. Az oxigénmaszkkal a fején, Wonmi gyakorlatilag haldoklott. A nagynénje, az apja nővére meggyőzte a szüleit, mondván: „Testvérem, van egy templom Szöulban, mely tele van Isten kegyelmével. Menjünk el oda, és kérjük, imádkozzanak érte. Isten meg fogja gyógyítani Wonmit." A szülők már feladták a harcot, és nem volt több reménységük, így hallgattak rá. Elhozták Wonmit Szöulba, a templomba.

15 napig imádkoztam a kislányért. Amikor először részesült

az imában, a fájdalma eltűnt. Néhány nap múlva, a gyógyulás jelei láthatóvá váltak. A fájdalom eltűnt, és a duzzadt gyomor normálissá vált megint. A szülők elkezdtek hinni. Azt tanácsoltam nekik, hogy a kórházban vetessék ki a drótokat, de ők maguk vették ki azokat, a hit erejével. Csodálatos módon, Isten megengedte, hogy a nyitott seb begyógyuljon, és bezáródjon.

Wonmi szörnyű fájdalmak közepette haldoklott, de most 10 nap alatt meggyógyult. Megtanulta a dicsőítő énekeket és a táncokat a vasárnapi iskolában, és a barátaival táncolt és énekelt. Akik látták őt, annyira boldogan nézték, hogy meggyógyult. Okos volt, és sok hívünk szerette őt.

A templomban maradtak 15 napig, és imában részesültek. Ez után visszamentek a szülővárosukba. Amikor a szülőkért imádkoztam, Isten ezt üzente a számomra:

„Amikor visszamennek, meg kell tartaniuk a Tízparancsolatot, s így a lányuk egészségben fog felnőni. Ha azonban nem tartják meg a Tízparancsolatot, Isten elfordítja az Arcát tőlük."

Azt mondtam nekik: „Meg kellene tartaniuk a pihenőnapot, megfelelőképpen adakozniuk, és Istent kellene szolgálniuk, jól. Maguknak szülőknek be kell tartaniuk a Tízparancsolatot, hogy a gyermek mindig egészséges maradjon." Wonmi apja azt mondta: „Köszönöm, lelkész úr! Természetesen megtesszük. És úgy tudom, a templomnak még nincsen egy jó nagy busza. Amint hazaérünk, küldünk egyet Önöknek."

Nemsokára azt hallottam, hogy a gyerek meghalt. Eleinte Wonmi szülei jártak templomba, de amint múlt az idő, nem tartották be az Úr Napját. Azonban azért is hálásnak kell lennünk, hogy Wonmi lelke megszabadult, és a mennyei királyságban él örökre boldogan, ahol nincsenek könnyek, és szomorúság sincs.

Istenem, mentsd meg őket a hitük szerint

Mivel a szolgálatom elején voltam, összetört szívvel figyeltem, hogy az emberek elfelejtik Isten kegyelmét, elhagyják a templomot, és visszatérnek a világi életbe.

„Istenem Atyám, találkoztak Veled, megtapasztalták a Te munkádat, és meggyógyultak, és hogy hagyhatnak el csak így?" Sírtam, és rengeteg könnyet ejtettem az imámban, összetört szívvel. Egy nap meghallottam az Úr hangját:

„*Szolgám, amikor meggyógyítottam tíz leprást, kilenc közülük elment, és csak egy jött vissza, hogy Engem dicsőítsen. Hasonlóképpen, amikor az Atyát kéred, és a hiteddel meggyógyítod őket, ha nincs bennük elég hit és élet, el fogják felejteni az áldást, és el fogják hagyni a templomot. Csak akkor nem mennek el, ha meghallgatják az Igét, és lesz hitük. S így miután meggyógyulnak a hitük által, nem fogják a templomot cserbenhagyni. Mivel imádkoztál, az imád által meggyógyítottam őket, most azonban változtasd meg az imáid tartalmát. Azt kell kérned az imáddal, hogy saját hitüknek megfelelően gyógyuljanak meg.*"

A végső célja a keresztény életnek az, hogy lelkünket

megmentsük, és mi magunk a mennyei királyságba kerüljünk. Ezért a legfontosabb dolog, hogy ismerjük Isten akaratát, és meglegyen a hitünk ahhoz, hogy a mennyei királyságba juthassunk. Amikor Jézus meggyógyított tíz leprást, közülük csak egyetlenegy tért vissza hozzá, és dicsőítette Istent (Lukács 17, 11–19). A másik kilenc elhagyta Istent, és visszatért a világba. Ez az egy megmentődött.

Az emberek azért jönnek a templomba, mert betegek, vagy más problémáik vannak. Amikor részt vesznek az istentiszteleten és meghallják az üzenetet, megismerik Isten akaratát, és új hitet és életet kapnak. Isten akaratából gyógyulnak meg, amikor a Szentlélekben részesülnek. Hisznek a mennyországban és a pokolban, és abban, hogy megmentik őket. Ha hit nélkül gyógyulnak meg, a legtöbbjük visszamegy a világi életbe, kivéve azokat, akiknek nagyon jó lelkiismeretük van. A végén, akik hátat fordítottak, nem lesznek megmentve. A fenti okokból, innentől fogva így változott az imám: „Isten, gyógyítsd meg őket, a saját hitük szerint." Isten valóban megmutatta az Ő gyógyító munkáját, amikor hittel kérték tőle.

Hit, amely az időjárást befolyásolja

1983. augusztus elsején megtartottuk az első nyári lelkigyakorlatot Inchon mellett, a Daebu szigeten. Egy nappal korábban, nagyon nagy esőzés volt, villámokkal és mennydörgéssel. A komp, amely a szigetre járt, naponta egyszer közlekedett csak. Kértem Istent: „Istenem, hogy tudnánk a lelkigyakorlatra menni ebben az esőben? Kérlek, állítsd el!"

A terv szerint reggel 5 órakor kellett volna a templomból elindulnunk, így a korai időpont miatt néhány diák, aki messze lakott a templomtól, aznap éjjel a szentélyben aludt. Aludni akartam a lakásunkon, de nem tudtam, mert a vihar nagyon hangos volt. Csak feküdtem, és nem tudtam mást tenni. Imádkoztam a szívemben, amikor 3 óra táján meghallottam a Szentlélek hangját, mondván, hogy ne aggódjak. Elmentem a szentélybe, hogy a hajnali, 4 órakor kezdődő istentiszteletet levezessem, és ott néhány fiatalt találtam. Az ima után, 4:55-kor a vihar még erősebb volt. Még több mennydörgés volt, villámokkal. Az ablaküvegeket erős eső ütötte.

Azt mondtam: „Imádkozzunk együtt, hogy elálljon az eső!" Mivel addigra már számos csodálatos jelet láttak a péntek éjjeli ima során, a diákok és a fiatal felnőttek hitet kaptak. Akik a szentélyben voltak, komolyan imádkoztak egy pár percig, de a vihar nem állt el.

Azt hallottam: „Ne aggódj! Vedd el a csomagod, és menj le az első emeletre. Amikor valaki lelép a földre, a vihar el fog állni."

Amikor merészen kijelentettem ezt, mindenki „Ámennel" válaszolt. Mindannyian felálltak, és lementek az első emeletre. Amikor a sorban az első személy lelépett a talajra az udvaron, a sűrű eső azonnal elállt, és a villámok és mennydörgés is alábbhagyott, majd elállt. Ezzel az eseménnyel is Isten nagyszerű ajándékát, a hitet kaptuk meg, újra.

Nehéz keresztutak magyarázatát és a „kereszt üzenetét" megkapom

Miután templomot alapítottam, számos újjáéledési eseményre meghívtak beszélőnek. Az Igét prédikáltam, hogy minden egyes résztvevőbe hitet ültessek, és adjak egy lehetőséget számukra, hogy megértsék Isten szeretetét. Amikor a betegekért imádkoztam, sokan közülük meggyógyultak. A sánta tudott járni, a vak látni. Számos csoda történt. Isten arra is megtanított, miről beszéljek ezeken az összejöveteleken. Jézus Krisztusról, Isten Atyáról, igaz hitről, és örök életről beszéltem, csodákról, a feltámadásról, az Úr második eljöveteléről, és a mennyei királyságról.

Általában a találkozók hétfőtől csütörtökig tartottak. Este hatkor kezdődtek, és fél nyolckor kezdődött az üzenet. Általában 11-ig folytattam, vagy éjfélig, mivel a lelkipásztor és a résztvevők megkértek, hogy folytassam a prédikációmat. Az esti összejövetel után néhány órát aludtam, utána pedig a hajnali ima-összejövetelt vezettem. 1983-ban, az egész országban megjelentem ilyen összejöveteleken. Egy napon az Úr azt mondta nekem, hogy hagyjam abba ezeket a beszédeket, és menjek a hegyekbe imádkozni.

Azokat a bibliai részleteket akarta számomra elmagyarázni, amelyeket nehéz megérteni. 7 éve imádkoztam már azért, hogy megértsem ezeket, míg végül megkaptam a választ az Úrtól. Így 1983. májustól abbahagytam az ima-összejöveteleken való beszédet, és elmentem a Kwangju imahegyre, Kwangju-ba, Kyeong-gi Do-ba. A vasárnap esti istentisztelet után ottmaradtam egész nap, hogy imádkozzak, és pénteken hazatértem a templomba, hogy a péntek éjjeli imát irányítsam. Ez az élet számos évig folytatódott így.

Hideg teleken és forró nyarakon küzdök

Nyáron a napsütés nagyon erős volt, míg télen mínusz 10-15 Celsius fokra is lement a hőmérséklet (körülbelül +10 Fahrenheit). Csupán egy egyrétegű katonaplédem volt, azt letettem a sziklára, és az éghez fordulva hangosan imádkoztam. Még hideg időben is felmentem a hegyre, és egészen estig imádkoztam. Egész nap a hideg időtől szenvedtem. Ha mínusz 10 Celsius alá esett a hőmérséklet, nem izzadtam egyáltalán, még akkor sem, ha kiabáltam, és teljes erőmből imádkoztam.

Mivel nem volt pénzem, nem tudtam megengedni magamnak, hogy egy otthonos és meleg lakhelyet béreljek ki. Csupán egyetlen faszén brikettet tudtam vásárolni minden napra. A szobában hideg volt. A papírablak elszakadt, és hideg szél süvített be. A szobában volt tinta, amellyel fel tudtam jegyezni az Úr magyarázatát a nehéz bibliai részletekről. A szoba annyira hideg volt, hogy a tinta megfagyott. Valahogy fel kellett olvasztanom, hogy írni tudjak vele. Mivel nem volt megfelelő takaróm, kényelmetlenül aludtam, és azzal az egy takaróval megpróbáltam betakarni magam. Korán reggel felkeltem, és felmentem a szentélybe, hogy a hajnali imában részt vegyek. Miután megreggeliztem, felmentem a hegyre, és egész nap imádkoztam.

Magyarázatokat kapok azokra a bibliai részletekre, amelyek több jelentéssel bírnak

Néha jeget törtem, és a hideg vízzel megmosakodtam, miután imádkoztam, és egész nap a Bibliát olvastam. Este 7 órakor az emberek az esti imaülésre mentek, így csend volt. Ilyenkor bementem az imacellába, és küzdve imádkoztam, miközben izzadtam. Az Úr megmagyarázta számomra a Bibliának azon részeit, amelyekről imádkoztam napközben. Megmagyarázta azokat a kezdő bibliai részleteket, amelyeket a legnehezebb volt megértenem, és ez édesebb volt, mint a méz. Különösen, mert Isten mérhetetlen és végtelen akarata mind ezekben a versekben volt benne. Nézzünk egy ilyen példát. János evangéliuma második fejezetében, Jézus elment az esküvői fogadásra Kánába, és a vizet borrá változtatta. Általában egy esküvői fogadáson az emberek túl sokat isznak, és túlságosan elengedik magukat. Csak tűnődhetünk azon, hogy Jézus, aki az egész emberiséget jött megváltani, miért pont egy ilyen eseményre ment el, hogy megmutassa az első jelét az Ő szolgálatának.

Az esküvői mulatság az idők végezetét szimbolizálja, amikor az emberek esznek és isznak, és a bűn elterjed. Jézus első jele szimbolikusan előrevetíti a szolgálatának az elejét és a végét is.

Jézust meghívták a kánai esküvői ünnepélyre, de azért, hogy keresztre feszítsék. Ő megengedte a világi embereknek, hogy ezt megtegyék, és végül tényleg keresztre került. A víz az örök élet vizét szimbolizálja (János 4, 14), és ez a víz Isten szava, ami örök életet ad. A szó Jézus Krisztus, aki emberi testben jött a földre. A bor Jézus drága vérét jelképezi. Azt, hogy Jézus, aki emberi testben jött a földre, a kereszten fogja végezni, és a drága vére kifolyik majd a jövőben. Jézus, aki lejött erre a bűnökkel teli földre, feláldozza az Ő szent testét a kereszten, és kiontja az összes vérét. Ez a részlet megmutatja számunkra az Úr szeretetét.

A víz borrá való változtatása Jézus kereszten kiontott vérét jelenti, ami az örök élet maga. A bor, amit Jézus készített az esküvői mulatságon csupán szőlőből készült, semmi részegítő anyagot nem tartalmazott. Az emberek megkóstolták a bort, ami vízből lett, és azt mondták, jó volt. Az emberek boldogok lesznek, mert megtisztulnak azáltal, hogy Jézus véréből isznak, és van reményük a mennyei királyságra.

„Ezt tette Jézus első jelként a galileai Kánában, így jelentette ki dicsőségét, és tanítványai hittek benne" (János 2, 11). Itt, a „dicsősége megnyilvánulása" a négy evangéliummal kapcsolatos, amelyek megjegyzik, hogy Jézus magához veszi a keresztet, de a temetése után három nappal megszegi a halál tekintélyét, és feltámad, hogy kinyilvánítsa az Ő dicsőségét. Ennélfogva, ez a kifejezés több jelentéssel is bír.

A tanítványok szétszóródtak Jézus keresztre feszítésének idején, és amikor az emberek azt mondták nekik, hogy látták őt feltámadni, nem hitték el. Csak akkor hitték el, amikor személyesen találkoztak a feltámadt Jézussal. A tanítványok hittek Jézusban, de nem akkor, amikor az első jelet mutatta, hanem akkor, amikor az Úr kimutatta az Ő dicsőségét, amikor Jézust keresztre feszítették, megszegte a halál tekintélyét, és feltámadt. Az első jel által, most már képesek vagyunk látni, hogy nem csak arról volt szó, hogy Jézus segített egy esküvőt megünnepelni ezen a fizikai világon.

A „kereszt üzenete", az elrejtett titok, ami az idők kezdetétől rejtve van

Ahogy egyre jobban megértettem Isten kegyelmét és szeretetét, amíg a négy evangéliumról olvastam, amelyek Jézus szolgálatáról szólnak, nem tudtam tovább olvasni, mert az orrom folyt, és a könnyeim csorogtak. Akkor kezdtem el sírni, amikor Jézus Pilátus udvarában megjelent. Amint azt olvastam, hogy megostorozták, és tüskés koszorút adtak a fejére, és keresztre feszítették, hosszan sírtam. Nem tudtam a sírást abbahagyni, és be kellett csuknom a Bibliát.

Bármennyire próbáltam ellenőrizni magam, több napomba került, míg végre el tudtam olvasni a négy evangéliumot. Még akkor is, amikor önálló lelkipásztor voltam, ha kinyitottam a Bibliát és olvasni kezdtem, a könnyeim eleredtek. A szent úrvacsorán is alig tudtam részt venni, mivel nehezen tudtam a könnyeimnek ellenállni. Egy idő után erőt vettem magamon, mivel teljesen megértettem, milyen áldást jelent a számunkra, hogy Jézus a kereszt útját járta, és ezáltal megmentett minket. Most már el tudtam olvasni a Bibliát, és részt tudtam venni az úrvacsorán örömmel és hálaadással. Amint „a kereszt üzenetét" megkaptam, amire az Úr sugallata tanított meg, sokkal mélyebben átéltem Isten szeretetét.

1983-ban, amíg a Kwangju imahegyen imádkoztam, az Úr megérttette velem a „kereszt üzenetét" is. Megmagyarázta számomra, miért Jézus az egyetlen megmentőnk, miért van az, hogy ha hiszünk, megmentődünk, miért helyezte el Isten a jó és a rossz tudásának fáját, és miért művel Isten minket, embereket ezen a földön. Elmagyarázta nekem ezt a „kereszt üzenetét", amely az idők kezdete óta titokként volt elrejtve. Szintén megmutatta és elmagyarázta a Teremtés könyvének szellemi birodalmát.

Isten szintén megadta számomra, hogy teljesen megértsem, és mélységesen bevéssem a jelentését és a módját annak, hogy az isteni dolgokban részt vegyünk, a Szentlélek kilenc gyümölcse által, a boldogság, és a „szellemi szeretet" által.

Hogyan tudom a nyájat szellemi szóval táplálni?

Ha egy bizonyos helyen hosszabb időn át imádkoztam, a hír elterjedt, és az emberek eljöttek, hogy az imámban részesüljenek. Mivel egyre többen ismertek, egy másik helyre kellett költöznöm. Ahhoz, hogy imámmal kommunikálni tudjak Istennel, csakúgy, mint János apostol, aki a Jelenések könyvét Patmosz szigetén írta le, nekem is szükségem volt egy magányos helyre, távol a világi dolgoktól.

Így, elmentem egy helyre Kangwon Do-ba, Jochiwon-ba. Amikor forró nyári napokon mindenféle hűtés nélkül imádkoztam, teljesen vizes voltam az izzadságtól, de nem éreztem kényelmetlenül magam, és soha nem panaszkodtam.

Két kérdésem volt: „Hogyan értethetem meg a nyájammal Isten szavát helyesen, és hogyan nyújthatok nekik olyan szellemi táplálékot, amely valóban táplálja őket majd, és tökéletes hitük lesz?" A másik: „Hogyan tudnék még többet imádkozni, és Isten hatalmából részesülni úgy, amint az apostolok és próféták tették, hogy képes legyek a világhivatást nagyszerűen végrehajtani, és felépítsem a Nagy Szentélyt?" Mivel rendkívüli módon koncentráltam ezekre a kérdésekre, nem volt időm más dolgokra is gondolni.

1984. májusban, néhány nappal a születésnapom előtt történt. Vin Geumsun vezető diakonissza, aki jelenleg az Egyesült Asszonyok Nagy Missziójának vezetője, megmutatta nekem egyik rokonának a házát Kangwon Do-ban, ahol én egy kis ideig imádkoztam. Erre a helyre csónakkal lehetett eljutni.

Pénteken vissza kellett jönnöm Szöulba, és vezetnem kellett az éjjeli imaösszejövetelt, valamint a vasárnapi istentiszteletet is. Azonban Isten megindította a szívemet, és tovább maradtam három nappal, hogy böjtöljek. Ezalatt Isten megtanított a spirituális birodalom mélységeire, és a mennyei királyság csodáira. A születésnapomat a templomtagokkal tölthettem volna nagy örömben, azonban én inkább azt választottam, hogy nagyszerű ajándékot kapjak Istentől a böjtöm után, ami drága és örömteli volt számomra. A mennybéli királyság tartalma, amit az Úr megmutatott nekem, nagyon átfogó üzenet volt a számomra. Számos versszakot megértettem a Bibliából. Később számos vasárnap reggeli istentiszteletek üzeneteként szerepeltek ezek, majd két általam kiadott könyv tartalmát képezték.

Még a szomszédos piacon is azt mondták: „Menj el a Manmin templomba!"

Volt egy piac a templom mellett. Mivel a templom a piac sarkában volt, sokan, akik a templomba jöttek, át kellett hogy menjenek a piacon, miután a buszról leszálltak. Így a piaci kereskedők számos alkalommal láttak szülőket, amint gyerekeket vezettek olyan életveszélyes állapotban, mintha közlekedési balesetük lett volna.

Manapság gyakran látunk tolókocsikat, de abban az időben nem voltak nagyon elterjedtek Koreában. Amikor a kereskedők sürgősségi esettel találkoztak, azt mondták: „A Manmin templom lelkipásztorához mennek." Amikor ugyanezek az emberek meggyógyultak egy vagy két nap múlva és a piacon bevásároltak, a piaci eladók nagyon meglepődtek, és azt mondták:

„Nem te vagy az, akit tegnap egy hordágyon vittek?"

„De igen, én vagyok."

„Akkor, hogy tudsz így járni?"

„Meggyógyultam tegnap, az ima által."

Mivel a kereskedők ilyen eseteket nagyon gyakran láttak, elismerték, hogy Isten valóban él. Azonban, amikor az evangéliumról beszéltünk nekik, azt mondták: bár tudják, hogy Isten él, nem jönnek el a templomba, mert túlságosan el vannak foglalva azzal, hogy a megélhetésüket biztosítsák. Bár ők maguk nem jártak templomba, ha beteg embert láttak, azt javasolták neki, hogy menjen el a Manmin templomba.

Az Úr velünk együtt dolgozott

Beköltözünk a második szentélybe

Körülbelül egy évre a templomavatás után, a szentély annyira tele volt, hogy több ember nem fért volna el benne. Amikor istentisztelet volt, az imacellák, a folyosó, és még a nappali is, mind tele voltak. Egyáltalán nem volt több hely. Elkezdtünk imádkozni egy új helyért.

Legalább 7.000 négyzetlábnyi helyre volt szükségünk, de az egyháztagok hite nem volt elég erős. Amikor újra egy új szentélyért imádkoztam, Isten szavai ezek voltak: *„Menj és építs egy ideiglenes szállást egy üres helyen. Össze fog dőlni, de építsd fel újra. Aztán újra össze fog dőlni. Ez után fog a gondviselésem megmutatkozni."*

1984. szeptemberben egy egyemeletes épület tetején, mely a piac mellet volt, volt egy üres rész. Isten azt sugallta nekünk, építsünk egy ideiglenes szerkezetet ide, de nem engedte meg számomra, hogy feltárjam a hívők előtt, hogy össze fog dőlni. Természetesen, törvényesen nem lehetett állandó épületet építeni egy másik tetejére. Megmagyaráztam nekik, hogy Isten akarata volt ide építeni egyelőre, és hagytam, hogy elkezdjék az építkezést. Az épület tulajdonosa beleegyezett és azt mondta, elmegy a helyi önkormányzathoz, és megszerzi az építési engedélyt, ideiglenes építményhez.

Emberi gondolkodás szerint nehéz volt elfogadni azt, hogy egy másik épület tetejére akartunk egy szentélyt építeni. Mivel azonban Isten akarata szerint volt, beleegyeztem. Azt is tudtam, hogy az ideiglenes épület össze fog dőlni, miután felépítjük. Miután a hívek elkezdték a fal rakását, az önkormányzattól kijöttek a civil munkások, és azonnal lebontották. Amikor újra felépítettük, ismét lebontották. Ebben a folyamatban néhányan panaszkodtak, de a legtöbben felnéztek az égre Istenhez, aki mindezen dolgokat okozta azért, hogy a végén jóra forduljon minden, és komolyan imádkoztak, egyesítve szívüket. A helyi lakosok, akik mindezt látták, azt gondolták: „Muszáj a hivatalnak ennyire beleszólnia ebbe?" és elkezdték sajnálni a templomunkat. Még a piaci kereskedők is teljesen tudatában voltak annak, ami a Manmin templommal történt, Isten munkája által. Amint a hívőink ezen a nehéz helyzeten átmentek, a szenvedélyük, hogy új szentélyünk legyen egyre forróbb lett, és a szíveink egyként egyesültek. Ilyen módon, Isten már egy új épületet készített elő.

Addig azonban nem volt más épület, amit a templomunk használhatott volna. Egy közeli helységben volt egy 7.000 négyzetlábas épület, ami már kész volt, és használhattuk. Isten azt parancsolta, költözzünk abba az épületbe. Körülbelül 300 egyháztagunk volt akkor, és az adakozásokból befolyó összeg még a hittérítő tevékenységre sem volt elég. A legtöbb hívőnk szegény volt, így nehéz volt akár néhány millió won-t is előteremteni. Ha az elején azt tanácsoltam volna nekik, hogy egy 7.000 négyzetláb épületbe költözzünk, sokat panaszkodtak volna. Csak az épület bérlésére 40 millió won-ra (40.000 dollár) lett volna szükségünk. További 20 millió won kellett, hogy szentéllyé alakítsuk az épületet. Nagyon nehéz feladat volt ez, a híveink hitét nézve. Azonban, amint átmentek a megpróbáltatásokon, az új szentély iránt érzett szomjuk sokkal nagyobb lett, és szenvedélyes szívvel, egyesült gondolatokkal és erővel imádkoztak. Úgy tűnik, egyetlen pillanatban összegyűjtöttük a pénzt, hogy az új szentélybe költözhessünk. Végül, 1984. december 31-én kibéreltük az épületet Dae-Bahng Dong, Dong-jak Gu-ban, és megtartottuk az első istentiszteletet. Isten megsokszorozta a hívők hitét ezáltal a próbatétel által.

Templomi szervezeteket alapítunk

A templom mérete egyre nőtt, mivel Isten új tagokat küldött számunkra. A hívek hite is állandóan erősödött, hiszen Isten erőteljesen megmutatkozott a jelekben és csodákban, amelyeknek állandóan a tanúi voltunk. Néhányan csak a gyógyulásuk miatt jártak templomba, de sokan voltak azok is, akik szomjazták és keresték az élet szavát.

1983. októberben megalapítottuk a Manmin Imaközpontot. Isten segítségével a feleségem, Lee Bonim naponta vezetett gyógyító összejöveteleket itt, hogy lelkileg és fizikailag meggyógyítsa a híveket. A feleségem lett az imaközpont igazgatója. Mindennapos tevékenységében a tanácsadásra koncentrált, a betegek látogatására és gondozására, és az imára. 1984. januárban megalakult az „Imahívek Missziója", azzal a feladattal, hogy Isten királyságáért és igazságáért imádkozzanak. Az ima hívei nemcsak imádkoztak, de részt is vettek az imaösszejöveteleken, és imájukkal a betegeket bátorították. 1984. márciusban, megnyílt a Manmin Óvoda, melynek hivatása a gyerekek felügyelete volt. Csupán néhány évre a templomavató után, a templom szervezeteinek szerkezete kezdett kialakulni. 1985. októberben a feleségem, mint az imaközpont igazgatója, éjszakai imaösszejöveteleket kezdett szervezni. Néhány ember volt jelen a kezdetekben ezeken, és ezek voltak a mai Dániel Imaösszejövetel kezdetei. Minden éjjel hívők ezrei gyűlnek össze imádkozni, még ma is. Boknim Lee igazgató az imára és a böjtre koncentrált. Személyes boldogságát nem csak a családjától remélte és kereste, hanem más lelkekért is élt. Isten a Szentlélek tiszta hangjával dolgozott, és megáldotta őt, hogy számos hatalmas munkát végrehajtson. A mai napig ő vezeti a Dániel Ima-összejöveteleket minden éjjel. Számtalan hívő megtapasztalja Isten hatalmát, és válaszokat kap kérdéseire az összejövetelek és a hálaadó istentiszteletek alatt a szentélyben. A Dániel Ima-összejövetelek által, a templom tagjainak lelke virágzó lesz. Ez a templomi újjáéledés vezető ereje.

Azok, akik az élet szavát szomjúhozták, eljöttek és meghallgatták a szellemi üzeneteket, és ezáltal békét és pihenést nyertek. Azok, akik választ és megoldást kaptak a problémáikra, megmaradtak a templomnál, ezáltal a templom még jobban megerősödött.

Orvostanhallgató, agydaganattal

Sooyeol Cho, aki egy keresztény családba született, egy olyan betegségben szenvedett, amelyben az orrában lévő vérerek

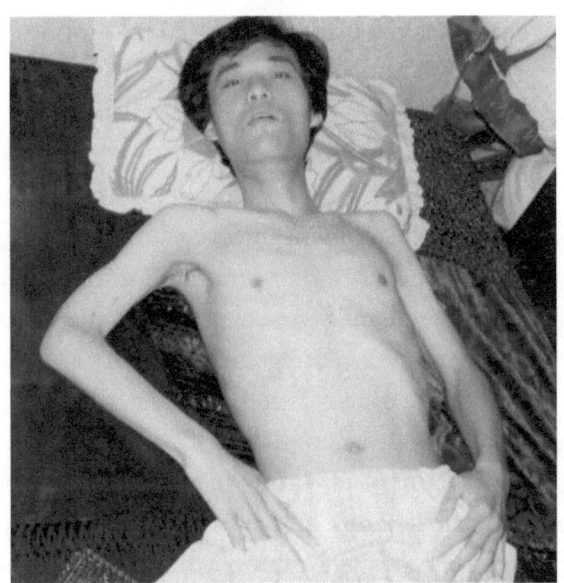
Sooyeol Cho tüdőgyulladásban szenved

Ma már egészséges lelkész

megvastagodtak, majd daganat lett belőlük. Később agydaganat lett belőle.

Abban az időben, Sooyeol Cho egyik rokona a szöuli Nemzeti Egyetemi Kórház igazgatóhelyettese volt. A gyereken komoly, 8 órás műtétet hajtottak végre. Azonban, a daganat kiújult. Amint főiskolára ment, megbarátkozott a világgal, és a tünetei rosszabbodtak. A műtét után három hónappal, az orra teljesen eldugult, és állandóan vérzett. Visszament a kórházba, ahol az orvos azt mondta, a betegsége kiújult.

Az előző műtétje alkalmával az orvos azt mondta, nagy a valószínűsége, hogy a daganat az agyába is felterjed, és most a daganat gyökere már ott volt, tehát agydaganata volt. 1984. decemberben rájött, hogy az orvostudomány nem tud rajta segíteni. Tudomást szerzett a templomunkról, és a családjával együtt eljött bejelentkezni.

1985. január folyamán többször eljött az újjászületési összejövetelekre, és ennek eredményeképpen jobban lett. Abban az időben az orvosok egy újabb műtétet javasoltak, és valamennyire ő is hitt abban, hogy talán meggyógyulhat az orvosok segítségével.

1986-ban, miután 10 alkalommal veszélyes orrvérzése volt, rájött, hogy egyedül Isten kegyelméből élhet. Kétszer olyan súlyos volt a vérzése, mint előtte bármikor, s így teljesen kifáradt.

Mialatt Jochiwon-ban imádkoztam egy napon, ima közben rettenetes nagy szomorúságot éreztem a szívemben, és rájöttem, hogy Sooyeol Cho rendkívül súlyos helyzetben van. Könnyekkel küszködve imádkoztam érte Istennek.

Akkoriban történt, hogy az egyik diakonissza, aki sokat imádkozott a templomunkban, egy látomást látott, ami szerint Jézus ruhájának a szélébe kapaszkodtam, és ennek a fiatalembernek az életéért könyörögtem Hozzá. Még ezután is, valahányszor ez a fiatalember életveszélyes helyzetbe került, a Szentlélek mindig tudatta velem, és ezeket a kritikus pillanatokat az imámmal vészelte át. Azóta Sooyeol Cho hívő lett, és jobban érzi magát.

Ha nem imádkozott és nem volt teljesen tele a Szentlélekkel, a csomó az orrában nagyon nagy lett, a torka elzáródott, és valami nyelvszerű előjött a torkából, ami a csomó is lehetett, és kilátszott az orrlyukából. Ilyenkor, amikor bűnbocsánatért imádkozott és az imámban részesült, tiszta lett. Ez által a folyamat által a fiatalember tudomást szerzett az érzéki gondolatokról és a benne élő gonoszról, és böjtölt, arra gondolva: „Ha meg kell halnom, meghalok."

Mindent megpróbált, hogy megváltozzon. Végül teljesen meggyógyult. Jelenleg a templomunk egyik segédlelkésze. Boldog családja a feleségéből és a fiából áll.

Szénmonoxid gázmérgezés okozta merevség

1985. februárban, egy szombati délután a szobámban imádkoztam. Hirtelen mozgásra lettem figyelmes kívülről, és egy hangra, amely azt kiáltotta, hogy meghalt valaki. Amikor kijöttem a szobámból, azt láttam, hogy egy nő a templomunkból haldoklik a szénmonoxid gázmérgezés miatt.

A péntek éjjeli ima után hazament, meggyújtott egy faszén brikettet, és elaludt.

Vasárnap éjjel 2 óra után megtalálták a szobájában. Ekkor már több órán át beszívta a gázt, így a teste már lebénult, és a szájában hab volt. Az egyik szomszédja megtalálta, és elhozta a lakásomra, de az asszony halottnak tűnt. Nem volt eszmélete, és a teste már nagyon merev és hideg volt.

Rátettem a kezem és imádkoztam: „Jézus Krisztus nevében parancsolom, szénmonoxid gáz, tűnj el! Tűnj el mindkét szemen, mindkét orrlyukon és a szájon át, a test összes sejtjéből!" Abban a pillanatban, amint levettem a kezem róla, az asszony teste elkezdett felmelegedni, és lassan kinyitotta a szemét. Aztán, a merev teste elkezdett fellazulni. Az emberek körülötte masszírozták a testét néhány percig, mire visszatért a testmozgása. Felállt, az egészségét teljesen visszanyerve, egyetlen káros utótünet nélkül.

Ha a kórházba vitték volna miután megtalálták, kevés remény lett volna a gyógyulására. Még ha túl is élte volna, élethosszig tartó traumatikus és legyengítő agykárosodást szenvedett volna. De a mindenható Isten, aki még a holtakat is feltámasztja, megmutatta a hatalmát, és a nő két perc alatt meggyógyult. Ő Minsun Lee, aki később hozzáment Cha Jeon-hwan lelkipásztorunkhoz.

„Kérlek, menj Shindaebang Dong-ba."

Néha azokért is imádkoztam, akik már nem lélegeztek. 1985. júniusban valami történt Seok-hee Cho esperes kétéves lányával, Seung-ah-hal. Az anya kolbászt sütött, a kislány odament hozzá, és kinyújtotta a kezét. Az anya adott neki egy kis darab kolbászt. Egy kis idő múlva feltűnt neki, hogy a kislány nincs a szobában. Elment, megkereste, és megtalálta egy másik szobában, ahol haldoklott, hab volt a szájában, levegőért kapkodott, és a színe kékké változott.

Néhány perc alatt történt, és nagyon váratlanul. Gyorsan

a hátára vette a kislányt, és egy taxihoz vitte. Mivel hallotta, hogy a gyógyíthatatlan betegségek meggyógyultak, és a holtak visszatértek az életbe a templomban, megmutatta a hitét Isten előtt. Azt mondta a taxisofőrnek, hogy menjen Shindaebang Dong-ba. Mire ő azt válaszolta, hogy sok kórház van itt is, miért mennének egy ilyen távoli helyre ebben a helyzetben? „Nem, van egy nagyon hozzáértő orvos Shindaebang-ban." Otthon voltam, amikor megérkezett, s így tudtam érte imádkozni. Láttam, hogy a gyerek már nem lélegzett, és a teste hideg volt a sok taxizástól. Komolyan kértem Istent, hogy hozza vissza a fiatal halott gyerek lelkét. Amint az imának vége volt, a gyerek felébredt és elkezdett újra lélegezni. Azóta szépen felnőtt, és semmilyen utólagos nyoma nem maradt az esetnek. Jelenleg a Kyung-hee Egyetemen tanul, és a szülei lelkészekként tevékenykednek a Jinjoomun Manmin templomban Sacheon-ban, Kyeong-nam tartományban.

Harmadfokú égés meggyógyítása, Isten hatalma által

1986. április 6-án Eun-deuk Kim vezető diakonissza, aki akkor 62 éves volt, balesetet szenvedett, amíg a templom konyhájában dolgozott. Egy hatalmas edényben víz forrt a gáztűzhelyen, amiben tésztát akart főzni.

Amikor megcsúszott, véletlenül megkapaszkodott a gáztűzhely egyik fogantyújában, ezért a forró víz kiborult. A víz a mellére borult, megégetve a hasát, kezeit és lábait, súlyos sebeket hagyva. Szerencsére a feje és az arca nem égett meg.
Amint meghallottam mi történt, nyomban a konyhába mentem. Imádkoztam érte, amíg a földön feküdt. Az égése olyan

súlyos volt, hogy a húsa megsült, és hozzáragadt a ruháihoz. Még öntudatánál volt. Elviselhetetlen volt számára a forróság, de azt mondta, amikor imádkoztam érte, azt érezte, hogy a forróság kimegy a testéből. A hő a mellkasa bal részéből a jobbon át haladt lefelé, és a jobb lábán át távozott a testéből.

Bár a forróságot többé nem érezte, az égett testrészei úgy néztek ki, mint a sült hús, és ahol a ruhák beleégtek a bőrbe, a hús felszakadt. Szörnyűséges volt. Ha a kórházba ment volna abban a helyzetben, az életét nem biztos, hogy meg tudták volna menteni. Még ha túl is élte volna a balesetet, sok évbe telt volna, hogy bőrt ültessenek be. Még többszöri műtét után is, tele lett volna sebbel. Elhozták a lakásomba, és naponta egyszer

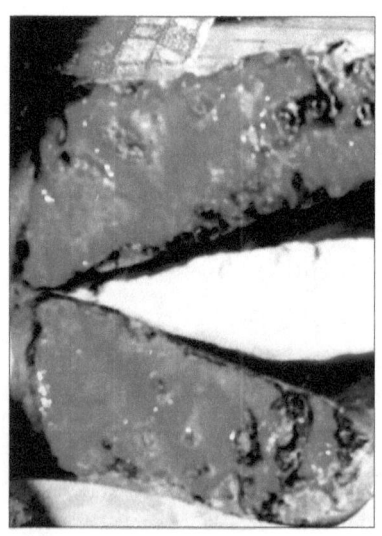

Harmadfokú égési sebekből meggyógyulva

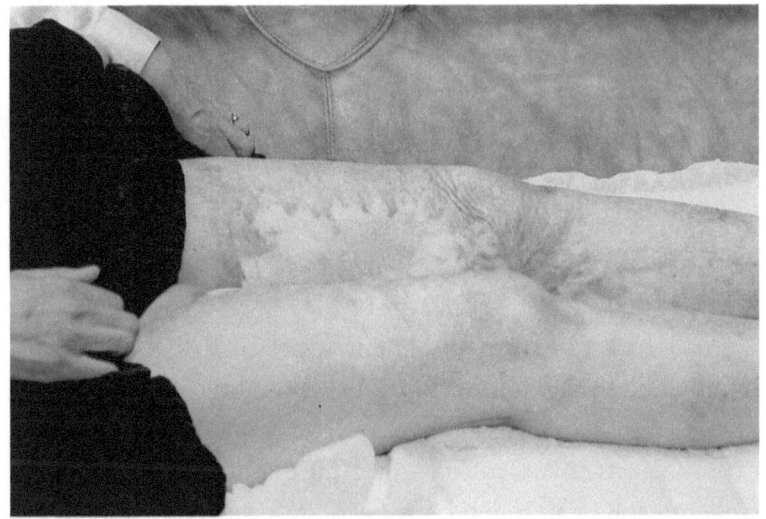

Teljesen gyógyultan, az imától meggyógyult bőrrel

imádkoztam érte. Egyetlen gyógyszert vagy injekciót sem kapott, de Isten munkájának következtében nagyon gyorsan meggyógyult.

A teljesen megsült és halott sejtjeiből var keletkezett, mely úgy nézett ki, mint egy fa kérge. Ez rövidesen leesett, amint az új bőr kinőtt. Az elégett testrészeken új bőr nőtt, és új vérerek képződtek. A halott bőr újjáéledt. Azok a hívők, akik meglátogatták, látták ezt a teljes folyamatot.

Eun-deuk Kim vezető diakonissza teljesen meggyógyult a baleset után csupán három hónappal. 2012-ben volt 87 éves, és szorgalmas keresztény életet él ma is.

Tüzes munkák

„Az Úr Jézus pedig, miután ezeket mondta nekik, felemeltetett a mennybe, és az Isten jobbjára ült. Azok pedig elmentek, hirdették az igét mindenütt, az Úr pedig együtt munkálkodott velük, megerősítette az igehirdetést a nyomában járó jelekkel." (Márk 16, 19-20).

Amikor a tanítványok elmentek prédikálni, az Úr velük munkálkodott. Hasonlóképpen, bár úgy tűnik, én helyezem a kezem a betegekre, igazából az Úr vérfoltozta keze kerül rájuk az enyém helyett. Azok, akiknek megvan a látnoki képessége, vagy szellemi dolgokat képesek meglátni, tanúsították, hogy amíg én imádkoztam, az Úr is ráhelyezte velem együtt a kezét a beteg testrészekre.

Különböző istentiszteleten imádkozom a beteg emberekért, és sok ember tüzet lát átmenni a kezeimen. Ez a tűz, ami a Szentléleké, mindenik hívet meglátogatja, és a hite szerinti mértékben elégeti a betegséget. Kezeimet rájuk helyezve komolyan imádkoztam értük, teljes szívemből, hogy meggyógyítsam őket és a gondjaikat megoldjam. Isten megválaszolta ezeket az imákat a Szentlélk tüzes munkálkodásán keresztül.

A Szentlélek sugallatára meglátom a jövő dolgait

Lelkipásztorrá avatnak

1986. májusában, 4 évvel azután, hogy a templomot megalapítottam, megtörtént a lelkipásztorrá avatásom. A templomi beiktató istentiszteletet júniusban tartottuk. Azon a napon a templom tagjai egy nagy aranyozott kulcsot nyújtottak át nekem, mely a bizalmukat és a szeretetüket jelképezte. Ez azt jelentette, hogy teljes felhatalmazást kaptam a templom tagjainak részéről, mint lelkipásztoruk, és hogy megbíztak bennem, és engedelmeskedtek nekem. Még ma is őrzöm a hívek ajándékát, amelyet őszintén adtak nekem, és úgy őrzöm, mint egy kincset.

A beiktatásom után, az Úr arra késztetett, hogy felajánljak számára egy 21 napos Dániel imát. A Jochiwon-i imahelyemen megpróbáltam Istennel kommunikálni, imádkozás és böjt által. Aztán, az Úr megmagyarázta nekem a Jelenések könyvét, amely arról szól, hogy mi fog történni az utolsó napokban.

Az 1986. július 20-ai vasárnap reggeli istentisztelet után elkezdtem a Jelenések előadásának sorozatát. A sorozat körülbelül 4 évig tartott, 1989. december 30-áig. Azok, akik keveset tudtak a szellemi birodalomról, mivel vágytak rá, hogy többet megtudjanak, nagy örömmel hallgatták ezeket az üzeneteket.

Péntek éjjeli istentisztelet, melyre az ország minden részéből érkeznek

Miután új épületbe költöztünk, és egy újjáéledési alkalmat tartottunk, rövidesen a templom megint tele volt emberekkel. Mivel állandóan ilyen összejövetelekkel voltam elfoglalva, nem volt időm templomi épületek építésével foglalkozni.

1987-ben kibéreltünk egy épületet Shindaebang Dong-ban, Dongjak Gu-ban, és oda beköltöztünk. A harmadik szentélyünk volt. Három hónap múlva a templom újra tele volt emberekkel. A gyülekezeti tagok száma erre az időre felment 3.000-re. Mindkét emeletet, a harmadikat és a negyediket is, szentélyként használtuk, de így sem tudtunk mindenkit ellátni, mert nem volt elég hely. Néhányan, akik eljöttek, vissza kellett forduljanak.

1989. júniusra 6.000 regisztrált taggal hatalmas méretű templomnak számítottunk. A templom megnyitója után teljesen az Isten szavára és az imádkozásra akartam koncentrálni, hogy teljesen eleget tegyek az Isten-adta feladatomnak. Ezért, a hívek gondozását rábíztam a segédlelkészeinkre. Az első templomok idején, mivel az apostoloknak rengeteg munkája volt a növekvő templomokban, kiválasztottak hét esperest, hogy a templomi munkát elvégezzék. Az apostolok kizárólag Isten igéjére és az imáikra koncentráltak (Cselekedetek 6, 3-4). A templom pénzügyeibe sem avatkoztam bele, és minden részleget megbíztunk, hogy a saját munkájukon kívül mást is elvégezzenek. Évente egyszer vagy kétszer konferenciát tartottunk a lelkipásztorok részére, hogy biztassuk őket, és egyre erősebb lelkipásztorokká váljanak. Őszintén szerettem volna, hogy erős és hatalmas lelkipásztorokat képezzünk, akiket Isten és a templomok tagjai nálamnál is jobban tudnak szeretni, s így minden tőlem telhetőt megtettem, hogy annyi segédlelkészt neveljek ki, ahányat csak tudtam.

Az egész országban ismerték és hallottak a péntek éjjeli istentiszteletünkről, mivel telve volt a Szentlélekkel, és sok ember eljött, függetlenül attól, hogy milyen felekezetnek a tagja volt. Felemelő volt azt látni, hogy az emberek telve vannak a Szentlélekkel az éjjel alatt, majd visszamennek a templomukba, hogy ott szolgáljanak vasárnaponként! 1986. december 12-től elkezdtem az előadássorozatomat Jób könyvéről, ahogyan azt az Úr elmagyarázta nekem. A sorozat a péntek éjjeli istentisztelettel ért véget, 1992. december 11-én.

A spirituális üzeneteim mások voltak, mint Jób könyvének korábbi értelmezései. Egy értékes értelmezés volt, mely egy személy szívét elemezte, aki nem más volt, mint Jób. Azt a célt követtem, hogy megtaláljuk a gonoszt a szívünkben, és az igaztalanságot. 1989. után, az Úr elkezdett az emberek „szelleméről, lelkéről és testéről" részletesen tanítani. Ez után, Ő megtanított a különböző „dimenziókra". Amikor a híveknek elmondtam ezeket az üzeneteket, a lelki szemeik kinyíltak, és tisztán láthattam a bennük végbemenő változásokat. Ahogy a hitük egyre erősebb lett, újabb dolgokat kellett megtanítanom nekik. Ilyen módon, egyre mélyebbre kellett mennem a szellemi birodalomban.

Akár csak eggyel több embert is, de változtasd búzává őt

Egy napon, amikor imádkoztam, az Úr panaszkodva ezt mondta:

„Szolgálóm, gyorsan publikáld azokat az üzeneteket, amelyekre megtanítottalak, könyvek formájában. Manapság, kevesen vannak azok, akiknek igaz hitük van, és meg lehet őket menteni. Azt mondják, hogy hisznek, azonban törvényt szegnek ők is. Újra keresztre feszítenek Engem. Nem hisznek, de azt hiszik, hogy hisznek, tévesen."

Jézus azt mondta: *„De amikor eljön az Emberfia, vajon talál-e hitet a földön?"* (Lukács 18, 8). Manapság, a bűn és a törvénytelenség annyira elterjedt, hogy nagyon nehéz olyan embereket találni, akiknek igazi, szellemi hitük van, olyan, amilyent Isten akar.

Amikor a földművesek betakarítanak, csak a búzát szedik össze, a pelyvát elégetik. Ehhez hasonlóan, Isten inkább akar egyetlen szem búzát, mint bármennyi pelyvát. Csak a búzát gyűjti be az Ő királyságába (Máté 3, 12). Azt akarja, hogy szorgalmasan imádkozzunk, az igéje szerint cselekedjünk, a test vágyait ellökjük magunktól, és az Úr szívét kiteljesítsük (1 Thesszalonikaiak 5, 23).

Amikor a felekezetünk tagjai meghallgatták a „szellem, lélek és test" üzenetét, valamint a „dimenziókat", kezdték megérteni az alapokat, és megpróbálták bűneiket elvetni. Ha senki nem beszél nekünk a bűnökről, könnyen lehet, hogy semmit sem tudunk meg róluk. Ha az emberek nincsenek tudatában a világgal kötött kompromisszumnak, nagy valószínűséggel végül pelyva-szerű hívőkké válnak, akiket nem lehet megmenteni. Ennélfogva, a lelkipásztorok nagyon jól meg kell hogy tanítsák a híveket arra, mi a bűn valójában.

Istenre támaszkodom az üzenetek kiválasztásában

Amikor Jézus a tanítványokat elküldte, azt mondta: „*Amikor azonban átadnak titeket, ne aggódjatok amiatt, hogy miképpen vagy mit mondjatok, mert megadatik nektek abban az órában, hogy mit mondjatok. Mert nem ti vagytok, akik beszéltek, hanem Atyátok Lelke szól általatok.*" (Máté 10, 19-20). Amikor a templomot megalapítottam, diák voltam a szemináriumban. Házi feladatokat kellett írnom, mivel iskolába jártam. Ezen kívül, több mint 10 üzenetet kellett hetente előkészítenem, a hajnali istentiszteletre, minden napra, a péntek éjjeli istentiszteletre, valamint a vasárnap reggeli és esti istentiszteletekre. A híveket meg kellett látogatnom és tanácsokkal ellátnom, és személyesen kellett imádkoznom a betegekért, így mindig túl elfoglalt voltam.

Még arra sem volt időm, hogy egy noteszba leírjam a szentbeszédemet, de amikor imádkoztam, Isten megadta nekem a címet, és a bibliai részletet. Amikor erről imádkoztam, Isten megadta az Ő inspirációját. Amikor a szószéken álltam, Isten szava átfolyt az agyamon.

Ma már, az istentiszteleteket szerte az országban élőben közvetítik, és műholdon, vagy az Interneten keresztül más országokban is, így a jegyzeteket előre elkészítem. De a templomalapítástól az élő közvetítésekig, bármiféle jegyzet nélkül prédikáltam.

Csupán egy méltatlan szolga vagyok

Egy napon 1987. áprilisában, mivel az időhiány miatt nem tudtam eleget imádkozni, a szentbeszéd alatt nem jött meg a megszokott sugallat. Még én is éreztem, hogy nem ment úgy, ahogy szerettem volna. A beszéd után annyira sajnáltam Isten előtt, hogy nem készítettem elő jobban a beszédet több imával. Bármikor ezzel a helyzettel kellett szembenéznem, nagyon mélyen azt éreztem, hogy semmit nem tehetek, és semmi nem vagyok, ha Isten nincs velem. Ha Isten cserbenhagy, egyáltalán nem lennék képes egyetlen üzenetet sem elmondani, semmilyen gyógyító munka nem menne végbe, még akkor sem, ha imádkoznék. A Szentlélek nem munkálkodna, amikor prédikálok, s így a hívők nem változnának meg. Még így is, hogy sikerült néhány dolgot megvalósítanom, Isten előtt csupán egy méltatlan szolga vagyok. Ennélfogva, bár fentről nagy hatalmat kaptam és Isten eszközként használt, soha nem lehetek öntelt emiatt.

1987. áprilisban a tanúvallomás-életrajzom megjelent, *„Az Örök Élet Megkóstolása a Halál Előtt"* címmel. Ezt a könyvet számtalanszor kiadták, és egy biztos kasszasikerré vált. Éppen most fordították le különböző nyelvekre, és szerte a világon számtalan országban terjesztik. Ez által a könyv által rengeteg ember elkezdett az élő Istenben hinni, a gyógyító Istenben, abban az Istenben, aki válaszol az imára, aki a szeretet Istene.

Maeng Soojung, aki annakidején Németországban lakott, megkapta ezt a könyvet egy híres német lelkipásztortól, és elolvasta. Nagyon jó benyomása volt róla. Amikor Koreába jött, eljött a templomunkba, hogy részt vegyen az istentiszteleten, és végül rendszeres taggá vált. Azt tapasztalta, hogy az élete megváltozott az élet szavai által. Teljesen lázba jött, hogy az evangéliumot terjessze, és most Washingtonban misszionárius, teljesen annak szentelte az életét, hogy a jó hírt, az evangéliumot terjessze.

„Ez itt a Keresztény Rádió az AM 837-es Khz frekvencián. Ma, a „Velem vagy" adásában, elmondjuk Önöknek Jaerock Lee tisztelendő úr történetét, a Manmin Joong-ang templomból."

A CBS rádió „Velem vagy" adásában, június 1.-től június 30-ig, a tanúvallomásom alapján egy drámasorozatot adtak elő és sugároztak. Egy hónapig naponta kétszer sugározták, reggel és este. A műsor által sok ember szerte az országban Isten kegyelméből részesült a tanúságtételem alapján, és megjegyezte a nevemet. Néhány ember azt állította, hogy elkezdett hinni Istenben.

Augusztus 18.-án megjelentem egy műsorban, amit „Újíts meg" címmel forgattak a CBS-en, és tanúbizonyságot adtam a hitemről. A rendező arra kért, hogy ne említsem meg, hogy Isten gyógyított meg. Azt mondta, egyesek kifogásolhatják majd, ha csodákról beszélünk. Nem tudtam ezzel egyetérteni, így csak visszamosolyogtam rá. Végül, amíg a forgatás ment, a teljes történetemet elmondtam, azt is beleértve, hogyan gyógyított meg Isten. Miután a program tervezett időpontja is letelt, a történetemet nem tűzték műsorra, s így megkérdeztem a szerkesztőt, mi történt. A szalagot éppen meg akarták semmisíteni, de egy másik személy segítségével nagy nehezen megtaláltuk a felvételt, és ebből lett egy egyórás műsor. Azt gondoltam, nagyon jó lett volna, ha az igazságot leadták volna úgy, ahogy történt.

Jövendölés, a Szentlélek sugallatára

Isten a saját javunkra ajándékoz meg a Szentlélekkel (1 Korinthusiak, 12:7). 1 Korinthusiak 14, 1-5 ezt mondja: *„Törekedjetek a szeretetre, buzgón kérjétek a lelki ajándékokat, de leginkább azt, hogy prófétáljatok. Mert aki nyelveken szól, nem emberekhez szól, hanem Istenhez. Nem is érti meg őt senki, mert a Lélek által szól titkokat. Aki pedig prófétál, emberekhez szól, és ezzel épít, bátorít, vigasztal. Aki nyelveken szól, önmagát építi, aki pedig prófétál, a gyülekezetet építi. Szeretném ugyan, ha mindnyájan szólnátok nyelveken, de még inkább, ha prófétálnátok; mert nagyobb az, aki prófétál, mint az, aki nyelveken szól, kivéve, ha meg is magyarázza, hogy a gyülekezet is épüljön belőle."*

Pál apostol azt akarta, hogy Isten összes gyermeke részesüljön a nyelveken való beszéd képességéből, és arra biztatta a hívőket, hogy a jövendölés ajándékát megszerezzék. Én magam néha elmondtam a hívőknek, mi történne a Szentlélek sugallatára, hogy építsem őket, és több hitet ültessek el bennük. A hajnali ima alatt így fohászkodtam: „Isten Atyám, küldj egy bizonyos számú résztvevőt jövő hétre." Aztán kijelentettem, hogy hány ember jön el a következő héten. Abban az időben a felekezetünk tagjainak száma nagyon gyorsan nőtt.

„50 ember lesz jelen a jövő heti istentiszteleten."

A következő vasárnap megkértem a híveket, hogy számolják meg, hányan voltak jelen. Pontosan 50 ember volt.

„65 résztvevő fog eljönni jövő héten."

A szám minden héten nőtt, és én minden vasárnap jövendöltem. A következő vasárnapon, a hívők megszámolták a résztvevőket, és meglepődtek. Amikor elértük a 80 tagszámot, a szám nem növekedett tovább jó néhány hétig. Amikor imádkoztam, rájöttem, hogy az ellenséges ördög abban munkálkodott, hogy a résztvevők száma ne érje el a százat. Böjtöltem és imádkoztam a hívőkkel, és elűztük az ellenséges ördögöt, mert a következő héttől a szám ismét növekedni kezdett, és az alapítási napon, október 10-én, a szám túlhaladta a százat.

Néhány különleges esetben, Isten megengedte nekem, hogy előre megtudjam, mennyi pénzt fognak a hívek felajánlani. A templomalapítás után, 6 millió won-t ajánlottak fel (6.000 dollár) hetente. Mivel mindig a világmisszióra koncentráltunk, sokkal többet kellett költenünk, mint amennyi bevételünk volt. Mindig szűkölködtünk, és a templom nem volt valami jó anyagi helyzetben. Ezért Istenhez fordultam az imámmal. Amikor nagyon komolyan imádkoztam, Isten különleges módon megoldotta a gondunkat. A Szellem tiszta sugallatára, Isten megengedte, hogy az adományok pontos összegét is megtudjam.

„Következő héten, az adományok 33 milliót tesznek majd ki (33.000 dollár)."

Megkaptam a választ, és megmondtam a templom pénzügyeiért felelős embereknek, hogy mennyi lesz az összeg pontosan, hogy több hitük legyen. Semmilyen választ nem adtak, valószínűleg azért, mert nem hitték, amit mondok. Kételkedtek abban, hogy az adományok összege egyetlen hét alatt több mint ötszörösére nőhet.

A következő vasárnap délután, a pénzügyes dolgozók megszámolták a felajánlásokat, és jelentették nekem, hogy azok összege pontosan 33 millió won volt. Azóta, ha pénzügyi nehézségeink vannak, Istenhez imádkozom, és Isten valahányszor megáld minket, s így átjutunk a nehézségeken. Főleg amikor az adományok nagyon megugrottak, akkor engedte meg Ő számomra, hogy előre tudjak erről, s így elmondhattam a pénzügyi bizottságnak ezt. Láttam, hogy a hitük növekedett és erősödött, miután ezt többször is megtapasztalták.

A világ és Korea eljövendő eseményeiről tudomást szerzek, Isten által

Mindig felkiáltottam, amikor imádkoztam, és a Szellem teljességében éltem. És az Úr időről időre megengedte nekem, hogy meglássam az eljövendő dolgokat, nagyszerű és titkos dolgokat. Az Úr látomást küldött Péternek, melyek által elmondta neki a jövő eseményeit (Cselekedetek, tizedik fejezet), és István látta Isten glóriáját, és az Urat, amint Isten jobb oldalán áll. Isten hatalma bármit megvalósít, az Ó- és az Újtestamentumban egyaránt. És manapság, Ő ugyanúgy dolgozik.

Ámosz harmadik fejezetének hetedik szakasza ezt tartalmazza: „Az én Uram, az Úr, semmit sem tesz addig, *míg titkát ki nem jelenti szolgáinak, a prófétáknak.* " Mint mondtam, amikor imádkoztam, Isten előre tudatta velem, hogy hány felekezeti tagunk lesz, mi történik az országunkkal, és mi lesz a föld helyzete. Mialatt a szemináriumra jártam, 1979. október 26.-án egy furcsa érzés kerített hatalmába reggel. Imádkoztam. Akkor az Úr tudatta velem, hogy egy nagy csillag az országunkban le fog esni. Tudtomra adta, hogy Park Chung Hee Elnök Úr meg fog halni aznap. Mondtam a feleségemnek, hogy egy nagy szerencsétlenség fog történni, és elmentem a szemináriumra. A szívem zaklatott volt. Egész nap omlottak a könnyeim. A rákövetkező reggelen, hallottuk a hírt, hogy az elnököt, Park Chung Hee-t megölték az előző este.

Feltárja titkos tanácsát a szolgáinak, a prófétáknak

A világ jövőbeli folyásáról Isten feltárt számomra tényeket, és néha néhány nagyon fontos személyiségről is adott információt. 1984-ben feltárta előttem, hogy hogy I. P. Gandhi, aki India miniszterelnöknője volt, meghal. Néhány hónappal a halála előtt tudtam ezt meg, és elmondtam a felekezeti tagoknak is. Abban az évben, októberben egy újságcikket olvasva megtudtam, hogy Gandhit megölték.

Ugyanabban az évben Isten a tudtomra adta, hogy Reagan elnököt és Thatcher miniszterelnök asszonyt újraválasztják. Azt is elmagyarázta nekem, miért fogják újraválasztani őket. Margaret Thatcher bátor volt, mint a férfiak, és az alázatosságával és jámborságával Isten előtt megpróbált feddhetetlennek maradni. Nem vagyonban vagy tekintélyben gondolkodott, és a népét szeretettel szolgálta. Isten elmagyarázta nekem, hogy ezt a két embert azért szerette a népe, mert szerették a hazájukat, és szolgálták és szerették a népüket.

1985-ben meghalt a Szovjetunió Kommunista Pártjának Főtitkára, K.U. Chernenko. Jó néhány hónappal korábban, 1984-ben, Isten látomást mutatott nekem erről. Hogy minél több hitet ültessek beléjük, elmondtam akkor a híveknek, hogy mit láttam. Több hónapra rá, újságcikkek szóltak a betegségéről, végül a haláláról.

A 6/29-es nyilatkozat, és a demokratizálódási folyamat

1987. június 29-én Taewoo Roh, a Demokratikus Igazság Pártja elnöke kiadta a 6/29-es nyilatkozatot. Az általános választások után, 1985. február 12-én, az ellenzéki pártok Doohwan Chun Elnök Úr hitelességét kritizálták, akit közvetett választással választottak meg, de ők direkt elnöki választást követeltek. Kitartottak amellett, hogy az ország népe direkt módon kell, hogy megválassza az elnököt.

Ezen mozgalmak ellen, Doohwan Chun Elnök Úr kiadta „Az Alkotmány védelme"című kiadványt 1987. április 13-án, hogy megszüntesse a vitákat az Alkotmány megváltoztatásáról, és hogy az akkori törvényeknek megfelelően adja át a kormányt. Június 10-én ő vezette a Demokratikus Igazság Pártjának gyűlését, és megválasztotta Taewoo Roh-ot a párt elnökjelöltjének, azzal a céllal, hogy a katonai kormány életét meghosszabbítsa. Ekkor egy diák, Jongcheol Park meghalt a rendőrség kínzásai miatt. Június 10-e után szerte az országban hatalmas demonstrációk kezdődtek. Több mint egymillió ember tüntetett június 26-án, 37 városban, egész késő estig. Mivel nem volt elég rendőr, hogy a demonstrációkat ellenőrizzék, a kormány egyszer be akarta vetni a katonaságot is a tüntetők ellen. Végül a mérsékeltek nyertek. Elfogadták a nép kérelmét, hogy direkt választások legyenek, és ez lett a 6/29 Nyilatkozat.

1987. június 15-én egy újjáéledési összejövetelt vezettem Cheil templomában, Bupyeong-ban. Június 18-án hirtelen látomást és inspirációt kaptam Istentől. Megmagyarázta nekem, hogy a 6/29-es Nyilatkozatot ki fogják adni, és elmagyarázta annak tartalmát is. Mivel Tőle megtudtam, hogy a Szentlélek sugallatára nagy változás fog bekövetkezni az országban, megértettem, hogy a dolgok nagyon gyorsan változnak majd.

A következő napon, június 19-én utaltam rá a híveknek, hogy mi fog bekövetkezni, de csak betűszavakban, melyeket a következő heti kiadványunkban is kinyomtattunk. A kormány titokban már tárgyalt ezekről, és egyszerű állampolgárként nehéz volt még elképzelni is, ami bekövetkezett.

Előre kinyomtatjuk az 1987. június 21-i fejleményeket a heti kiadványunkon

Az akkori diktatórikus kormányzat politikai természetét tekintve, a betűszavakat a következő vasárnapi kiadványra visszafele nyomtattam ki. Még ma is őrizzük ezt a példányt. A betűszavak ezek voltak, koreai betűkkel, a Hangul ábécé szerint: „Min, Gey, Yak, Sei, Dae, Gye, Chong, Mo, Roh, Hu, Dae." A betűszavakat részletesen kifejtettem a július 5-i vasárnapi istentiszteleten.

Ezt jelentették: „Elnök(Dae) Chun kiadta „Az Alkotmány védelme" kiadványt, hogy az elnökjelöltet támogassa(Hu) Taewoo Roh(Roh). Azonban, mivel egy embert meglőnek(Chong) a fején(Mo), az összes terv(Gye), ami „Az

Alkotmány védelmében" volt, meghiúsul. Az elnök(Dae) Cheon hatása(Sei) meggyengül(Yak) az emberek szembenállása miatt, és annak érdekében, hogy az emberek követelését elfogadja, kiadja a 6/29-es Nyilatkozatot. Lesz egy bővítmény (Gey) az Alkotmány (Gey) mellé, miszerint direkt választások lesznek, és ez lesz a demokratizálódás kezdete (Min).

Csak érdekességképpen, a 6/29-es Nyilatkozat intézkedései a következők:

1. A kormányzás békés átadása 1988. februárban, alkotmánymódosítás által.

2. A választások becsületes és igazságos lebonyolítása, az elnöki választási törvények módosításával.

3. Kegyelem és törvénykezés Daejung Kim úr számára.

4. Az emberi méltóság tisztelete és az emberi jogok törvényi hátterének javítása.

5. A szólásszabadság biztosítása.

6. Helyi önrendelkezés, a főiskolák szabadsága, és az oktatás függetlensége.

7. A különböző pártok tevékenységének biztosítása.

8. Határozott cselekvés a társadalmi megtisztulás területén.

Az elnökválasztás eredménye

1987. decemberben, a 13. elnökválasztás előtt imádkoztam. „Istenem, mi a Te akaratod? Ki a legmegfelelőbb elnök a Te akaratod szerint? Ki lesz valójában az elnök?"

Isten a tudtomra adta, hogy Taewoo Roh jelölt lesz az elnök abban a választásban. Aztán, Isten azt mutatta nekem, hogy

Youngsam Kim jelölt egy virágszekéren bemegy a Kék Házba, az elnöki palotába, Roh úr után, és Daejung Kim szintén bemegy a Kék Házba egy virágszekéren.

Isten azt is tudtomra adta, hogy ha Youngsam Kim és Daejung Kim együttműködne, Youngsam Kim jelölt lenne először az elnök, majd követné őt Daejung Kim elnökként. Amint az Úr ezt a látomást megmutatta nekem, elmagyarázta nekem, hogy Isten akarata az volt, hogy ez a két jelölt egyesítse erejét, azonban, mivel ezen a választáson ezt még nem teszik meg, Taewoo Roh jelölt lesz a győztes.

Isten azt is elmondta nekem, hogy Roh jelölt több szavazatot kap majd, mint várható, a második Youngsam Kim, míg a harmadik Daejung Kim lesz. A negyedik jelölt, Jongpil Kim kevés szavazatot kap majd. Részletes magyarázatokkal szolgált arról, hogy amennyiben Youngsam Kim és Daejung Kim együttműködik, közülük először Youngsam Kim lesz majd az elnök.

Megírtam ezt egy levélben, és megkértem az egyik egyháztagunkat, hogy vigye el Youngsam Kim-nem az otthonába, Sangdo Dong-ba. Ő el is ment, de Youngsam Kim nem volt otthon, mivel kampánybeszédet tartott Busan-ban. Így a levelet feleségének adta oda. A felesége ott nyomban elolvasta a levelet, és azt mondta, oda fogja adni a férjének. Ennek a levélnek a másolata ma is megvan a templomban. Végül, mivel ők ketten nem működtek együtt, Taewoo Roh jelölt lett az elnök.

Hatodik fejezet

A templom növekedése és próbatételei

A szólásszabadságtól való
megfosztás és az eltört kalapács

Valójában a templomom a Koreai Szentség Templom Egyesületének („Union of the Korea Holiness Church") tagja volt. A templom megnyitása után, a tőlem telhető legtöbbet megtettem, hogy együttműködjek a felekezettel, és a templomom állandóan növekedett.

Egy másik felekezettel való egyesülés után

Azonban 1988. december 13-án a felekezetünk és az Anyang-i Koreai Szentség Temploma „Korea Holiness Church" egyesült, és így az Anyang-i felekezet tagjai lettünk. Ekkor a szemináriumi tanárom, Taekgoo Sohn lelkipásztor volt a fenti felekezet elnöke, és az ő javaslatára egyesítették a templomokat. Abban az időben, a templomom jelentős növekedésnek örvendett. Amikor az ötödik alága is megszületett Suwon-ban, a felekezet közgyűlése ellenvetéssel élt, mert nem tetszett az új ágazat neve. Azt mondták, nem lehet „Manmin" és ezért „Suwon Deokwoo" templom lett a neve.

1989. decemberében kaptam egy levelet a közgyűléstől, hogy vizsgálat lesz, ezért jelenjek meg délelőtt 11 órakor. December 18-án, 10:30-kor ott voltam a gyűlésterem előtt és vártam, de nem volt semmi jele annak, hogy az időpont megváltozott volna, egészen délig. Jóval dél után hívtak be egy gyűlésterembe. Három lelkipásztor volt jelen, akik a közgyűlés tagjai voltak. Amint megláttak, azonnal kérdezősködni kezdtek. Azt gondoltam, hogy imával vagy istentisztelettel kezdünk, hiszen mindannyian lelkészek voltunk. Csalódott voltam, mert nem teljesen így történt. Kérdéseket tettek fel, és megvádoltak:

„Azt hallottam, hogy azt mondtad, Jézus 3-4 év múlva visszatér, igaz ez?"

„Soha nem mondtam ilyet."
„Hazudsz! Hazug lelkész vagy."

Megdöbbentem ezektől a kérdésektől. Azt mondták, semmit nem kell megmagyaráznom, csupán „igennel" és „nemmel" válaszoljak.

„Nagyon jól hazudsz, és így csapsz be több ezernyi hívőt. Azt hiszed, nekünk nem lehetne ennyi templomtagunk hazugságok által?" „Azt mondják, jelenéseket látsz. Azt jelenti ez, hogy a Biblia 66 könyvén kívül más Igéd is van?"

„Ez soha nem történt meg."

„Hazug! Megakadályozod a templomtagoknak, hogy munkába járjanak! Azt mondod a diákoknak, hogy ne tanuljanak!"

„Soha nem tettem ilyet."

„Mágustáncot jársz az oltáron?"

„Soha nem tettem ilyet."

Az abszurd kérdések folytatódtak. Az összes kérdés félreértésekből származott. Nem engedték, hogy megválaszoljam a vádakat. Egy bizonyos lelkész, akit „S lelkésznek" fogok hívni, és aki kikérdezett, átadott nekem 9 megállapítást egy papíron, amelyek előzetesen elő voltak készítve. Nem is tudtam, hogy ezek az abszurd kérdések egy tárgyalás részét képezték, amely alapján döntenek majd rólam. Ezeket a mondatokat elküldték a templomomnak is. Azt mondták, ha nem javítom ki ezt a 9 dolgot, akkor a vizsgálat alapján hozott ítéletet követik majd. A kilenc tiltás a következő volt: a tanúságtevő önéletrajzom, „Az örök élet megkóstolása a halál előtt" eladásait betiltották; megtiltották, hogy a „Manmin" nevet használjuk az új templomi ágaknál, és betiltották a szent táncokat a hálaadó énekekre. Ezek a dolgok elfogadhatatlanok voltak számomra.

Erre a „hivatalos levélre" részletes válaszokat adtam be. Hozzáfűztem a leírásomhoz azt is, hogy semmi olyat nem tettem, ami az Isten szava ellen lett volna, és kértem őket, ha bármiben hibát találnak, adják a tudtomra. Több hónap után, a közgyűlés küldött egy választ, mondván, hogy nem fogadják el a válaszaimat.

Megfosztanak a szólás jogától

A felekezet közgyűlése két napig tartott, április 30-tól május 1-ig. A közgyűlés testületének képviselője voltam én is, és részt vettem rajta. Két másik tagja is volt ennek, akik presbiterek voltak a templomomban. De nem találtuk a széket a nevemmel, ami azt jelentette, hogy ki akartak közösíteni. Körülnéztem, hátha mégis megtalálom a nevem, de nem láttam sehol. A testület tagnévsorán sem találtam. Mivel nem volt székem, ahhoz sem volt jogom, hogy beszéljek. Azonban, mivel tudtukra akartam adni az igazságot, egy hátsó székből követtem a gyűlést.

Amikor a közgyűlés elkezdődött május elsején, a nevemet megemlítették. „S lelkész úr", a vizsgálóbizottság vezetője elkezdett elmarasztaló hangon beszélni rólam. Megfosztottak a jogomtól, hogy a közgyűlés előtt szólhassak, a tervüknek megfelelően folytatták a gyűlést. Minden, amit elmondtak, igaztalan volt, így például:

„Jaerock Lee lelkész úr azt állította, hogy tudja, mikor fog az Úr visszatérni. Ez írva található a tanúságtevő könyvének ezen és ezen az oldalán."

Soha nem mondtam, hogy tudom az Úr újbóli eljövetelének dátumát. Nem tudom a dátumot, és természetesen, ilyen dolgot nem írtam le a könyvemben. Mivel azonban a gyűlés résztvevői nem olvasták a könyvemet, egyszerűen elhitték, amit nekik mondtak, és részt vettek a szavazásban. „Mivel Jaerock Lee lelkipásztor nagyon téved, kérem Önöket, hogy közösítsük őt ki. Kérem, emeljék fel a kezüket, amennyiben egyetértenek."

Azon a gyűlésen, a 300 testületi tag közül a legtöbb elhagyta a termet, amikor ez elhangzott, és körülbelül 90 közülük benn maradt. Közülük körülbelül 30 ember felemelte a kezét, ők voltak azok, akik már előzőleg bejelentették, hogy egyetértenek. Az embereink megszámolták a felemelt kezeket. Harminc ember volt, de az elnök bejelentette: „Negyvennyolc tanácstag felemelte a kezét, ami több mint a fele a jelenlevőknek, tehát átment. Aztán megütötte a kalapácsot, engem meg kizártak úgy, hogy a 300 tagból csupán 30 értett ezzel egyet.

Az eltört kalapács

Azonban, amikor a kalapáccsal ütött egyet, a kalapács nyele eltört, és leesett a földre. Nagyon természetellenes dolog volt. Az ítélet nem tetszett Istennek, és ez az eltört kalapácson is megnyilvánult. Én, mint az áldozat, egyetlen szót sem szólhattam. Akkor Boaz Jungho Lee presbiter valahogy szóhoz jutott, és ezt mondta: „Bármi is hangzott el eddig, nem igaz. Hogy tudtok ítélkezni úgy, hogy meg sem hallgatjátok? Itt van előttetek, nem kéne talán meghallgatnunk?"

„Akkor, megadjuk neki a szólás jogát. Menjen vissza a helyére."

Azonban, az ígéretével ellentétben az elnök nem adta meg a lehetőséget, hogy megvédjem magam. Még miután Lee presbiter visszatért a helyére, akkor sem tudtam szólni, mire ő hangosan elkezdett vitatkozni:

„Elnök úr, csak azért ültem a helyemre, mert azt mondta, hogy Jaerock Lee lelkipásztor úr felszólalhat, most azonban miért nem engedi, hogy beszéljen?"

Az elnök egyszerűen figyelmen kívül hagyta Lee presbiter ellenvetését. Minden nagyon hamar befejeződött. Csak azért, hogy beszélhessek, kora reggel óta ott ültem 7 órán át, annyi megvetést eltűrve, és végül mégsem beszélhettem. Még egy halálraítélt is megvédhette magát. Még egy diktatórikus országban, vagy a kommunista párt tárgyalásán is, meghallgatnák a gyanúsítottat. Azonban, nekem semmilyen esélyem nem volt, hogy beszéljek, bár teljesen igaztalanul temettek el a felekezetben.

Törvénykezés, ahogy a Biblia tanítja

A Biblia azt tartja, hogy legalább két szemtanúra van szükség ahhoz is, hogy egy presbitert megvádoljunk, (1 Timóteus 5, 19). Isten egyik szolgája esetén, mint egy lelkipásztor esetében, nyilvánvalóan meg kellett volna adniuk a jogot, hogy megvédjem magam, de teljesen megfosztottak ettől, és egyoldalúan elítéltek. Hogy még rosszabb legyen, a vádjaik sem voltak igazak, csupán kitalációk.

Amikor Dávidot Saul király üldözte, aki féltékeny volt rá, Dávidnak egyszer megvolt az esélye, hogy megölje őt, de ő nem tette meg. Azt mondta: *Mentsen meg az Úr attól, hogy ilyen dolgot kövessek el az én uram, az Úr fölkentje ellen, és kezet emeljek ellene, hiszen az Úr fölkentje ő!"* (1 Sámuel 24:6). Bár Isten elhagyta Sault, egyszer az Úr felszentelte őt. Csak Isten dönthet az Ő szolgájáról, akit Ő szentelt fel, azonban ők csak úgy, kiközösítettek az akaratuk szerint.

Elkerülhettem volna, ha azt mondom egyszer: „igen"

Néhány lelkész, aki a testület tagja volt, sajnált engem és tanácsot adott nekem: „Lelkész úr, mivel a templomod olyan gyorsan növekedik, féltékenyek lettek rád. Miért nem mondasz csak egyszer „igent" arra, amit az idős vezető lelkészek mondanak? Csak egyszer mondj igent! Ha azt mondják, a Kóla almabor, mondj rá „áment". Azonban, az igazságtalansággal nem tettem kompromisszumot, csak a jó utat követtem. Eszembe jutott Dániel, akit egy barlangba akartak dobni, az oroszlánok közé, és ő még akkor sem adta fel az igazát. Az is szembe jutott, hogyan állta a próbát Dániel három barátja, amikor egy tüzes kemencébe akarták őket dobni. Amikor ezekre gondoltam, nem erre a világra, hanem Istenre támaszkodtam egyedül.

Amint ez a hír szétterjedt a templomunkban, hívők százai ment el az elnökhöz, aki az ülést vezette, hogy protestáljanak. Úgyszintén, számos lelkész, aki ismerte az igazságot, felhívta őket, és panaszt tett. Aztán a felekezet elnöke arra kért, hogy találkozzak vele. „Úgy tekintem, hogy ezek a dolgok nem történtek meg. Csak mondjon el egyetlen dolgot" – mondta ő. „Visszaállítom a neved, és visszamegyünk az eredeti kapcsolatunkhoz, ami mindezek előtt volt. Csupán annyit mondj, hogy a kilenc megállapításra, hacsak az egyikre is, „igent" mondasz, és elismered azt." Nem tudtam elismerni azt, ami nem volt igaz. Hogyan köthetnék a hazugsággal kompromisszumot csupán azért, mert félek a kiközösítéstől? Annyira szomorú és fájdalommal teli voltam azon a héten, és négy kilót fogytam. Amikor eszembe jutott a két lelkész, akik egyoldalúan elítéltek, csak fájdalmat éreztem, és azt, hogy sajnálom őket. Az egyik lelkész, akit csak „K lelkésznek" fogok hívni, aki a felekezet egyik elnöke is volt, gyakran mondta: „A Manmin Joong-ang templom nem eretnek bibliai értelemben."

Kiadtam egy könyvet: „A Mennyország ítélete", és elküldtem különböző felekezetű templomoknak, Korea-szerte. Miután ez megtörtént, amikor imádkoztam, Isten így szólt hozzám:

„*Magad is választhattad volna, hogy kilépj a felekezetből, és ezért elkerüld a kiközösítés gyalázatát. Azonban, hogy ne tagadd meg a felekezetedet, nem így tettél, és ilyen szolgát vagy gyermeket szeretek én. A jó utat választottad, és hamarosan a templomok szövetségének vezetője leszel.*"

Isten úgy vezérelt bennünket, hogy új felekezetet alapítsunk, s így meg tudjuk előzni az ésszerűtlen és méltánytalan tiltásokat, és minden energiánkkal Isten királyságáért dolgozzunk. 1991. július 1-én, megalakult a Koreai Szentség Temploma, és engem választottak elnökül. Miután sikerrel vettük a nagy megpróbáltatást, éreztem, hogy Isten nagyobb hatalmat adományoz nekem.

Újjáéledési összejöveteleket vezetek, szerte az országban

Mióta lelkésszé avattak 1986-ban, az ország számos helyére meghívtak, hogy újjáéledési összejöveteleken beszéljek. 1987. óta rivális templomokban beszéltem, Pohang és Daegu városokban is. Főleg arról szóltam, milyen fontos hangosan felkiáltva imádkozni Istenhez, és miért Jézus az egyedüli megmentőnk. Mindkét témát részletesen tárgyalom „A Kereszt Üzenete" című könyvemben. Az újjáéledések második és harmadik napján a lelkészek kegyelemben részesültek az ige által, amikor megértették a Biblia szellemi üzenetét, és az esemény kezdetén tanúsított hozzáállásukkal ellentétben, a végén alázatosan megköszönték nekem, hogy beszéltem.

Boonhan Cho diakonissza kigyógyul az övsömörből

1990. márciusban, egy Daegu-beli templomban voltam.

Ugyanekkor, meglátogattam az otthonában Boonhan Cho diakonisszát is. Ekkor 77 éves volt, és nagyon szenvedett az övsömörtől. Abban az időben, az unokája, Joonha Hwang tisztiorvosként dolgozott a katonaságnál Jinhae városban, miközben az orvosi doktorátusán is dolgozott a Korea Egyetemen. Joonha Hwang őszinte hívő volt, és sokszor elkérezkedett, hogy a beteg nagyanyjáról gondoskodni tudjon. A nagyanyja már egy ideje akkor a templomunkba járt, mert Isten szavát, az életet vágyta. A diakonissza testén kelések is voltak, melyek kifakadtak, és súlyos mellékhatásként ízületi gyulladást okoztak. Vírusok támadták meg a belső idegeket, és ez olyan fájdalmat okozott a számára, hogy éjjel-nappal kiabált. Állandóan feküdt, mozdulatlanul egész nap. A végtagjai összehúzódtak, és nehezére esett az evés és alvás is. Csont és bőr volt. Csak azt remélte, hogy hamar meghal. Természetesen, az őt gondozó családtagok szenvedése sem volt kismértékű.

Rátettem a kezem és imádkoztam érte, és amint az imának vége volt, hirtelen felkiáltott: „Az ördög elmegy!" és felemelte a jobb kezét. Mivel az övsömör a jobb vállán, és nyakának a jobb oldalán volt, a jobb kezét nagyon nehéz volt mozdítania. Azonban hamarosan felállt, és úgy érezte, az ördög, ami a betegségét okozta, elhagyta a testét. Teljesen meggyógyult.

A veje is, aki professzor volt a Kyoungbook Nemzeti Egyetemen Daegu-ban, meg a gyermekei is akarták gondozni őt, azonban ő eljött Szöulba, kibérelt egy kis szobát a templom mellett, és egészséges keresztény életet folytatott elég sokáig, a Szentlélek teljességében.

Megzavarják a Daegu-i Egyesült Újjászületést

1990. május 4-én meghívtak, hogy beszéljek egy újjászületési eseményen a Jooahm Imaközpontban, Daegu városban. A Kyeong Sang Tartományi Misszióegyesület szervezte. Annyi ember volt, hogy még az alsó és felső oltáron is ültek. Még így sem tudott mindenki a szentélybe jönni. Kivettük az ablaküvegeket, hogy akik kint álltak, hallhassák a beszédet. Még a kórustagok sem tudtak bejönni, így kint kellett énekelniük. Isten kegyelméből sok lelkipásztor is jelen volt, és számos gyógyító munka is történt.

Mivel az esemény nagyon sikeres volt, a szervező a következő évre egy még nagyobb összejövetelt tervezett. Kibérelték a Daegu gimnáziumot. Számos hittérítő szervezet támogatta az eseményt az imáival. Az a felekezet, aki elítélt engem annakidején, megpróbálta megzavarni az eseményt.

Csupán egy héttel az esemény előtt, a péntek éjjeli istentiszteleten Isten arra szólított fel, hogy kérjem meg a hívőket, hogy a következő vasárnapon egy teljes napos böjtöt tartsanak azért, hogy a Sátán zsinagógáját elűzzük. Egészen addig, nem voltam tudatában annak, ami Daegu-ban történt. Szombaton a templomi munkások, akik elmentek Daegu-ba, elmondták, hogy mi folyik ott.

Az a felekezet, aki kiközösített engem, egy levelet küldött a szervező bizottság elnökének, a sajtónak, és más szervezeteknek, azt állítva, hogy eretnekként kiközösítettek, elítéltek. A céljuk az volt, hogy az összejövetelt meghiúsítsák. Aztán, ugyanez a felekezet az összes templomba levelet küldött, mondván, hogy „Mivel Jaerock Lee tiszteletes eretnek, elítéljük azokat, akik ezt az összejövetelt támogatják, és eretnekeknek fogjuk kikiáltani őket."

Emiatt az esemény miatt, számos olyan szervezet, aki azelőtt támogatott minket, már nem tudott mellénk állni. Nagyon sok hazug hír járt körbe, azt is beleértve, hogy az összejövetelt lemondták.

1991. március 18-án az összejövetel elkezdődött, anélkül, hogy esélyem lett volna arról beszélni, mi a templomunk véleménye, és mi az igazság. Azok a szervezetek, akik hittek a leveleknek, hátat fordítottak nekünk. Azonban, a felekezet közgyűlésének nyomása ellenére, sok lelkész eljött az összejövetelre. Mennyire hálás voltam nekik! Mivel Isten megmozdította a templomunk tagjainak szívet, elmentek Daegu-ba, és az összejövetelre készülődtek. Annak ellenére, hogy kiderült, hogy a mi templomunk tartja, nagyon sok részvevő volt, és Isten kegyelmében befejeztük.

Az ellenséges ördög fel akarta függeszteni az összejövetelünket és nagy ellenállást szított, azonban, mivel Isten mindent ismer, amit az ember tervez az agyában, megengedte a számunkra, hogy előre imádkozzunk és böjtöljünk. A végén minden jól sült el, az Ő akaratából.

„Mit mondjunk tehát erre? Ha Isten velünk, ki lehet ellenünk? Aki tulajdon Fiát nem kímélte, hanem mindnyájunkért odaadta, hogyne ajándékozna nekünk vele együtt mindent? Ki vádolná Isten választottait? Isten, aki megigazít. Ki ítélne hárhozatra? A meghalt, sőt feltámadt Jézus Krisztus, aki az Isten jobbján van, és esedezik is értünk? Ki választana el minket a Krisztus szeretetétől? Nyomorúság, vagy szorongattatás, vagy üldözés, vagy éhezés, vagy mezítelenség, vagy veszedelem, vagy fegyver? Hiszen meg van írva: „Teérted gyilkolnak minket nap mint nap, annyira

becsülnek, mint vágójuhokat." De mindezekkel szemben diadalmaskodunk az által, aki szeret minket." (Rómaiak 8, 31-37).

Egy új szentélybe költözünk, hitünk által

1987. márciusban már nem fért el az összes hívünk a szentélyben, és azért imádkoztunk, hogy egy nagyobb és új helyre mehessünk. Shindaebang 2 Dong-ban, ahol a templomunk eredetileg volt, egy új épület épült, ahol kibéreltük a második és harmadik emeletet.

Április 13-tól 17-ig újjáéledési megemlékezést tartottunk annak örömére, hogy új épületbe költöztünk. A címe ez volt: „Nem mindenki jut el az Úrhoz, aki „Urat" kiált", és a kegyelemről, a Szentlélekről, a hitről, és az örök életről prédikáltam. Három hónap múlva, ahogy ideköltöztünk, a majdnem 1.600 négyzetyardnyi szentély tele volt emberekkel!

Amint imában kiáltottunk fel

Amint az ma is történik, a templomunk tagjai naponta 3 órát

imádkoztak a Dániel Éjjeli Imatalálkozón. Styrofoam-ot tettünk az ablakkeretekbe, hogy a hang ne szűrődjön ki, de az épület nem volt hangszigetelt, így egy kevés hang mégis kiszűrődött. Szerencsére csak egy piac volt a templom előtt, nem lakott terület.

Egy alkalommal, amikor lakossági találkozót rendeztünk azon a területen, egy személy megemlítette a hangszennyezés ügyét. Egy hölgy az egyik női egyesületből azt mondta: „Még nyár közepén is becsukják az ablakokat, és még Styrofoam-ot is tettek az ablakkeretekbe. Az imádkozás hangja bölcsődalnak tűnik nekem." Többet nem beszéltek róla. Egyszer egy állampolgár panaszt tett a rendőrségen. A rendőr, aki felvette a panaszt, azt mondta: „Ön alszik, míg ezek az emberek a nemzetért imádkoznak, alvás nélkül. Mi a gond Önnel?" Az ember, aki panaszkodott, meg sem tudott szólalni.

Legyőzünk egy krízist, Isten kegyelméből

Isten nem akarta, hogy megelégedjünk azzal, ami akkoriban megadatott a számunkra. Egy újabb erőpróbát mért ránk, aminek eredményeképpen egy nagyobb helyre költöztünk, újra. 1988. áprilisban nemcsak a fő szentély, de az irodák, a lépcső, és még a folyosó is tele volt emberekkel, akik az istentiszteleteket látogatták. Abban az időben, annak az épületnek az alagsorában szupermarketek voltak. Mivel az üzlet nem ment jól, egyenként be kellett zárniuk. Volt egy szerződésünk, hogy megvesszük az alagsort is, azonban váratlanul a piaci eladók és a lakók is, elkezdték ellenezni ezt. Egy hamis vádat terjesztettek, miszerint a templom el akarta távolítani az összes kereskedőt arról a helyről.

Ezek az emberek sámán rituálékat játszottak a templom kapuja előtt vasárnaponként, és nagyon hangos hagyományos koreai dobokkal „zenéltek". Amikor kihívtuk a rendőrséget, ők csak akkor jöttek ki, amikor már mindennek vége volt. Emögött a városi önkormányzat volt. Abban az időben, „S úr", aki az ellenzéki párt egyik tagja volt, sokszor eljött a templomunkba, és baráti kapcsolatot ápolt velem. A választások előtt imádkoztam érte, és meg is választották. A többségi párt jelöltje, aki veszített a választásokon, azt gondolta, hogy mivel a templomunk az ellenfelét támogatta, nehéz lett volna számára, hogy a következő választásokat megnyerje. Így, felhasználva a kapcsolatait a városi önkormányzatnál és a rendőrségnél, megpróbálta a templomunkat elűzni. Hosszú idő eltelte után jöttem rá, mi is történik valójában. A templomi dolgozók azt mondták, már nem tudják elviselni ezt, és el akartak menni az önkormányzathoz, hogy panaszt tegyenek. Törvényre akarták menni, de én lebeszéltem őket erről. Isten szavával győztem meg őket, miszerint a gonoszságot jó cselekedetekkel kell visszafizetnünk.

A templom tagjai hallgattak rám. Eltűrték a helyi lakosok ellenállását, és megpróbálták őket jól szolgálni. Azonban, az idő múlásával az üldözések még durvábbakká váltak. A helyi önkormányzat, a helyi őrség, a nők egyesületének elnöke, és még az idősebb polgárok is oda kellett hogy jöjjenek a templomhoz, hogy megpróbálják az istentiszteletet megzavarni. A tűzoltók minden nap kijöttek ellenőrizni az épületeinket, csakhogy megnehezítsék a dolgunkat.

Letérdeltem, Isten előtt imádkozni. Egy napon hallottam, hogy azok, akik megpróbáltak minket elűzni, találkozni akartak velem. Amikor elmentem az őrségi szobára, több mint 10 képviselőt láttam, különböző szervezetektől.

„Lelkipásztor uram, mentsen meg minket! Mérhetetlenül szenvedünk. Úgy érezzük, a pokolba esünk." „El akarunk menni erről a helyről, de nincs egy olyan hely, ami elég nagy lenne, és pénzünk sincs." „Lelkipásztor úr, mennyi pénzre lenne szüksége, hogy a szentélyt elköltöztessék?" Elmondták a történetüket, és láttam benne Isten munkáját. Azok közül, akik a tiltakozók élén álltak, sokan hirtelen ágynak estek, és különböző betegségeket kaptak. Mindennek a híre nagyon gyorsan elterjedt. Voltak olyan emberek, akik félni kezdtek, amint ezt meghallották. Azok, akik a tiltakozást szervezték, úgy érezték, a pokolban vannak. Mivel nem tudták a félelmet elviselni, találkozni akartak velem. Adtak nekünk 300 millió won-t (300.000 dollár), ami pont annyi volt, amennyivel a szentélyünket el tudtuk költöztetni. Még tízezer dollárunk sem volt akkoriban, s így ez rengeteg pénz volt a számunkra.

Amikor Abímelek király elvette Sárát, mert azt gondolta, hogy Ábrahám testvére ő, Isten megjelent az álmában és azt mondta neki, hogy Sára Ábrahám felesége, és azt parancsolta neki, hogy küldje őt vissza. Abímelek nem küldte vissza Sárát, de küldött juhokat, teheneket és szolgákat Ábrahámnak (Teremtés 20). Amikor Isten érte dolgozott, Ábrahám leküzdötte a válságot, és jól bántak vele. Hasonlóképpen, a templomunk is leküzdötte a próbatételt Isten közbenjárásával.

Isten által előkészített terep, a számunkra

Így imádkoztunk: „Isten, adj nekünk egy telepet, amely nagyobb, mint 54.000 négyzetláb." A templom mellett volt egy épület, ami körülbelül 6.000 négyzetlábnyi volt, és nagyon imádkoztunk, hogy beköltözhessünk ide. Azonban egy napon 1990-ben, a Légierő Akadémia, ami Boramae Park-ban volt, bejelentette, hogy elköltözik, és a helyből parkot alakítanak ki. Szöul város önkormányzata magánbefeketőknek akarta eladni a területet. Rájöttem, hogy Isten előkészítette számunkra ezt a területet templomunk számára, Boramae Parkban. Sok előnye volt ennek a területnek, ezért vezérelt engem Isten Shindaebang Dong-ba. Amikor azért imádkoztunk, hogy a Boramae Parkba mehessünk, az Úr azt mondta nekünk: *„Megadtam a földet nektek, hát vegyétek el. A teljes egyházközösség erős hitet kell tanúsítson. Miután meghódítjátok az áldott földet, én fogok mindent irányítani."* A templomunk is részt vett a licitáláson, de a templomtagok akkori hite mellett, még 4.000 négyzetyardnyi területet is nehéz lett volna megvenni. Csupán néhány hívő mutatta meg igazi hitét.

Isten elvezette Izrael népét a Kánaánba, de nem tudtak bemenni, mivel Istennel ellenkeztek. Csak a gyerekeik tudtak bemenni. Mivel nem tudtunk elég hitet mutatni, Isten elvezetett minket a második helyre Guru Dong-ban. Egy ipari területen készített elő számunkra egy területet, amely kb. 10.000 négyzetyardnyi volt.

Az új szentély avatása és folytatódó tiltakozások

A Guro ipari komplexum Korea iparosodásának folyamatában vezető szerepet játszott. Abban az időben sok gyár volt ott. A negyedik szentélyünk, a Guro Dong szentély, valamikor egy cég volt, amit Shin Ae Electronics-nak hívtak. Mielőtt ez a cég csődöt mondott, találkoztam a tulajdonosával.

Azt mondta nekem: „Lelkipásztor uram, fel szeretném építeni a Manmin Joong-ang templom szentélyét ezen a helyen." Akkor találkozott velem először, de már akkor ezt mondta. Elhittem neki, amit mondott. „Ámennel" válaszoltam. Később a Shin Ae Electronics csődbe ment, és a tulajdonos elvándorolt az Egyesült Államokba. Shin Ae Hyeon diakonissza lett a cég vezetője. Azonban, a felhalmozott adósságok, egy sztrájk, és a dolgozók követelései miatt nagyon sok nehézsége volt. Azért imádkozott, hogy a cég telephelyét Isten királysága szolgálatába állítsa, valamely híres lelkész segítségével. Istentől választ kapott, aki ezt mondta neki: „*Add a területet Jaerock Lee tisztelendő úrnak, akit én szeretek.*" Miután körbeérdeklődött, végül megtalált. Amikor felhívott telefonon, elmentem oda, ahol lakott, és ahol újjászületéseket vezetett. A helyiség Yongsan-ban volt, és itt volt az a templom, ahol meggyógyultam annakidején Isten által, még 1974-ben. Azóta csupán egyszer találkoztam vele hivatalosan. Mivel az is nagyon rég volt, ő egyáltalán nem emlékezett rám. Elmagyarázta, hogyan talált rám. Isten megmozdította a szívemet, és eldöntöttük, hogy megvesszük azt a területet. 10 milliárd won-ra volt szükségünk, és a munkálatokra 2 milliárd won-ra (2 millió dollár).

Az új szentély felszentelése

1991. február 10-én elköltöztünk a Shindaebang Dong-i templomból, hogy beköltözhessünk a Guro Dong-i épületbe, és megemlékezést tartottunk. Kifizettük a tartozásokat és a dolgozók fizetését is. Aztán elkezdtük az épület kijavítását és templommá alakítását.

Amikor elköltöztünk, csupán 300 millió won-unk volt (300.000 dollár), amit a régi épületért kaptunk. A helyzetet reálisan mérlegelve, még egy lépést sem tudtunk volna tenni ennyi hívet vezetve. Azonban, mivel biztosak voltunk Isten támogatásában, hittel mentünk előre. Egy évvel az után, hogy beköltöztünk, a bank megint aukciót írt ki az épületre, de pénzünk most sem volt. A bank azt mondta: „A templom azokat a nehéz helyzeteket is megoldotta, amikor a cég a szakszervezetekkel volt gondban, ráadásul rengeteg pénzt is költöttek arra, hogy templommá alakítsák. De ki fog, Önök szerint, erre a földre pályázni?" Azt mondták, akkor vegyük meg a földet, amikor az ára lent van. A valóság azonban más volt. Egy bizonyos cég ingatlanspekulációs tervének részeként megvette azt a területet is. Megkértek, hogy ürítsük ki az épületet. Természetese nem volt hely, ahová mehettünk volna, így nem is mentünk. 1992. február 15-én a cég, aki megvásárolta a területet, 100 végrehajtóval a templom tárgyait mind kirakta. Néhány templomi munkás, aki próbálta őket megállítani, még verést is kapott. Természetesen ez a cég beperelt bennünket, mondván, hogy megszegtük a törvényt. Mindezek által, Isten megengedte a híveink számára, hogy még jobban megszeressék a templomunkat, és hogy még többet imádkozzanak. Aztán Isten megmozdította azoknak is a szívét, akik megvették a területet az épülettel, s így új szerződést írtak alá velünk. Aztán elkezdtük visszafizetni az épület és terület árát.

A Szöuli Evangélikus Misszió elleni tiltakozások

1992. május 18-tól 21-ig zajlott a „Szöuli Evangélikus Misszió" a templomunkban, amit az „1995 Nemzeti Újraegyesítési Bizottság" tartott. A Nemzeti Újraegyesítési és az Evangélikus Mozgalmak rendezték, akiket segített még *Kukmin Ilbo* is, a Távolkeleti Televíziótársaság, a Keresztény Tévétársaság, a *Keresztény Újság,* a *Koreai Templomi Újság,* és a rendőrségi lelkész irodája. Az ellenséges ördög megint felállt, hogy megakadályozza ezt az összejövetelt.

A beszélők között olyan híres lelkészek is voltak, mint Hyeon Gyoon Shin és Jaechul Hong is, akiket arra buzdítottak, hogy ne beszéljenek. Megint szóltak azok, akik azt állították, hogy eretnek vagyok, és azt is, hogy kiközösítettek. Megfenyegették őket, ha beszélnek, számos nehézségük lesz a jövőben. Azonban ez a két beszélő tudta, hogy olyan lelkész vagyok, aki az evangéliumi hitet Jézus Urunk szeretetével követi, és nem dőltek be. Az összejövetel sikeresen lezajlott, a Szentlélek munkálkodásával. Ugyanabban az évben, szeptember 14. és 17. között a templomunkban megtartottuk a „Szöuli Állampolgárok Egyesült Evangelizációs Eseménysorozatát", melyet a „Koreai Keresztény Újjászületés Szövetsége" is támogatott. Ezen az eseményen nyolc lelkész, köztük Jongman Lee is beszélt.

Kibékülünk a Szentség (Anyang) Gyülekezettel

1992. februárban, a Koreai Szentség (Anyang) Temploma, az a felekezet, amely megbélyegzett, elkezdett a templomunk ellen munkálkodni, mivel új gyülekezet voltunk, amely ráadásul nagyon hamar növekedett. „Y" lelkipásztor, aki abban az időben a gyülekezet elnöke volt, számos alkalommal megvádolt a Koreai Keresztény Tanácsnál és a sajtóban, hamis vádakkal. Ez a fajta becsmérlés nemcsak becsületsértés volt, hanem nagy károkat okozott a lelkészségem számára az evangélium hirdetésében is. Végül úgy döntöttünk, hogy a képviselőink beperelik „Y" lelkipásztort" becsületsértés miatt.

„Y" lelkipásztornak most nemcsak fizetnie kellett, hanem börtönbe kellett volna vonulnia. Teljesen kétségbe esett, és számtalanszor arra kért minket, a szemináriumi tanárom, Taekgu Sohn lelkészen keresztül, hogy vonjuk vissza a pert. A tanárom többször arra kért, hogy vonjuk vissza a pert és béküljünk ki vele, mivel „Y lelkész" azt mondta, hogy visszavonul a templomi egyesületekből, és a saját templomára és híveire koncentrál. „Y lelkész" elég idős volt, és sajnáltam őt. Amikor el akartam fogadni Taekgu Sohn tanárom kérését, hogy a pert visszavonjam, az ügyvéd, aki ezt az ügyet vezette, teljesen ellenezte az ötletet: „Nem kellene elállni a pertől itt és most. Már tanulmányoztam az ő korábbi cselekedeteit, és ha ezt a problémát nem oldjuk meg radikálisan, újra meg fogja ugyanezt tenni." Az ügyvéd ellenkezése ellenére elálltam a pertől, és aláírtam a kölcsönös megegyezési dokumentumot.

1993. április 20-a volt, amikor találkoztunk és aláírtuk a papírt. Még mindig megvan a megegyezés. „Y lelkész" aláírta az írásos ígéretet, amely így hangzott: „Sajnálom, hogy Jaerock Lee tiszteletesről becsületsértő anyagokat terjesztettem, és ezzel őt és a Manmin Joong-ang templomot hátrányos helyzetbe hoztam. A jövőben megpróbálom legjobb igyekezetem szerint visszatartani magam az ilyen cselekedetektől, és a saját gyülekezetemre koncentrálok majd." A pert visszavontuk és megbocsátottunk neki, de amint az ügyvéd azt megjósolta, ahelyett, hogy megköszönte volna, továbbra is megpróbálta szétbomlasztani a templomunkat. Ezekkel a szavakkal mentegetőzött: „Nem a felekezet elnökeként kértem bocsánatot, hanem csak személyes szinten."

Az eretnekség a Biblia szerint

Mivel a templom nagyon hamar újjáéledt, ismertté váltam, azonban akadtak emberek, akik továbbra is azt gondolták, hogy eretnek vagyok, mivel a Koreai Keresztény Szentség Temploma elítélt. Azok, akik soha nem találkoztak velem, soha nem hallották a beszédeimet, és soha nem jöttek el a templomunkba, úgy alkottak véleményt rólam, hogy meghallgatták ezeket a véleményeket. Még a Bibliában is Pál apostolt, aki annyira szerette Jézus Krisztust és az evangéliumot hirdette egész életével, elítélték és zaklatták, „bolondnak", „valóságos pestisnek", „a názáreti irányzat fejének" titulálták (Cselekedetek 24, 5).

Ezen a ponton meg kell néznünk, mit állít a Biblia az eretnekségről. Péter 2, 1- ben ez áll: „*De voltak a nép körében hamis próféták is, mint ahogyan közöttetek is lesznek hamis tanítók, akik veszedelmes eretnekségeket fognak közétek becsempészni. Ezekkel megtagadják az Urat, aki őket megváltotta, így gyors pusztulást hoznak magukra."* Itt, „az Őr, aki őket megváltotta" Jézus Krisztusra vonatkozik. Mielőtt Jézust keresztre feszítették, feltámadt, és befejezte a kötelességét Megmentőnkként. A Bibliában nincs olyan szó, hogy eretnekség. Ezért nincs „eretnek" szó az Ótestamentumban, és a négy evangéliumban: Máté, Márk, Lukács, János evangéliumában sem.

A négy evangéliumban még az írnokok, a farizeusok, a papok és a főpapok sem használták az „eretnekség" szót, még akkor sem, amikor kivégezték Jézust. Csak miután Jézus feltámadt és beteljesítette feladatát mint Krisztus, azok, akik kételkedtek a „mesterben, aki őket megváltotta", életre keltek, és csak Péter 2. könyvében, a Biblia figyelmezteti őket ezekkel az eretnekekkel kapcsolatban. Jézus neve azt jelenti: „Ő szabadítja meg népét bűneiből" (Máté 1, 21), és Krisztus azt jelenti: „a felkent". Csak miután Jézust keresztre feszítették és feltámadt, akkor teljesítette be a feladatát Krisztusként, és lett a mi Megmentőnk.

Ennélfogva, amikor az imáinkat befejezzük, ahelyett, hogy „Jézus nevében imádkozom", jobb azt mondani, hogy: „Jézus Krisztus nevében imádkozom", mert ez tökéletesebb, spirituális értelemben. János (1) 2, 22 ezt tartalmazza: *„Ki a hazug, ha nem az, aki tagadja, hogy Jézus a Krisztus? Ez az Antikrisztus, mert tagadja az Atyát és a Fiút."* Ezért, tagadni a Szentháromságot (Isten az Atya, Jézus Krisztus a fiú, és a Szentlélek): eretnekség. Ezért nem helyes Isten előtt nemtörődöm módon elítélni egy személyt vagy egy templomot, aki Istenben hisz és elfogadja Jézus Krisztust mint a Megmentőt.

Azt a templomot elítélni, amelyikben a Szentlélek munkálkodik Jézus Krisztus nevében, azt jelenti, hogy a Szentlélek ellen vagyunk, és a Biblia figyelmeztet bennünket, hogy ezt a bűnt soha nem lehet megbocsátani. A Szentlélek a Szentháromság egyike, és ha az emberek azt mondják, hogy az ő munkája az ördög munkája, ezzel azt állítják, hogy Isten maga az ördög és eretnekség, és hogy lehetne ezeket az embereket megmenteni? Máté 12, 22-től Jézus meggyógyított egy embert, aki süket és vak volt egy ördög miatt. Aztán a farizeusok elítélték Jézust, mondván: *„Ez nem űzheti ki az ördögöket másként, csak Belzebubnak, az ördögök fejedelmének a segítségével.”* Jézus ezt felelte: *„Ezért mondom nektek: minden bűn és káromlás meg fog bocsáttatni az embereknek, de a Lélek káromlása nem bocsáttatik meg. Még ha valaki az Emberfia ellen szól, annak is megbocsáttatik, de aki a Szentlélek ellen szól, annak nem bocsáttatik meg sem ebben a világban, sem az eljövendőben.”* (Máté 12, 31-32).

Amikor a farizeusok elítélték a Szentlélek munkáját, mely Jézuson keresztül nyilvánult meg, Isten hatalma által, meggyalázták a Szentlélek munkáját. Annyira súlyos bűn volt ez, hogy nem lehetett megbocsátani, és őket megmenteni.

A halálra vérzés próbája

1992. júniusban nagyon sok olyan dolgon mentem át a templomban, amiről nem tudtam bárkivel beszélni. Több nap is eltelt úgy, hogy egyáltalán nem tudtam pihenni. A kimerültségem olyan fokú volt, hogy már nem tudtam ellenőrizni. Főként az zavart, hogy néhány segédlelkész és munkás abbahagyta az imádkozást, és állandóan ellent mondott nekem, végül, Isten újabb próbatételt mért ránk. Mivel olyan hatalmas terheket vettem magamra, majdnem elpattant egy vérér az agyamban. Amikor a hívek betegek voltak, imádkoztam értük. De mi lesz, ha én magam esek ágynak, agyvérzéssel? Isten úgy irányította a dolgokat, hogy mielőtt ez megtörténhetett volna, az orromban egy véreret megpattintott, hogy vérezhessek.

1992. június 13-a volt. Mivel esküvőt kellett levezetnem, arra készültem, hogy elmegyek otthonról. Hirtelen eleredt az orrom vére, s így egy másik lelkészt kértem meg, hogy az esküvőt helyettem levezesse. Mindkét orrlyukamon és a szájamból is folyt a vér. A délután folyamán körülbelül másfél óráig véreztem. Éjjel ismét egy órán át folyt ismét a vérem. Fejjel lefele kellett ülnöm. Ha felemeltem a fejem, a vérem azonnal lefolyt a torkomon, és majdnem megfulladtam tőle.

Vasárnap reggel mosni akartam, amikor ismét vérezni kezdtem, így nem tudtam templomba menni. Nagyon sok vérem elfolyt az orromon keresztül, és lefolyt a nyakamra is. Amíg véreztem, azon tűnődtem, vajon honnan jön ennyi vér. Több mint 100 segédlelkész és templomi beosztott hallotta a hírt a templomból, és eljöttek a lakásomra. Eleinte néhányuk segített kitörölni a vért papír zsebkendővel, aztán törülközővel, de mivel a vérzés nem állt el és már nem volt elég az, hogy állandóan törölgettem, egy mosdótálat vettem magam elé. Mivel mindenki tudta, hogy egyáltalán nem támaszkodom a földi módszerekre, senki nem említette, hogy el kéne menni a kórházba.

Hirtelen azt éreztem, hogy himnuszokat akarok hallani, így megkértem az embereket, akik jelen voltak, hogy énekeljenek. Jött valaki, és himnuszokat énekelt. Amint ezt hallgattam, béke volt a szívemben, és nagyon mohón vágytam rá, hogy a mennybe menjek. Lassan az összes energiámat elveszítettem, aztán az eszméletemet is. De éreztem, hogy a lelkem könnyebbé válik, és teljesen átszellemültem.

Élet és halál közötti választás keresztútjánál

Abban a pillanatban, tiszta ihletettségben, Isten megmutatta az összegyűlt emberek lelkiállapotát. Arra biztattam őket, hogy rázzák le magukról a gőgöt és igaztalanságot, amit Isten annyira utál, és elmondtam az utolsó kívánságomat a családtagjaimnak. Később megtudtam, hogy a teljes gyülekezet értem kezdett imádkozni.

A pulzusom leállt, és a lélegzetem is. Abban a pillanatban elvesztettem az öntudatomat, és éreztem, ahogy a lelkem elhagyja a testemet. Hallottam, amint Boaz Lee presbiter és mások imádkoznak: „Istenem, add, hogy a lelkipásztorunk ismét visszajöjjön az életbe!", miközben könnyeztek és sírtak. Azt mondták, amikor megérintették a csuklómat, nem volt pulzusom, és amikor megérintették a mellkasomat, hideg volt. Abban a pillanatban, az Úr eljött hozzám.

„Szolgálóm, eljössz Hozzám, vagy visszamész és teljesíted a feladatodat?"

„Uram, a Te oldaladon akarok lenni."

Akkoriban egy bérelt házban laktunk, ahol havonta fizettünk. Nem volt házunk, vagy banki megtakarításaink. Ennek ellenére, nem aggódtam a családtagjaim miatt, csak a mennybe akartam menni. Aztán, az Úr két képet mutatott nekem. Miután az Úr mellé kerültem, az ellenséges ördög rajtaütött a templomunkon. A szentély leesett, a hívők bolyongó bárányok lettek, és visszamentek a világi életbe, a halál útjára. Néhányuk a mennybe ment a böjtje és imái révén, de a gyülekezet legnagyobb része elvesztette az utat, és elindultak a világ útjára, a pokol útjára. Abban a pillanatban magamhoz tértem.

„Uram, add, hogy visszatérhessek. A templomom tagjaival akarok Eléd jönni majd, ha felépítettük a Nagy Szentélyt."

Élni akarással imádkoztam. Akkor azt láttam, hogy fentről fény érkezik, és valami nagy erőt éreztem. Egyetlen pillanat alatt felültem, és vizet kértem. Később rájöttem, hogy a víz, amit megittam, vérré vált a testemben. Felálltam, és kimentem a nappaliba. Néhány hívünk, akik nem tudtak bejönni a szobába, ott imádkozott és sírt. Meglepődtek, de nagyon boldogok voltak. Mindannyiukkal kezet fogtam, még beszélgettem is velük. Az arcom kezdett kipirosodni. Jele sem volt annak, hogy halálra véreztem. Az öntudatom mégsem volt tökéletes, csak arra emlékszem, amit másoktól is hallottam, és nem emlékszem mindenre részletesen.

Azóta vizet iszom, ha vérzek. Általában üdítőket ittam víz helyett korábban, de akkor sok vizet akartam inni. Mivel sokat véreztem, meghaltam volna, ha nem lett volna vérpótlás. Amint az Úr a vizet borrá változtatta, azt hiszem, a víz vérré válhat Isten hatalma által, bármikor iszom belőle. Mivel tudtam, hogy még a vérzés is Isten gondviselésétől függ, nem akartam az evilági gyógyszerekre támaszkodni egyáltalán. Mivel teljes mértékben hittem Istenben és bíztam Benne, mindent ráhagytam az Ő kezére.

Egy csöpp vágyat sem éreztem, hogy a kórházba menjek, vagy az életemet meghosszabbítsam. Ha Isten el akarta venni a lelkemet, nem volt többé célom, amiért éltem volna. Csak akkor szeretném a halált választani, ha ez az Isten akarata. Jobban ismerem a mindenható Istent mindenkinél, hisz annyi beteg embert meggyógyítottam a hatalma által. Ha én nem tudok meggyógyulni a hit által, hogy taníthatnám a gyülekezetet arra, hogy hite által meggyógyuljon? Ezért választottam inkább a halált, mintsem hogy a kórházba menjek. A halállom boldogan néztem szembe, békében elmondtam a családomnak a végakaratomat, de mivel Isten akarata nem az volt, hogy meghaljak, egyetlen pillanat alatt megengedte, hogy visszatérjek az életbe.

Ábrahám tesztjén átmegyek

Mivel a vérzésem elállt azon az éjszakán, vacsoráztam és elmentem az imahelyemre. Azonban azon az éjjelen ismét véreztem másfél óráig, és a rákövetkező reggelen is. Nem tudtam enni, sem lefeküdni. Ha lefeküdtem volna, a vér a szívemből leáramlott volna, így félig az oldalamon ültem, a fejemet lehajtva. Vasárnap még mindig az imahelyemen voltam. Az istentiszteleten levetítették videóról az „Isten, a gyógyító" szentbeszédemet, amit korábban mondtam el. Az „Ima a betegekért" ideje alatt, a kezeimet a fejemre helyeztem, és fogadtam az imát. A vérzés teljesen elállt azóta. Ez által a tapasztalat által újra rájöttem, és meglepődtem attól, hogy mennyire hatalmas ereje van a betegekért szóló imának.

Kiszámítottam, mennyi ideig véreztem. 8 napig, 30 különböző alkalomkor, 24 órán át. Ez alatt az idő alatt a testemben levő összes vért többször is elveszíthettem volna. Amikor véreztem, vizet ittam, ami vérré változott, és ez így ment 8 napig. Isten 8 napig tesztelt, de soha nem panaszkodtam, mint Jób. Csupán hálás voltam. Bár meg kellett halnom, az Úr mellé mentem volna, és boldogan éltem volna a mennyben, s így nem volt okom a szomorúságra.

Mivel lefeküdve még jobban véreztem, fejjel lefele kellett ülnöm egyfolytában. Sokféleképpen gondoltam a történtekre. Isten nagy hatalmat adott nekem, de én nem a legmegfelelőbb módon vezettem a gyülekezetet a hit felé, nem jól irányítottam a templomi munkásokat, és még a szentélyt sem építettük fel.

Egyre jobban szégyelltem magam Isten előtt, amint egyre többet gondolkodtam. Nyolc napig egyáltalán nem aludtam, és a szívem tele volt bűnbánattal.

Mivel hálásan feladtam volna az életemet, amikor Isten kérte, nyolc nap alatt újjáélesztett. Isten tudtomra adta később, hogy csakúgy, mint Ábrahám, aki felajánlotta az egyedüli fiát, Izsákot, én is kiálltam a próbát. Ennek eredményeképpen Isten bizalma bennem még nagyobb lett, és megáldott engem, hogy még hatalmasabb munkát vigyek véghez. Ez az eset még egy lehetőség volt a templom dolgozóinak és a hívőknek, hogy újra felébredjenek, és a templom így kemény sziklára épült.

Figyelmeztetek az idő behatárolt voltáról

1984-ben, a templom megalapítása után, az idők végeztének jeleiről beszéltem, azokból a dolgokból kiindulva, amelyeket Isten sugallatára tapasztaltam. Megmagyaráztam Dél- és Észak-Korea viszonyát, a „666" szám jelentését, Európa egyesítését egyetlen országba, és így tovább. A két Korea viszonya rossz állapotban volt, és még a hitelkártyák sem voltak elterjedtek, és így a hívők kissé szokatlanul érezték magukat attól, amit mondtam.

Jézus így panaszkodott: „De amikor eljön az Emberfia, vajon talál-e hitet a földön?" (Lukács 18, 8), így én megpróbáltam legjobb képességem szerint hitet palántálni a hívőkbe, hogy igazi búzaszem legyen belőlük, igazi hittel az idők végénél. Mivel az idők végének jeleiről beszéltem, úgy értelmezték, hogy megjelöltem a történelem végét. A tanulmányaim újságokban, magazinokban, tévékben is megjelentek, és ismét ismert voltam a világban.

Néhány a rólam írt újságcikkekből olyanokat is állított, amit én soha nem mondtam. Egy lelkész, bizonyos 'L', aki az idő által behatárolt eszkatológia híve volt, azt állította, hogy én is ugyanabban hiszek, mint ő. A sajtó nagy része pozitív fényben mutatott be engem, de volt egy lelkész, „T úr", aki egy havi magazinban azt állította, hogy megjelöltem az Úr elérkezésének pontos napját. Mivel mindenre fény derül a megfelelő pillanatban, semmilyen jogi lépést nem tettem, és nem is kértem bocsánatot.

Az összes istentiszteletemről felvétel készült, mivel árusításra kerülnek a nagyközönség számára. A templomalapítás óta arra tanítottam a gyülekezetem tagjait, hogy keresztény életükben ébredjenek fel, ahogy azt az öt bölcs szűz tette Máté evangéliumának 25. részében. Az alábbiakban néhány példát adok a beszédeimből, a kezdetektől 1992. közepéig, amelyek rámutatnak a tanításaimra ebben a témában:

„Néhányan közületek olvastak bizonyos könyveket, vagy másoktól hallottátok, hogy az Úr október 10-én, vagy 28-án eljön, elhiszitek ezt? Soha nem szabad ezt tenni! Hallottatok engem az 1992-es évről beszélni? Nem hallottatok. Csak Isten igéjét tanítottam nektek, és azt mondtam, szabaduljatok meg a bűneitektől, éljetek fényben, igazságban, hogy az Úrra hasonlítsatok, és az Úr szépséges menyasszonyaként díszítsétek ki magatokat a könnyeimmel és imáimmal. Ha el is jön az Úr holnap, azt tanítottam nektek, hogy ma almafát kell ültetnünk. " (Részlet az 1992. január 19-i vasárnapi istentiszteletből: „Ébredj fel")

„Máté evangéliumának 24. részében, a tanítványok megkérdezik az Urat az Ő visszatéréséről, és az idő végének jeleiről. Jézus megtanította őket a jelekre, amik akkor jelentkeznek majd, amikor újra eljön. Innen ismerjük ezeket a jeleket... Amikor azt látjuk, néhány ember 1992. októberéről beszél, néhányan becsapottnak érzik magukat, mások azt fogják hinni, hogy megbolondultak ezek. Mit gondoltok? Ha szeretjük Istent és ismerjük az Ő akaratát, ilyen állításokat mellőznünk kell. Nem is kell meghallgatnunk őket. A hit menthet meg minket, és nem a tudás, hogy mikor, melyik évben, melyik hónap hányadik napján, jön vissza az Úr. Jézus a Megmentőnk, aki megszabadít a bűneinktől, tehát a hit által bocsátanak meg nekünk, és így leszünk Isten gyermekei, akik a mennyei királyságba mennek. Azt mondják, csak akkor leszünk megmentve, ha pontosan tudjuk, mely napról van szó, és hiszünk benne. Milyen nevetséges ez! A Biblia szerint, ez egyáltalán nem így van."

(Részlet az 1992. május 31-i istentiszteletből: „Mi lesz a jel?")

Hetedik fejezet

Isten kiszélesíti a lelkészség határait

A világ evangelizálásának ajtaja kinyílt

A világszintű Szentlélek Evangelizációs Misszió

1992. májusban meghívtak az éves nemzeti imareggelire, amelyen az államelnök és fontos politikusok vesznek részt, és magammal vittem a Nissi nevű zenekarunkat. Ugyanabban az évben, augusztus 14-15-én, részt vettem az 1992. évi „Szentlélek Misszión", amit a Yoido téren tartottak. Ennek a címe az volt, hogy „A világ számára a Szentlélek", és mega-méretű összejövetel volt, amin több mint 1 millió ember részt- vett. A gyülekezetünk egy 200 tagos kórussal, a Nissi Zenekarral vett részt, valamint 400 önkéntessel, akik a misszió helyén a közlekedést és a biztonságot irányították.

Ezen az eseményen találkoztam Gwansam Rah lelkipásztorral, aki a Washington D.C.-beli Szentlélek Klub elnöke volt, valamint ő volt az állandó elnöke a „Szentlélek Evangelizációs Missziónak" is. Annak idején együtt jártunk középiskolába, és

Washington D.C.-ben volt lelkészi állása. A végzésünk után nem láttam őt, és most lelkipásztorként találkoztunk.

Azt mondta, azon tűnődött, hogy melyik templomból jöttek az önkéntesek, és meglepődött amikor hallotta, hogy az enyémből. Ez által a találkozó által kezdtünk rendszeresen az amerikai kontinensre járni.

Washington D.C. „Evangelizációs Egyesült Misszió"

1993-ban Isten szélesre tárta a világmisszió kapuját. Meghívást kaptam, hogy beszéljek a „Washington D.C. Evangelizációs Egyesült Misszión", amelyet a Washington D.C.-beli Koreai Templomok Gyülekezete rendezett, 1993. augusztus 6-tól 8-ig. Számos felkérést kaptam, hogy más országokban is beszéljek, de nem tudtam az összesnek eleget tenni. Mivel Washington az Egyesült Államok fővárosa, úgy éreztem, ez Isten előrelátása, és eldöntöttem, hogy elmegyek oda.

A Washington D.C Egyesült Misszió szervezői azt mondták, a céljuk az volt a rendezvénnyel, hogy az ottani koreaiakba igaz hitet ültessenek, és lehetőséget adjanak nekik, hogy megtapasztalják a Szentlélek munkái által az életük változásait. Az eseményt a Wheaton-i középiskolában tartották, és több mint 180 templom szponzorálta az Észak-keleti részről, beleértve Washingtont, New Yorkot és Baltoimore-t. Az esemény telve volt a Szentlélekkel, és három napig tartott.

Első napon beszédet tartottam: „A kereszt üzenete" volt a prédikációm címe, a második napon „Az érzéki hit, és a szellemi hit", és a harmadok napon „Az örök élet áldása" címmel szóltam a gyülekezethez. A résztvevők alázatosan fogadták a beszédemet, és „Ámennel" válaszoltak.

Arra biztatom az embereket, hogy a fényben lakjanak

Miután a washingtoni missziónak sikeresen vége volt, ismét meghívtak, hogy beszédet mondjak, és tiszteletbeli elnök legyek az 1993. évi „LA Evangelizációs Misszióban", amelyet a Korea város Koreai Egyesülete szervezett, és amely a 20. „Korea Városi Napokat" ünnepelte szeptember 19-én. Ez előtt az esemény előtt, Isten megadta számomra, hogy sok imádkozással készülhettem az eseményre. 3 hétre elmentem a hegyekbe imádkozni, és úgy készültem, hogy hangosan imádkoztam.

Az „LA Evangelizációs Misszió" szervezői arra kértek, hogy vigasztaló beszédet mondjak az ottani koreaiak számára, de nem ezt tettem. Nem vigasztalásra volt szükségük. Arra volt szükségük, hogy megbánják, hogy nem jó keresztények módjára éltek, és arra, hogy mindig megtartsák az Úr napját szentnek, és hogy a fényben éljenek.

Egy színes bőrű népcsoport, amely az LA régióban lakott, nagy károkat okozott az ottani koreai családoknak. A koreaiak mélységesen megsebzettnek, és áldozatnak érezték magukat. Először fehér-fekete rasszizmusról volt szó, de aztán ez a tömeg elkezdett válogatás nélkül lopni, és nagyon sok koreai üzletét felgyújtották. Számos koreai család azt érezte, nemcsak anyagilag, de erkölcsileg is megkárosult.

A Biblia azt tanítja, ha az ige szerint élünk, és ha igaz szívünk és tökéletes hitünk lesz, a lelkünk virágozni fog, és ezek a dolgok mindig követni fognak, mi pedig egészségesek leszünk. Azaz, ha Isten igéjét gyakoroljuk, mindenféle balesettől és csapástól megmentődünk. A Cselekedetek 4, 11–12 részt felhasználva, a beszédem címe ez volt: „Miért Jézus az egyedüli megmentőnk?" A kereszt üzenetéről prédikáltam, és próbáltam hitet ültetni beléjük. Arra biztattam őket, hogy igaz keresztényekké váljanak, akik mindenekelőtt Isten igéje szerint élnek.

Egy Irvine-beli templomba is meghívtak, és ott is elmondtam az üzenetet. A találkozók után, szeptember 21-én meglátogattam az LA városi tanácsot. A tanácstagok megállították a gyűlést egy pillanatra, és arra kértek, hogy imádkozzak értük, ezt én meg is tettem. Azon a napon az LA megye tiszteletbeli állampolgára címet kaptam, és hallottam, hogy első alkalommal tették ezt. Részt vettem a „Virágúsztató parádén", amely a Los Angelesi Koreai Napok fesztivál legfőbb attrakciója volt, és egy gördülő uszályon is utaztam. A jelenetet, amint imádkozom és az uszályon vagyok, bemutatták a KTAN, KATV, KTE tévékben, és a képet lehozták a *The Hankook Daily, The Joong-ang daily* lapokban, és ekkor ismertek meg engem a régióban. Mindez Isten kegyelméből történt.

A prédikációimat aktívan közvetítik

1990. márciustól kezdődően a prédikációimat egy programban közvetítették, amelynek „Távoli táj, jó hír" volt a címe, és a Távol-keleti Tévétársaság közvetítette. Kínában és Oroszország néhány részén közvetítették. Azóta számos köszönőlevelet kaptam sok Kínában élő koreaitól, és néhányan közülük meg is látogatták a templomunkat.

Augusztustól, ugyanabban az évben, a prédikációimat a Washington D.C régióban rádión is közvetítették, a Koreai Rádió jóvoltából. 1992. decemberétől a „Szentbeszéd" közvetítette, a Busan Keresztény Tévétársaság által. 1993. novembertől az Iri Keresztény Tévétársaság, és 1994. februártól kezdődően a Cheongju Keresztény Tévétársaság is felvette őket a műsorába, és heti rendszerességgel közvetítette őket. A műsoridő minden évben növekedett, és több mint 900 perc volt hetente. A szentbeszédek hanganyagát előre fel kellett venni, ami nem volt könnyű feladat. 1994. május 22-től 24-ig egy beszédet tartottam a Washington D.C-ben és Baltimore-ban élő koreaiaknak, amit a Washington Keresztény Rádiók szervezete irányított (WCRS). Ez után, Yeong Ho Kim presbiter megkért, hogy legyek a WCRS elnöke, amit elfogadtam.

Nagyon sok hallgató részéről, aki a WCRS-t hallgatta, jó visszajelzéseket hallottunk, és ezáltal jól ismertté váltam a vidéken. A CEO, Kim presbiter megmutatta a visszajelzéseket, amelyekben az állt, hogy az üzeneteim a tiszta evangéliumot tartalmazták. Nagyon boldog volt, hogy ilyen sokan, és ilyen jókat jeleztek vissza.

A hit a remélt dolgok biztosítéka

A világ 50 legjobb temploma közé választanak

1991. februárban, amikor egy új szentélybe költöztünk Guro Dong-ba, kéthetes különleges újjáéledési összejövetelt tartottunk. Az esemény utolsó napján, a péntek éjjeli istentiszteleten a regisztrált tagok száma 10.000 fölé emelkedett. Isten sok, különböző embert küldött hozzánk, nagyon eltérő kulturális, társadalmi és gazdasági háttérrel. 6 hónap elteltével a szentély ismét tele volt. Három év alatt eljutottunk oda, hogy a templomba nem fért több ember.

1993. február 11-én Korea legnagyobb napilapja és keresztény újságai jelenttették, hogy a „Christian World Magazine" az Egyesült Államokból megjelentette a világ 50 legjobb templomának listáját, és egyikük a mi templomunk volt. Csak röviddel az alapításunk után 20 évvel volt, és Isten máris megengedte a templomunk olyan mértékű növekedését, hogy világméretű lehessen. Nem az én, hanem Isten munkája volt ez, és én hálásan köszöntem meg Neki, és dicsőítettem Őt mindezért.

Bármiről imádkoztunk reménységgel

A példabeszédek könyve 29, 18-ban ez áll: *„Ha nincs kijelentés, elvadul a nép, de boldog lesz, ha megfogadja a tanítást."* A kinyilatkoztatás az, amit Isten megmutat számunkra az ő prófétái által. Ha nincs kijelentés, nincs megszorítás, azaz el fogjuk hanyagolni Isten törvényét, és a saját akaratunk szerint fogunk élni, ami a pusztítás irányába vezet.

Amikor a templom megnyitása előtt 40 napig böjtöltem, Isten számos álmot és látomást adott nekem. Isten mindkettőnkben dolgozik, hogy az Ő tetszésének elnyerésére cselekedjünk. Álmokat adott, és vezérelt engem. Nagyon sokat imádkoztam azért, hogy amikor templomot alapítok, Ő megengedje, hogy az világmissziót vállaló templom legyen, és olyan, amelyet Isten nagyon szeret.

Hogy a világhivatást megvalósítsuk, először is munkásokat kellett felnevelnem. Számos vezetőt is fel kellett emelnem, olyanokat, akik Istennek tetszenek, és nemcsak arra alkalmasak, hogy helyi missziókat teljesítsenek, de tengerentúlra is el tudnak menni hittérítőkként. Azért imádkoztam, hogy sok nagyszerű lelkészt neveljek fel. Amikor a teológiai kollégiumba jártam, az ottani diákok sokszor csak annyit tettek, hogy kipucolták a mellékhelyiségeket a templomokban, megírták a heti kiadványokat, vagy más, nehéz feladatokat végeztek el a lelkipásztoroknak és a templomtagoknak. Általában azonban egyáltalán nem dicsérték meg őket. Ha hibáztak, a lelkipásztor megszidta őket, és a legrosszabb esetben, ki is rúgták a templomból őket. Nagyon sajnáltam a diákokat, amikor ebben a helyzetben láttam őket. Miután megnyitottam a templomot, az oda járó teológiai diákok tandíját és megélhetési költségeit próbáltam biztosítani. Úgy akartam támogatni őket, hogy a szívüket ne vegye el a világ, és erős lelkipásztorokká váljanak. Isten megindította a szívemet, hogy számos lelkipásztort neveljek fel. De, mivel a templom anyagi helyzete nem volt a legjobb, ez nem volt könnyű a számunkra. Néha a pénzügyekért felelős hívek panaszkodtak. Ilyenkor meggyőztem őket, hogy békében tovább dolgozzanak.

Ahhoz, hogy a világmissziót teljesítsem, jó dicsőítő csapatokra volt szükségem, és úgy imádkoztam, hogy ez az álmom beteljesüljön. Amikor 40 napig böjtöltem, láttam, amint a dicsőítő csapatok vezetik ezeket a hálaadó istentiszteleteket. Minden alkalommal így imádkoztam: „Istenem, amikor templomom lesz, adj nekem nagyszerű dicsőítő csapatokat." Hittel vártam, hogy így lesz. Később nem csupán a dicsőítő csoportokért imádkoztam, hanem egy zenekarért is, hogy Istent dicsőítsük. Az 1. Krónikák könyve 23, 5 szerint: „Négyezren pedig dicsérjék az Urat azokon a hangszereken, amelyeket én készítettem, mondta Dávid, az Úr dicséretére." Láthatjuk, hogy négyezer ember volt az Isten templomában, akik a hangszereken játszottak. A 150. zsoltár arra biztat, hogy trombitával, furulyával, hárfával, húros hangszerekkel és fuvolákkal, hangos cimbalmokkal, és cintányérokkal dicsőítsünk!

Amíg egy zenekarért imádkoztam, több évig vártam Isten utasítására. Isten hivatásos zenészeket hívott, akik különböző hangszereken játszottak. Megengedte nekik, hogy felnőjenek, az élet szavát magukba szívva, és megmozdította a szívüket, hogy legyen egy álmuk. Általában a zenészeknek különleges természetük van, és a mi zenészeink számára sem volt egyáltalán könnyű, hogy önmagukat és a tudásukat feladják, és Istent dicsőítve a lelkészséget szolgálják. Ennek ellenére, voltak olyan hivatásos zenészek, akik csak ezt akarták: Istent dicsőíteni és megköszönni az Ő kegyelmét, és így egy zenekart alkottak. Ez a Nissi Zenekar. 1992. március 1-én megtartottuk az alapító istentiszteletet, és azóta nagyon aktívan részt vesznek a templomi szervezetekben. Játszottak a Jubileumi Misszión, amit a Yoido téren tartottak, és más koncerteken, amit különböző templomok szerveztek. Jótékonysági koncerteken is részt vettek Koreában, és Koreán kívül.

Isten szintén megadta számunkra a gyönyörű kórusokat is. Jelenleg több mint 20 hálaadó csapatunk van, akik Isten dicsőségére énekelnek Koreában és szerte a világon.

Tánccal és dobbal dicsőítsd

Az álmunk, hogy világmissziót hozzunk létre, nemcsak a hálaadó csoportok létrehozását eredményezte, hanem a tánccsoportokét is. A Biblián meditáltam, és arról, hogy milyen fajta hozzáállás tetszik az Atyának, amikor Őt dicsőítjük. A választ Dávid történetében találtam meg. Olyan mérhetetlen örömmel táncolt Dávid, amikor az Úr bárkája visszajött hozzá (2 Sámuel 6, 12-23). Azonban a felesége, Míkal megvetette a szívében, és kritizálta őt. Aztán azt mondta Dávid: *„Az Úr színe előtt jártam szent táncot, aki engem választott apád helyett és egész háza népe helyett, és engem rendelt az Úr népének, Izráelnek a fejedelmévé. Igen az Úr színe előtt!"* (2 Sámuel 6, 21). Míkalt, aki megvetette Dávid királyt, mert Isten előtt táncolt, megátkozták, és meddő volt egész életében. Nyilvánvaló a számunkra, hogy jobb Isten szavát követni és Neki szót fogadni, mint attól félni, hogy mit fognak mások szólni.

Boszorkánytáncot járnak!

1986. márciusban megalakult a „Szent Tánc Egyesület", hogy Istent dicsérje gyönyörű és inspiráló táncokkal, amelyeket a hálaénekekre adtak elő. Arról szól, hogy a nézők elhihessék: van remény, hogy a mennybe kerülnek. A „Szent Tánc Egyesület" nevet átváltoztattuk a „Művészi Misszió Csapatra".

Manapság a tánc nagyon elterjedt a keresztény kultúrában, a médiában végbement fejlődés következtében, de abban az időben nagyon ritka volt. A templomunk létrehozta a „Hálaadó Bizottságot", valamint az „Előadóművészetek Missziójának Bizottságát". Számos eseményt szerveznek és hivatásos énekeseket, táncosokat, színészeket nevelnek. Mivel a templomunk nagyon gyorsan növekedett, volt aki féltékennyé vált, és hamis híreket és hazugságokat kezdett terjeszteni rólunk. Innen kezdődött a „Boszorkánytáncot járnak minden istentisztelet után!" szóbeszéd is. Évente többször különleges táncelőadásokkal készültünk a nagyobb ünnepekre vagy bibliai eseményekre, amikor a csapatok a gyülekezet előtt szerepeltek. Azonban, a rossz nyelvek azt terjesztették, hogy a gonosz szellem a hatalmába kerített minket, és minden hálaadás után táncot járunk.

A hamis hírek ellenére, 1991-ben a „Szent Tánccsapatunk" meghívást kapott a Szovjetunióban tartott Alleluja Misszióra, amit Hyeon Gyoon Shin szervezett. Ez volt az első nemzetközi előadásuk, amellyel Istennek adtak hálát. Azóta az előadásaik által rengeteg ember szeretetét és jóindulatát elnyerték Koreában és szerte a világon. Azóta is Istent dicsőítő szolgálatukat végzik.

Elismerik a tehetségüket

Jelenleg több művészcsapat is szerepel a templomunknál. Istenben teljesítették ki a művészi tehetségüket, és a szolgálatukban nagyon aktívak. 1991. június 1-én a templomunk egyik együttese részt vett a 10. Nemzetközi Gospel zeneversenyen, amit a Távol-keleti Tévétársaság (Far Eastern Broadcasting Company) szervezett, és ahol a csapatunk elnyerte a nagydíjat. 1995. június 17-én, a 14. versenyen, ami a „A fénykórus hangja" címet viselte, a templomunk szintén megnyerte a nagydíjat. Ez a csapat akkoriban 3 tagból állt, és egyikük a legfiatalabb lányom, Soojin volt. Isten már akkor elhívta őt szolgájának, amikor még kisgyerek volt, és ekkorra a teológiai tanulmányait befejezte már, most pedig lelkészként szolgál a templomunkban.

1993. április 17-én volt egy keresztény-zene koncert a Hwaetbool (Fáklya) Csarnokban, olyan gyermekek számára, akik családfőként éltek. Meghívták a Nissi zenekarunkat is. Ugyanabban az évben, a Nissi zenekart meghívták, a „Művészi Misszió Csoporttal", és más együttesekkel együtt a „Szentbeszéd az ügyészek evangelizálásáért" rendezvényre, amelyet a Legfelsőbb Ügyészség épületében tartottak. 1993. november 6-án a templomunk „Kristály Énekesei" részt vettek a „4. Gospel Zeneversenyen", amit a Christian Broadcasting System szervezett, és elnyerték az arany díjat.

Együttműködés a templomi egyesületek szolgálata érdekében

A 93-94 közötti átalakulás és növekedés időszaka

Mivel a templomunk tagjai részt vettek és önkéntesként dolgoztak számos keresztény eseményen, számos szervezet magas rangú beosztást akart nekem adni. Azonban, mivel sok olyan lelkész volt, akik nálam idősebbek voltak, és mivel a színfalak mögül akartam segíteni, nem akartam a felajánlott pozíciókat elfogadni. Több alkalommal visszautasítottam őket. Mivel attól tartottam, hogy megsértődhetnek, arra kértem őket, hogy alacsonyabb pozíciót ajánljanak fel a számomra. A különböző eseményeken, ha a nevem a széken volt, oda kellett ülnöm, de ha a székek nem voltak kijelölve, mindig a sor végére ültem. Szégyelltem a középre ülni, miközben sok nálam idősebb volt lelkipásztor a szélen ült. A legjobban a szélső székekben éreztem magam. Még ma is Isten szavára és az imára kell koncentrálnom, ahelyett, hogy külső tevékenységekben részt vennék. Így számos

Az 1992-es World Holy Spirit Explosion misszión

A Daegu Evangelization United Crusade eseményen

Az ügyészek evangelizációs misszióján   Koncert a rabok evangelizációs misszióján

Lelkészi szolgálat a nemzeti böjtnapon

Halleluja Szöul Egyesült Misszió (a Manmin Központi Templomban)

1995-ös misszió Yoido-ban Észak- és Dél-Korea újra egyesítése érdekében

eseményen, a segédlelkészeim vagy a templom presbiterei vesznek részt helyettem. Mivel nem érintkezem túl sokat társadalmilag, nem veszek részt sok gyűlésen, és kevés barátságot ápolok más lelkészekkel, a kívülállók, akik nem ismernek, azt gondolhatják, hogy arrogáns ember vagyok. Azonban, ha bármikor arra kértek, hogy templomi egyesületek eseményén jelenjek meg, mindig megpróbáltam ezeket sikeressé tenni, a legjobb képességem szerint.

1993. június 21-én, különleges imádságot mondtam az „Imjingak Nagy Misszió a Nemzet Újraegyesítéséért" rendezvényen. A Nissi zenekar, a kórusunk, és önkéntesek is részt vettek. Ugyanezen évben, október 18-tól 21-ig a templomunkban megtartottuk a Szöul Evangelizációs Missziót, mely előkészítette a Nemzeti Újraegyesülési Nagy Misszió ünnepét. Korea négy nagyon híres lelkésze volt a beszélő, és arról beszéltek, hogy az evangéliummal újraegyesítjük az elválasztott országot. Abban az évben, november 24-én meghívtak beszélőként az ország újjáegyesítéséért tartott imaösszejövetelre, amelyet a Haneolsan imahegyen tartottak. Elmondtam az üzenetet és imádkoztam a résztvevőkért, és sok gyógyulás történt.

Szintén érdekelt voltam az oktató misszióban is, amely azokra figyelt, akiket éppen kiengedtek a börtönből. 1994. február 28-án, a Myung Sung presbiteriánus templomban megtartottuk az „Igazságügyi Minisztérium Nemzeti Oktató Bizottságának Koreai Keresztény Misszióját", amelynek a gondnoka a Nemzeti Oktató Bizottság Keresztény Szövetsége" volt, és a rendezvény címe „Ige, szeretet és épülés" volt. A szövetség egyik elnöke voltam, és én olvastam fel a Biblia-részletet. A templomunk hálaadó csoportjai, valamint a Nissi zenekar és a tánccsoportok is felléptek ezen a sorozaton, mely Isten dicsfényét magasztalta. Ugyanabban az évben, március 24-én, a Christian Broadcasting

System (CBS) 40. évfordulójának ünnepélye alkalmából, a „11. Missziókórus Fesztivált" is megtartottuk, a Sejong központ főcsarnokában. A templomunk kórusa, valamint a Nissi zenekar vett részt ezen. 1994. június 20-án a Világ Evangelizálási Központi Tanácsa rendezésében, akinek az elnöke akkor Hyeon Gyoon Shin volt, lezajlott az „Imjingak-Sorozat a Nemzet Újraegyesítéséért". A főimát én mondtam az eseményen.

Hyeon Gyoon Shin elnök beszédének a címe ez volt: „A nemzet újjáegyesítésének útja az evangélium által". A beszédben arra sürgette a templomokat, hogy egyesüljenek, függetlenül attól, hogy mely felekezet tagjai voltak. Templomunkból több százan részt vettek önkénteseként az eseményen, a kórusban, a zenekarban, jegyszedőkként, és közlekedésirányítókként.

Június 20-tól 22-ig a Világ Evangelizálásának Központi Tanácsa megtartotta a „Szöuli Nagy Missziót a Nemzeti Újraegyesítésért" rendezvényt a templomunkban, amelyen a beszélő Homun Lee lelkipásztor volt.

Július 14-én az Olimpics gimnáziumban lezajlott az „1994. évi Szöuli Szentlélek Misszió", ahol a képviselő elnök Jongjin Pee lelkipásztor volt. Reinhard Bonnke mondta a szentbeszédet és én az áldást. Szeptember 5-én részt vettem a „Keresztény Női Vezetők Sorozatán", amely a „Nemzeti Újraegyesítési Bizottság" rendezésében történt, az Olympics gimnáziumban. A szervezet történetéről írtam egy rövid tanulmányt, és ezt bemutattam az eseményen.

Meghívás a Cheong Wa Dae elnöki palotába és ünnepi misszió

1995. július 29-én, mivel a Nemzeti Újraegyesítési és

Evangelizálási Mozgalmi Szervezet elnöke voltam, különleges imaeseményt tartottam a „Böjti imaösszejövetel a nemzetért és népekért" címmel. 1995. augusztus 12-én 10 lelkészt, akik a „Békés Újraegyesítés Misszió" vezetői voltak, mely Korea Függetlenségi Napjának 50. évfordulóját ünnepelte, meghívtak a Cheong Wa Dae elnöki palotába. Azt mondták nekem, hogy egy óránk lesz arra, hogy az elnökkel beszéljünk és javaslatokat tegyünk. A megelőző napon Istenhez imádkoztam, arra kérvén Őt, hogy mondja el, miről beszéljek másnap az elnökkel. Azonban, a Szentlélektől nem jött válasz. Eléggé furcsának találtam ezt.

Augusztus 12-én, délelőtt 11 órakor megvolt a találkozónk a Cheong Wa Dae palotában, ahol rájöttem, miért nem kaptam választ előző nap az imámra. Találkozónk volt Youngsam Kim elnökkel, de nem adtak időt arra, hogy beszéljünk vagy javaslatokat tegyünk. Ő csak beszélt, és a találkozónak vége is volt. Csak imádkoznunk kellett, és jöhettünk is vissza.

Elmentünk a „Békés Újraegyesítés Ünnepi Megemlékezésre", amely délután 2-kor kezdődött. A templomunk tagjai ismét jeleskedtek a közlekedésirányításban, parkolásban, valamint az előadásban azok, akik a Nissi zenekarban játszottak.

Mi a templom növekedésének titka?

1994. december 5-én meghívtak a Nemzeti Újjáéledési Képzőbe, amelynek a fenntartója a Nemzeti Evangelizálási Mozgalom Szövetsége. December 8-án elmondtam egy beszédet, melyet a CBS „Újíts meg minket!" műsora közvetített egy különleges, nyílt adás keretében. A műsor a CBS csatorna fennállásának 40. évét ünnepelte, és a közvetítés a mi templomunkból volt. A beszédem címe „Igaz hang" volt, és arra biztattam a csatornát, hogy a prófétai feladatuknak tegyenek eleget: békét és igazságot sugalljanak a műsoraikkal. Hyeon Gyoon Shin lelkipásztor úr szerette a templomunkat. Mára elhunyt, de azt tartják, hogy ő volt a koreai misszionáriusok nagyapja, és egy nagy csillag volt a koreai kereszténység történetében, több mint negyven évig. Szeretett engem, és szerette a templomunkat is. Mindig a reményről és jövő víziójáról beszélt, ha a jövő koreai templomáról volt szó, és beszédeiben a Szentlélekre, valamint Korea újraegyesítésére koncentrált. Mindig nagyszerű humorérzékkel beszélt. Nagyon sokan szerették, felekezettől függetlenül. Mivel tudta, hogy áldozata voltam egyes tekintéllyel való visszaélésének, meglátogatott bennünket 1992. októberben, amikor évfordulós istentiszteletet tartottunk. Ő mondta az áldást ebből az alkalomból. Azóta többször is eljött hozzánk különböző eseményekkor, és erőteljes beszédeivel mindig bátorított minket.

Mi a titka a templom növekedésének?

Nagyon sok lelkészt, nemcsak Koreából, hanem más országokból is, megérint a gyülekezeti tagok ragyogó és barátságos arckifejezése, és általában megkérdeznek, hogy mi a templom növekedésének a titka: „Lelkész uram, nem látok különösebb szervezetet vagy képzést a templomodban, mi tehát a templom növekedésének a titka? Hogy létezik, hogy a tagok ilyen derűsen végzik az önkéntes munkát?" Nem igazán tanítottam semmit nekik, mindent maguktól, és Isten áldásával valósítottak meg.

A templom növekedése különböző módokon érhető el. Néhány lelkész azt mondja: „Isten csak ennyi hívet ad nekünk.", vagy „Ez a méret elég a templomom számára." A Biblia azt tartalmazza, hogy a korai templomokban, amelyek tetszettek Istennek, a megmentett lelkek száma naponta növekedett. Mivel Isten akarata az, hogy mindenki megmeneküljön (1 Timóteus 2, 4), ezek a templomok naponta megnövelték a tagjaik számát (Cselekedetek 2, 47). Ha azt hallottam, hogy valamelyik templom növekedett, nagyon boldog voltam. Mivel minden templom az Úr vére által jön létre, imádkoztam azért a templomért és a lelkészért.

1995. február 23-án a Koreai Lelkészek Imatársasága megtartotta a 149. Nemzeti Lelkészkonferenciát a templomunkban. Körülbelül 1.000 lelkész vett részt. A templomok növekedésének titkáról beszéltem. 1996-ban is, a Hawaii és argentínai lelkészek konferenciáján a templomok gyarapodásának alapelemeiről beszéltem.

Először, a lelkész és a templom Isten szeretetét kell, hogy élvezze.

A Példabeszédek könyvének 8, 17. része ezt tartalmazza: *„Szeretem azokat, akik engem szeretnek, megtalálnak engem, akik keresnek."* Istent szeretni azt jelenti 1 János 5, 3 szerint: *„megtartjuk az Ő parancsolatait."* Jézus azt is mondta: *„Aki befogadja parancsolataimat, és megtartja azokat, az szeret engem, aki pedig szeret engem, azt szeretni fogja az én Atyám; én is szeretni fogom őt, és kijelentem neki magamat."* (János 14, 21).

Másodszor, imádkoznunk kell.

Hogy sikeres szolgálatunk legyen, Isten hatalmát le kell hoznunk az ima által. A hit pátriárkái, akik Isten akaratát beteljesítették, mindannyian az ima harcosai voltak. A korai templomok apostolai azt mondták: *„mi pedig megmaradunk az imádkozás és az ige szolgálata mellett."* (Az apostolok cselekedetei 6, 4). A templomok papírmunkáját az esperesekre hagyták, és ők kizárólag Isten igéjére és az imádkozásra összpontosítottak. Amikor imádkozunk, teljes erőnkből és akaratunkból kell felkiáltanunk (Jeremiás 33, 3). A Teremtés 3, 17-ben pedig ez áll: Isten ezt mondja Ádámnak, aki bűnözött: *„Legyen a föld átkozott miattad, fáradsággal élj belőle egészéletedben!"* Ahogy az emberek csak akkor tudnak jól aratni, ha fáradságos és izzadságos munkát végeznek, az imánkra is csak akkor kaphatunk választ, ha teljes szívünkből, és szemöldökünk izzadságával imádkozunk. Manapság hívek ezrei jönnek a templomba, és egész éjjel imádkoznak. Ugyanez történik egy sor helyi szentélyben, templomokban és magánházakban világszerte.

Harmadszor, spirituális hitünk kell, hogy legyen.

Ebben az esetben a hit a fentről kapott hit, ami által igazán, szívből hihetünk. Az a hit ez, amivel a semmiből dolgokat alkotunk, és amivel semmi sem lehetetlen. Ezt a fajta tudást nem tudjuk csupán azáltal megszerezni, hogy ismerjük a Bibliát, mint ismeretanyagot, vagy azáltal, hogy hosszú időn át keresztények vagyunk. Csak azok számára adhatja ezt a hitet Isten fentről, akik Isten világát gyakorolják. A Biblia azt mondja: a hit cselekedetek nélkül halott. Csak amikor ezzel a spirituális hittel imádkozunk, kaphatunk választ az imáinkra, ahogy Máté evangéliumának 21, 22. részében található: „És mindazt, amit imádságban hittel kértek, megkapjátok." Akkor kapjuk meg a választ majd a templomi növekedésre is.

Negyedszer, meg kell hallanunk a Szentlélek hangját és utasításait.

A Szentlélek azon gyermekek szívében lakik, akiket Isten megmentett. A Szentlélek elvezet minket Isten akaratába. Ha meghalljuk a hangját és elfogadjuk az utasításait, egészen biztosan látni fogjuk, hogyan lehet templomi növekedést elérni. Hogy erre képes legyen, a lelkipásztornak küzdenie kell a bűnök ellen, egészen vérontásig, ha kell, és az összes gonosz dolgot ki kell dobnia a szívéből. Így kell megszabadulnia az összes érzéki gondolattól és olyan gondolatoktól, amelyek ellenségesek és Isten ellen valók. Ha Isten szava nem egyezik azzal, amit hiszünk és gondolunk, akkor is engedelmeskednünk kell az Ő szavának.

Ötödször, a korai templomok példáját kell követnünk.

A cselekedetek könyvében a korai templomok a kereszt üzenetéről tettek tanúságot. Az igét gyakorolták és számos jelet és csodát kinyilvánítottak. Mivel Isten számos hatalmas munkája megnyilvánult az apostolok által, sok ember elfogadta az evangéliumot, mivel látta a csodákat, és a templom nagyon hamar növekedett.

Hazai és tengerentúli missziók teljes sora

Az afrikai misszió kezdete

1994. januárban Charles Macom lelkész úr, a tanzániai Pünkösdi Egyháztól meglátogatta a templomunkat. Az üzenetem, mely a szentbeszéden elhangzott, megérintette őt, és amikor visszament a hazájába, beszélt rólam az embereknek. 1994. július 4-től 6-ig beszéltem az „Afrikai Egyházi Vezetők Konferenciáján", amit a Tanzániai Pünkösdi Egyházi Szövetség tartott Dar Es Salaam-ban, Tanzánia fővárosában. A szívem összetört, amikor azt láttam, hogy Afrikában rengeteg ember szenved a szegénységtől és különböző betegségektől, beleértve az AIDS-et, mivel tudtam, hogy mindenki megszabadulhat az átkoktól, és egészséges életet élhet spirituális és fizikai értelemben, ha Isten igéjét követve él.

Ez alatt a konferencia alatt Isten számos csodát mutatott nekünk. Amikor a csapatunk megérkezett Tanzániába, a helyi lelkészek ezt mondták: „Lelkész uram, ez nagyon furcsa. Mielőtt idejött, egyfolytában esett az eső, és most teljesen elállt, az idő teljesen tiszta, és nincs por. Azt látjuk, hogy Isten az időjárási viszonyokat is irányítja." Attól a naptól kezdve, hogy a csapatunk megérkezett a reptérre, egészen addig, amíg elhagytuk az országot, bárhová mentünk, Isten eltakarta az égető nyári eget előlünk a felhőkkel, éjjel meg esőt adott, hogy a nappalaink kellemesek legyenek. Hogy az egyházi vezetőknek igaz hitük legyen, elmondtam „A kereszt üzenetét." Megértették Isten szavát és megérezték benne az életet, és a sajátságos dallamukkal, tapsolva és táncolva fogadták azt. Láttam a gyerekekhez hasonló ártatlan hozzáállásukat. Sokan közülük bevallották, hogy a hitük megújult, és magabiztosságot és hitet nyertek lelkipásztorokként.

A konferencia után meglátogattuk a Masai törzset Tanzániában. A vezetőjük és sok más törzsi személy fogadott minket. Egy tehén vérét szolgálják fel, amikor nagyon különleges vendégeik vannak. Mivel azonban tudták, hogy a vér ivását Isten tiltja, és nem fogjuk meginni, ehelyett Colával kínáltak bennünket.

A masai törzs falujában

Hogy több hitet ültessünk beléjük, elmeséltem a saját történetemet, tanúságot tettem arról, hogyan találkoztam Istennel. Részletenként fordították angol, swahili, és masai nyelvekre. Dr. Myongho Cheong tiszteletes úr fordított angolra. A szolgálata elkezdése előtt angol irodalom professzor volt a Hoseo Egyetemen. Később afrikai missziót vezetett: megalapított egy misszióközpontot Nairobiban, Kenyában. Manapság Dr. Myongho Cheong az ötrétű szentség evangéliumáról prédikál 54 afrikai országban, hogy az afrikai lelkeket felébressze.

Japán, az evangélium iránt érdektelen ország

Körülbelül ekkortájt kezdtek kinyílni az evangelizálás kapui Japánban. November 5-től 8-ig tartották a „Goshien Újjáéledési Missziót", a Goshien baseball stadionban, amely a legnagyobb volt Japánban. A templomunk „Művészi Hivatás Csapata" nagyon szépen szerepelt, és a helyi résztvevő koreaiak szívét teljesen megfogta. A „Művészi Hivatás Csapatot" még annakidején HyeonGyoon Shin találta ki, hogy a „Kínai Misszió és Baekdu-hegyi Újraegyesítési Imán" szerepeljenek, ugyanebben az évben.

1994. júliusra Seung Gil Ryu-t Japánba küldték misszionáriusként, és ez volt a missziónk kezdete Japánban. 1994. november 22-től 23-ig volt egy rendezvénysorozatunk a Ganae kulturális központban Idában, Japánban, amelyen körülbelül 1.000 résztvevő jelent meg. A címe „Add meg nekünk a Szentlélek tüzét" volt. Az Ida templom szervezte, akinek a lelkésze Yoshikawa Noboru volt. Számos templom támogatását élvezte Idában. A szentbeszéd címe, amit elmondtam, a következő volt: „A feltámadás történelmi bizonytékai." A résztvevőket arra biztatta, hogy higgyenek Jézus feltámadásában, és keresztény életüket a feltámadás reményével éljék. A második napon arról beszéltem, hogyan találkozzunk az élő Istennel. A beszéd után a betegekért imádkoztam, és a Szentlélek tüze által sok gyógyulás történt itt is. Istennek csak köszönetet mondhattam ez után. Yoshikawa Noboru lelkész, aki az eseményt jegyezte, ezt mondta: „Jaerock Lee lelkipásztor mély spirituális üzenete megérintette a hallgatók szívét, és ez nagyon szokatlan Japánban. Sok Japán ember azt gondolja, hogy gyógyítások csak akkor történtek, amikor Jézus élt. Dr. Jaerock Lee tisztelendő úr mondandóját isteni tekintéllyel mondta el, és nagyon sokan meggyógyultak, és találkoztak Istennel."

Emlékszem egy betegre, aki meggyógyult az eseményen. A neve Yoshizawa Motohisa. Korábban nyomdaipari mérnökként dolgozott, és a hátát meg kellett műteni. A műtét után azonban járási nehézségei voltak, és erre az eseményre is nagy fájdalmak közepette jött el. Első nap új hitet kapott, amint az üzeneteket hallotta. Másnap eljött a hotelbe, ahol laktam, és komolyan imádkoztam érte. Amikor visszatért az imám után, a háta kiegyenesedett, és nem volt többé fájdalma sem.

A terméketlen párok választ kapnak gondjaikra az ima által

1991. februárban ünnepi újjáéledési összejövetelünk volt, az új szentélyt ünnepeltük, „Ahogy a lelked virágzik" címmel. Két hét alatt 15 szentbeszédet tartottam, és a betegeknek külön találkozókat szerveztem.

1993-tól kezdtük a kéthetente tartott külön újjáéledési találkozókat a betegek számára. Az elsőt májusban tartottuk,

„Bűn, igazság és ítélet" (János 16, 8) címmel. Naponta kétszer, reggel és este, meghallgatták a mondanivalómat a bűnről, igazságosságról és az ítéletről, és rájöttek, hogy milyen falakat állítottak bűneikből Isten elé. Magukba néztek, és könnyeikkel küszködve megbánták a bűneiket. Leomlottak a falak, és bőségesen megtapasztalhatták Isten gyógyító hatalmát.

Azt sem tudták, mi a hit, de amint az üzeneteket hallották, megtapasztalták a Szentlelket, megértették az igét és az imát, és Isten igéje szerint próbáltak élni. Rengeteg ember eljött szerte az országból, függetlenül a felekezetüktől. Akik meggyógyultak, szorgalmasabban szolgálták a templomukat. Sokan méh- és gyomorrákból gyógyultak meg a Szentlélek által. Nagyon sokan tanúbizonyságot tettek, olyanok, akik visszakapták a halló képességüket és eldobták a fülhallgatóikat, akik visszakapták a látásukat és eldobták a szemüvegüket, és azok, akik meddők voltak, és most megfogantak.

Sok olyan pár volt, akik több mint öt év házasság alatt sem tudtak gyereket szülni, és sokan közülük megkapták a teherbe esés áldását. Mivel sok terméketlen pár közösen megkért, hogy imádkozzak értük, az 1993. május 5-i újjáéledési ünnepélyen, amikor a betegekért imádkoztam, ezt mondtam: „Aki terméketlen, kapja meg a fogamzás áldását." Miután az összejövetelnek vége volt, hallottam, hogy a következő évben sok párnak megszületett a gyermeke. Jelenleg sok gyermek van a Manmin templomban, akik akkor születtek, és ugyanabban az évben fejezték be a Manmin óvodát.

Fizikailag nehéz élete volt, de...

1994. májusában a második kéthetes újjáéledési összejövetelt tartottuk, „Tenni fogom" címmel (János 14, 13). Ekkor is számos olyan résztvevő volt, akik az isteni gyógyítást megtapasztalták, a Szentlélek tüze által. Közülük Joanna Park-ot szeretném említeni, aki akkoriban kórházban volt, mert nagy közlekedési balesete volt.

Joanna Park hazafele ment 1993. május 27-én, amikor négy autó hátsó része összeütközött. Kómába esett, és elvitték a kórházba. Eltört az álla, és az arcát összekapcsoló csontja is eltört. A belei is megsérültek. Gyakorlatilag a teljes testét sebek borították. Mivel a combcsontja elmozdult, a medence- és csípőcsontja eltört és meg volt dagadva. A jobb lába érzéketlen volt, és nem tudta mozgatni a lábujjait és a bokáját. Az egyik lába 5 centivel rövidebb lett, mint a másik, az idegsorvadás miatt. Az orvosok azt mondták neki, hogy ezzel a mozgáskorlátozottsággal kell élnie élete végéig.

1994. május 10-én Joanna Park alig tudta rávenni a kórházat, hogy kiengedjék az összejövetelünkre. Botokkal jött, de amikor imádkoztam a felekezetért az oltárról, a gyógyulás bekövetkezett. A görbe lába kiegyenesedett. Azelőtt nem tudott ásítani vagy a száját kinyitni, most azonban gond nélkül ásított, többször is. Amikor személyesen érte imádkoztam, megérezte a Szentlélek tüzét, és egyedül kezdett járni, botok nélkül. A hívek, akik látták ezt a csodás jelenetet vidámak lettek, és Istent egy hatalmas tapssal dicsőítették. Két hét múlva újra diagnózist kapott a Hanyang Egyetemi Kórházban. A jobb lába meghosszabbodott 5 centivel, és a két láb azonos hosszúságú volt.

Egyszer egy kisbaba, akiről úgy tűnt, hogy semmilyen túlélési esélye nincs, csodával határos módon visszakapta az életét. Soonim Kim diakonissza idő előtt szült, az újszülött csak 1,2 kg volt. A gyereket inkubátorba rakták, de a szíve melletti

Joanna Parknak mozgáskorlátozottsággal kellett élnie élete nagy részében
Joanna Park teljesen meggyógyult egy, a Dr. Jaerock Lee által tartott, gyógyulást szolgáló istentiszteleten
Joanna Park egészségesen misszionáriusnak állt

vérerek felszakadtak, agyvérzése lett, és elvesztette a látását is. Az orvosok azt mondták, az újszülöttek agyvérzését nem lehet gyógyítani. Műtét nélkül azt mondták, a látását is elvesztette volna, de a sikeres műtét után is csak a látásának az egyharmadát nyerhette volna vissza.

1994. május 7-én az orvosok arra kérték a szülőket, hogy vigyék

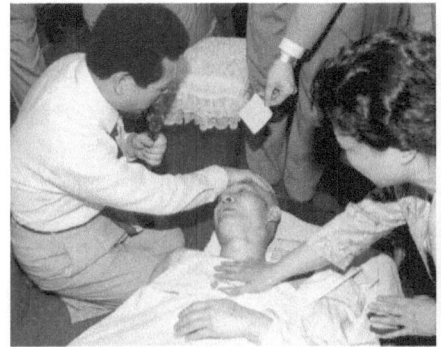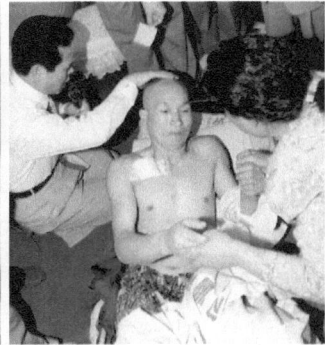

Egy agyszélhűdéses betegfelállt az ima után

haza a gyereket, mivel többet nem tudtak érte tenni. Szerencsére az újjáéledési összejövetelünk éppen akkor volt. Soonim Kim diakonissza elhozta a kisgyereket a templomba. Az állapota nagyon komoly volt. Miután rengeteg gyógyszert és injekciót kapott, még egy kiló sem volt, és úgy tűnt, nincs remény a számára. Az apa már fel is adta a reményt, hogy a kislány meggyógyulhat.

Május 8-án, amikor komolyan imádkoztam a babáért, Isten munkálkodni kezdett. A pupillái, amelyek zavarosak voltak, feketék lettek, és normális látása lett. Még arra is volt ereje, hogy a cumisüvegből szopjon. Attól kezdve egyre többet evett és egészségesen felnőtt. A neve Hanna, és most elemi iskolás diák, aki szépen növekedik az Úrban.

Egy személy agyi szélhűdéssel

1995-ben tartottuk a harmadik különleges ima-összejövetelünket a betegekért, és a címe „Az igazak hit által élnek" volt. Az utolsó napon, amíg a speciális ima tartott a betegekért, mozgolódás támadt a szentély bejáratánál, és valakit behoztak egy hordágyon. Úgy tűnt, hogy mentővel hozták. Kritikus állapotban volt. Később megtudtam, hogy Moonki Kim presbiter volt, akit szélütés ért. Az agyában elpattant egy ér. A felesége lelkész volt. Egy új templomban szolgált, és néha eljött hozzánk, hogy Isten szavát meghallgassa. Amikor ezt az embert kórházba vitték, az orvosok azt mondták, kevés esélye maradt a túlélésre. Mivel a feleség tudott az eseményről, elhozta a férjét a mentővel, hogy a hit által meggyógyuljon.

Imádkoztam érte, bár nem volt öntudatánál, és amikor az imát befejeztem, egyenesen felült. Olyan volt, mint egy filmben. Mindazok, akik látták ezt, elkezdtek tapsolni, hogy Istennek hálát adjanak.

Meggyógyul, mielőtt a kezeit levágták volna

Ezen az eseményen ott volt Sang-yi Lee diakonissza, akinek nyolc ujja szuvasodott régen, de ima által visszanyerte az ujjait. 1985. telén fagyás áldozata lett. Rengeteg gyógymódot kipróbált, beleértve az akupunktúrát. Semmi nem működött. Egész testében ízületi gyulladás volt. 1990-ben, amikor Szöulban volt, eljárt a templomunkba egy ideig, de utána visszament a szülővárosába. Ez után nem járt templomba, és lusta volt a hitéletben.

1993-ban a teste elkezdett zsugorodni, és a nyaka merev volt.

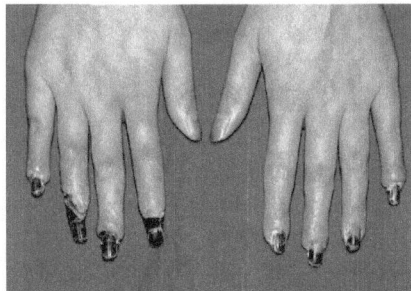

Sang-yi Lee elsorvadt ujjai
meggyógyultak

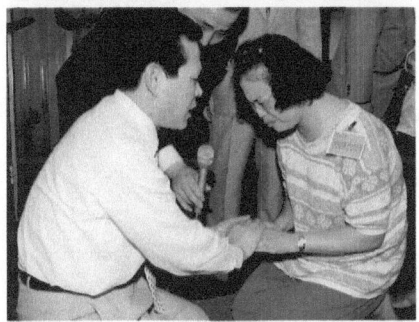

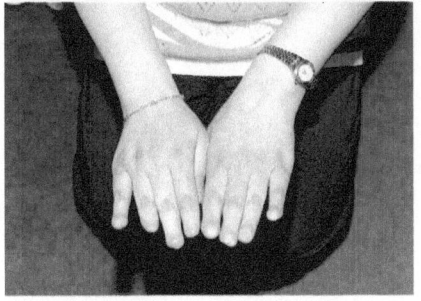

Reumatikus ízületi gyulladást állapítottak meg az egész testében. A Guro Koreai Egyetemi Kórházba vitték, ahol két hónappal később a nyolc ujja elkezdett ismét szuvasodni, a hüvelykujjait kivéve. A kezei csuklóig feketék voltak. Nemcsak a körmei, hanem az ujjcsontjai is szuvasodtak. Az orvos azt mondta, hogy a kezeit le kell vágni csuklóig, és már a dátumot is leszögezték. A nagy fájdalom miatt a diakonissza sok fájdalomcsillapítóval élt. 1994. májusban, a műtét előtt egy nappal részt vett egy kéthetes speciális újjáéledésen. Végül imádkoztam érte, és megvallotta, hogy a kezei átforrósodtak, és az elviselhetetlen fájdalma eltűnt. Azóta a helyzete sokkal jobb, és az orvosa azt mondta, már nem volt szükség műtétre, és hazamehet.

A szuvasodás megállt, és az elhalt rész, mint egy fa kérge, levált a kezéről, és kinőtt az új bőr. Még a körmei is helyrealakultak. A következő évben, 1995 májusában ismét eljött a kéthetes újjáéledési eseménysorozatra. A második napon a betegekért imádkoztunk, és ismét imádkoztam érte. Az ima után könnyűnek érezte az egész testét, és a fájdalom, amit a reumatikus ízületi gyulladás okozott, eltűnt. Tiszta volt és egész, nemcsak a korábban szuvasodó ujjai, de a teljes teste megszabadult a betegségtől és a fájdalomtól.

Védelem a Sampoong áruházban

A templomunkban van egy szervezet, amit „Fény és Só Missziónak" hívunk, ami azok számára szól, akik vendéglőkben és elosztó cégeknél dolgoznak. Az 1985. októberi megalapítása óta, a csoportnak különböző régiókban volt összejövetele. A vendéglő- és elosztó ágazatokban történő evangelizálásért dolgoznak. Mivel a „Fény és Só Misszió" tagjai vasárnaponként

A Sampoong üzletház összeomlása

dolgoznak, a szertartásokra 9 és 11 után jönnek este, amikor a munkájuk véget ér.

1995. június 29-én délután 6 óra körül, történt egy nagy szerencsétlenség. Egy épület, amit Sampoong üzletháznak hívtak, összedőlt. Körülbelül 10 templomi tagunk dolgozott ott. Isten különböző utakat készített elő nekik, hogy megmeneküljenek. Ebben a szörnyű helyzetben megtapasztaltuk a csodát, hogy mindannyian megszabadultak.

Jinsook Hong nővér, aki a Sampoong üzletházban dolgozott, beszorult a harmadik emeleten a betontörmelék közé a kollégáival együtt, és csodával határos módon megszabadult. A beosztottak gyorsétkezőjében dolgozott, az alagsorban. Amikor a munkájával végzett, elment a gyógyszertárba, hogy pihenjen. Az épület akkor dőlt össze, amikor ott volt, és a nővérrel bent rekedtek. A nővér feje megsérült és a lábcsontjai összetörtek. Mivel a teljes sötétségben még egy hüvelyknyire sem láttak előre, nem tudták elképzelni, hogy megszabadulhatnak. Néha hallották, amint más emberek a távolból segítségért kiáltanak.

"Jinsook, vérzik a fejem. Amikor az evangéliumról beszéltél nekem, nem tetszett, és elkerültelek. Sajnálom. Isten! Sajnálom, hinni fogok benned!" A nővér kiáltozott és sikoltott. Jinsook Hong imádkozott érte, a kezét fogva és Isten szavával vigasztalva őt. A cementpor a levegőből bement a torkába. Hong nővér imádkozott: „Istenem, küldd el a megmentőket, nemcsak magamért, de az összes emberért kérem, add, hogy az épület ne omoljon tovább, és adj friss levegőt is."

Isten válaszolt az imára. Három órával az után, hogy benn rekedtek, este 9 óra körül, látták, amint valaki megvillantja az elemlámpáját, és azt kérdi: „Van ott valaki?" Azt kiáltották: „Itt!", amire két mentő is hozzájuk szaladt. Ez a gyógyszertár a vészkijárat mellett volt, és szerencsére a vészkijárat és a lépcsőház nem omlott össze. Aztán, amikor a mentők ezen a lépcsőházon át megjöttek, hallották az imát és a hálaadást. A nővért mentővel a kórházba vitték, de Jinsook Hong egyáltalán nem sérült meg. Ezt a fő napilapok jelentették másnap, azt állítva, hogy a mentők meghallották az ének hangját, és megtalálták az embereket.

Ki énekelne abban a sürgős és életveszélyes helyzetben? A hang az ima és hálaadás hangja volt, és Isten megmozdította a mentők szívét, hogy odamenjenek, ahová az Ő emberei beszorultak. Jinsook Hong mindig eljött a vasárnap esti istentiszteletre, és jól adakozott. Amikor az Úr napját rendesen megtartjuk és megfelelően adakozunk, Isten megóv minket a balesetektől és a betegségektől.

L.A. 1995

A templom a zárás előtt

Mielőtt a missziót megtartottuk április 27-től 29-ig, több közös eseményt tartottunk, több mint 40 templom részvételével különböző régiókból. Egy eseménysorozaton is részt vettem a [H] Presbiteriánus Templomban, ahol [O] lelkész szolgált, aki a szervezet bizottságának az elnöke is volt. Mielőtt Los Angelesbe mentem, a templomunk hívei pénzt gyűjtöttek a számomra, erre a misszió-útra. Mielőtt elmentem, mondtam is néhányuknak: „Isten egy jó kis összeget adott a számomra ezennel, és azt hiszem, hogy biztosan célja van a pénzzel." Az előbb említett presbiteriánus templom, ahol a 3 napos eseménysorozatot tartottam, egy kis templom volt. A lelkész, aki túl volt az ötvenen, egyedül dolgozott és nagyon keményen, senki nem segített neki. Egy kis összejövetel volt, ahol körülbelül 100 ember gyűlt össze, de így is a legjobb tudásom szerint prédikáltam.

Áldást adva az LA várostanácsnál

Az "LA város tiszteletbeli polgára" cím átvételén

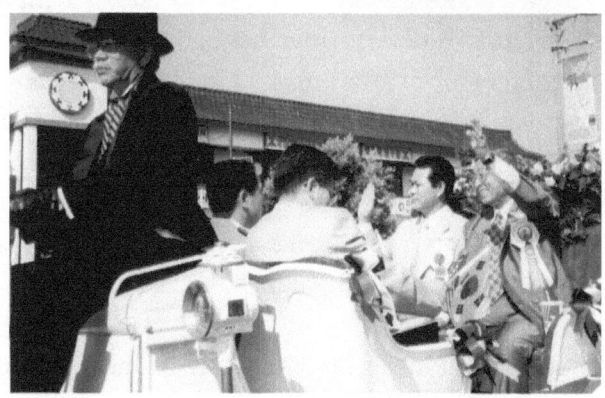

Az LA-városbeli Koreai Napok parádéján

Sok olyan lelkész, aki nagyobb templomokban szolgált, meg akart hívni beszélni, és sajnálkoztak, hogy „elszalasztottak". Azt hiszem, Isten akarata volt, hogy pont ebben a templomban beszéltem három napig.

Április 29-én, az utolsó találkozón, a lelkész a templomért imádkozott, és sírt az ima alatt, mondván: „Istenem, oldd meg a templomunk anyagi helyzetét, ezt a templomot átadjuk a világnak." Számos kellemetlen helyzetet átéltem már, mint beszélő, de amint ezt hallottam, nagyon aggódtam. A szívem teljesen megmozdult.

„Segíts ezen a templomon. A jó kis missziós pénz nem éppen erre lenne jó? Segíts a templomon."

Amint meghallottam ezt a hangot, ezt mondtam a beszédemben: „Nem tudom, mennyi adóssága van a templomnak, de Isten temploma nem szenvedhet az evilági emberektől. Egy kis segítséget nyújtok, tehát mindannyian vegyünk részt együtt." És megígértem, hogy 20.000 dollárt adok nekik az adományokból.

Megértettem, hogy Isten azért küldött abba a templomba, mert képes voltam a kényelmetlen helyzeteket magamévá tenni. Beszélőként nem azt akartam, hogy kiszolgáljanak, hanem tele voltam vággyal, hogy én segítsek a lelkészen, és megvigasztaljam a szívét. A tőlem telhető legtöbbet megtettem, hogy ne érezze magát kellemetlenül, és ez az idő ne menjen kárba miattam. Az eseménysorozat alatt a templomom hálaadó csapata vezette a dicsőítést. Megpróbáltak kegyelmet és lelki teljességet adni a fogadó templom tagjainak.

A következő napon, április 30-án a lelkész komor arccal jött hozzám, mondván: „Lelkész uram, tegnapig más templomokból is idejöttek, akik téged ismertek, ma pedig attól tartok nem is kell elmennünk a templomba, mert nem lesz ott senki." Meg voltam lepődve, hogy ezt mondta, és megkérdeztem, hogy mi történt. Elmondta, hogy a templom segédlelkésze nem vette sikeresen a lelkészi avató vizsgát, és rengeteg panasz volt ellene. Lemondta a szolgálatát a templomban, a presbiterek is ellenezték, bár megosztottak voltak a témában. A templomban káosz volt. Továbbá, anyagi gondok is voltak a kölcsönök miatt, és így a híveknek nem volt erejük az újjáéledéshez.

Azonban, amikor a templomba mentem, azt láttam, hogy a hívek nem mentek el, hanem teljesen megtöltötték a templomot. Még a kórusülések is tele voltak, és a hívek arca ragyogott. Isten ismerte az ottani helyzetet, és hogy megoldja azt, engem küldött oda, hogy az igéjét prédikáljam, és anyagilag kisegítsem a lelkészt.

'95 LA Misszió Eseménysorozat

1995. április 30-án került sor az „1995-ös LA Világmisszió Sorozatra", amelyet a Convention Center-ben tartottak, és a Világevangelizálás Bizottság (World Evangelization Committee) és az Amerikai Koreaiak Keresztény Szellemi Mozgalma (Korea-America Christian Spirituality Movement) szervezett, és én voltam a fő szónok. A világmisszió sorozata sikeresen lezajlott, Isten kegyelmével. Néhány nappal később elolvastam az *American Christian Newspaper*-t. Ezt írták:

„Április 30.-án körülbelül 50 evangelizáló és több mint 8.000 hívő gyűlt össze és tartott újjáéledési összejövetelt, ahol több fajtájú ember jelen volt. A fő szónok, Jaerock Lee tiszteletes úr beszédének címe: „Legyünk egyek" volt, és erre biztatta

Tiszteletbeli elnökség a 22. LA Koreai Napokon, részvétel a kulturális központi rendezvényen

a jelenlevőket: „Mindannyian testvérek vagyunk a hitben, területtől, fajtól, kultúrától függetlenül, és ezzel az egyesült hittel rakjuk le az alapjait a világ evangelizálásának." A tömeg az esemény mottóját kiáltotta: „A világ végéig prédikálj az evangéliumról, add, hogy ez a város az angyalok városa legyen, miénk a győzelem!", és gyűlésterem falai zengettek.

Az imareggelin is részt vettem, ahol a Los Angeles környéki vezetők közül háromszázan megjelentek. Nagyon tetszett nekik a templomunk hálaadó csapatainak és a tánccsoportunknak az előadása, annyira, hogy néhányan közülük könnyeztek is.

Korea-Napi Fesztivál

1995. szeptemberben részt vettem a „22. Koreai Napok Fesztiválon" Los Angelesben, a Koreatown-ban, tiszteletbeli elnökként. Imát mondtam egy műemlék alapjainak a lerakásánál, és nyitóimát mondtam a „Koreai Éjszaka" rendezvényen. Az esemény legrangosabb részében is részt vettem, a „Fesztivál Parádén", ahol virággal kirakott, kerekeken vonuló dobogókkal vonultak fel. Mindenik dobogót négy ló húzta, és a nagyon különleges vendégeknek voltak fenntartva. Eléggé zavart, hogy ennyi ember előtt kellett megjelennem, de minden gátlásom ellenére ezen a dobogón „utaztam". Más járművek és dobogók is követték az enyémet a parádén.

Az esemény előtt megpróbálták megakadályozni néhányan, hogy részt vegyek tiszteletbeli elnökként. A Los Angeles-i Koreai Szövetség találkozott ez ügyben, és kiadott egy tiltakozó nyilatkozatot a zavargás ellen, mondva, ha bárki hamis híreket terjeszt rólam, a tiszteletbeli elnökről, jogi úton fogják megtorolni. A sátán munkáját azok az emberek akadályozták meg, akiket az Isten egy váratlan helyen készített elő.

- Vége az első kötetnek -
Folytatódik (2. kötet)

A szerző:
Dr. Jaerock Lee tisztelendő

Dr. Jaerock Lee Muanban, Jeonnam Tartományban, a Koreai Köztársaságban született, 1943-ban. A húszas éveiben hét évig gyógyíthatatlan betegségekben szenvedett, és a gyógyulás reménye nélkül várta a halált. Egy napon 1974-ban azonban a nővére elvitte egy templomba, és amikor letérdelt, hogy imádkozzon, az Élő Isten az összes betegségéből kigyógyította.

Attól a pillanattól fogva, hogy e csodás tapasztalat révén Dr. Lee találkozott az Élő Istennel, teljes szívéből és őszintén szereti Istent, és 1978-ban elhivatott az Ő szolgájaként. Buzgón imádkozott, hogy megérthesse Isten akaratát, és teljesen beteljesítse azt, és Isten igéjét teljesen betartotta. 1982-ben megalapította a Manmin Központi Egyházat Szöulban, Koreában, és azóta számtalan isteni munka történt ebben a templomban, beleértve a nagyszerű gyógyulásokat és a csodákat.

1986-ban lelkésszé szentelték a Jézus Sungkyul Koreai Egyházának éves összejövetelén, és négy évvel később, 1990-ben az istentiszteleteit elkezdték közvetíteni Ausztráliában, Oroszországban, a Fülöp-szigeteken, és számos más országban, a Far East Broadcasting Company, az Asia Broadcast Station, valamint a Washington Christian Radio System közreműködésével.

Három évvel később, 1993-ban a Manmin Központi Templomot beválasztották "A világ legjobb 50 temploma" közé, a *Christian World Magazin* (Keresztény Világmagazin) által (USA), és tiszteletbeli doktori címet kapott a Christian Faith College, Florida, USA, intézménytől, és 1996-ban doktori címet is - a lelkészi tudományokban - az iowai Kingsway Theological Seminary-től, az Egyesült Államokból.

1993 óta Dr. Lee a világmisszió terén vezető szerepet vállal, külföldön az

Egyesült Államokban, Tanzániában, Argentínában, Ugandában, Japánban, Pakisztánban, Kenyában, a Fülöp-szigeteken, Hondurasban, Indiában, Oroszországban, Németországban és Peruban, és 2002-ben "világszintű lelkésznek" nevezték a vezető koreai keresztény újságok, a külföldi Nagy Egyesült Missziókban kifejtett tevékenységéért.

2012. április a Manmin Központi Templom több mint 120. 000 tagot számlált, 10. 800 hazai és külföldi leányegyháza volt szerte a világon, és eddig több mint 126 misszionáriust küldött 25 országba, beleértve az Egyesült Államokat, Oroszországot, Németországot, Kanadát, Japánt, Kínát, Franciaországot, Indiát, Kenyát, és sok más országot.

A mai napig Dr. Lee 64 könyvet írt, közöttük a rekord példányszámban eladott *Az Örök Élet Megkóstolása a Halál Előtt, Életem Hitem I és II, A Kereszt Üzenete, A Hit Mértéke, A Mennyország I és II, A Pokol, Isten Hatalma,* és a munkáit több mint 73 nyelvre lefordították.

A keresztény rovatai megjelennek a *The Hankook Ilbo, The JoongAng Daily, The Dong-A Ilbo, The Munhwa Ilbo, The Seoul Shinmun, The Kyunghyang Shinmun, The Hankyoreh Shinmun, Koreai Napi Gazdaság (The Korea Economic Daily), The Korea Herald, The Shisa News,* és a *Keresztény Sajtó (The Christian Press)* hasábjain.

Dr. Lee jelenleg több tisztséget tölt be: a Koreai Egyesült Szentség Egyház elnöke; a Manmin Misszió elnöke; a Global Christian Network (GCN) alapítója és igazgatótanácsának elnöke; a The World Christian Doctors Network (WCDN) alapítója és igazgatótanácsának elnöke; és a Manmin Nemzetközi Lelkészképző (MIS) alapítója és igazgatótanácsának elnöke.

Mennyország I & II

Egy részletes vázlat a mennyei állampolgárok dicsőséges körülményeiről, amelyet Isten dicsőségében élveznek

A Kereszt Üzenete

Egy erőteljes ébresztő üzenet mindazoknak, akik spirituálisan alszanak. Ebben a könyvben megtalálod Isten igaz szeretetét, valamint megtudod: miért Jézus az egyedüli Megmentő?

Pokol

Komoly üzenet az emberiségnek Istentől, aki azt szeretné, ha egyetlen lélek se hullana a pokol mélységeibe! A Pokol című műben felfedezheted az Alsó Sír és a pokol eddig soha fel nem tárt valóságát!

Életem, Hitem II

Az igaz hitről szóló megérintő beszámoló, mellyel minden megpróbáltatást le lehet küzdeni, és a Szentlélek munkáinak a bemutatása egy templomban

A Hit Mértéke

Milyen mennyei helyet, és milyen koronákat és jutalmakat készítenek elő a számodra a mennyekben? Ez a könyv ellát bölcsességgel és útmutatással téged, hogy megmérhesd a hited, valamint a legjobb és a legérettebb hitet gyakorolhasd.

www.ingramcontent.com/pod-product-compliance
Lightning Source LLC
Chambersburg PA
CBHW030400130626
46549CB00004B/1571